BTS

RM

-

김남준

진

Jin

-

김석진

슈가

SUGA

-

민윤기

제이홉

j-hope

-

정호석

지민

Jimin

\-

박지민

뷔

V

–

김태형

정국
Jung Kook
-
전정국

BEYOND THE STORY

BEYOND THE STORY

UMA HISTÓRIA DOS 10 ANOS DE BTS

Myeongseok Kang BTS

Traduzido do inglês por:
Luara França

4 edição

Galera
RIO DE JANEIRO
2025

SUMÁRIO

CAPÍTULO 7

WE ARE

NÓS SOMOS

SEOUL

SEUL

SEOUL

13-20

O cruzamento mais movimentado da Coreia fica em Seul, no distrito de Gangnam, perto da estação Shinsa. Quem vem pela ponte Hannam que cruza o rio Han até Gangnam vai passar por esse cruzamento antes de chegar a distritos como Nonhyeon, Cheongdam e Apgujeong. Quando o trânsito está muito pesado, os motoristas chegam a ficar encarando o semáforo por uns dez minutos, esperando sua vez. Por isso o metrô é a melhor opção para chegar à estação Shinsa, se esse for o seu desejo.

Mas se seu destino ficar mais especificamente perto da Saída 1 da estação Shinsa, então a coisa muda de figura: por exemplo, se você estiver indo em direção ao prédio Cheonggu, onde em 2010 funcionava a Big Hit Entertainment, depois conhecida como HYBE.

Dosandaero 16-gil, 13-20, Gangnam-gu, Seul. Mesmo com esse endereço, alguém que nunca foi a Gangnam ou ao cruzamento da estação Shinsa pode achar difícil encontrar o prédio Cheonggu. De acordo com o aplicativo do KakaoMap, o prédio fica a 568 metros da Saída 1. Mas pelo mapa é quase impossível saber que o prédio fica quase no fim de uma subida. Nem fica evidente que é preciso fazer vários desvios para se chegar lá. A não ser que você esteja contando com a ajuda de um GPS, pode ser necessário alguma perambulação para encontrar o prédio Cheonggu.

—— Eu estava perdido.

E esse foi o caso de Jeong Hoseok, que três anos depois debutaria como j-hope do BTS. Após assinar o contrato de trainee com a Big Hit Entertainment em abril de 2010, ele estava fazendo o treinamento em sua cidade natal, Gwangju, quando a empresa pediu que ele se mudasse para o dormitório dos trainees, próximo ao prédio Cheonggu em Seul. Ele chegou no dia 24 de dezembro de 2010.

— Eu estava com muito medo. Era véspera de Natal e as ruas estavam cheias de pessoas felizes, mas eu não conseguia me sentir parte daquilo.

Ele nunca tinha andado de metrô em Seul ou passado a noite de Natal na badalada estação Shinsa. Essa era uma área muito movimentada, até para os padrões de Seul, mas a localização complicada do dormitório era tão intimidadora para j-hope quanto o metrô lotado e a falta de familiaridade com o bairro de Shinsa.

— Eu ficava dizendo, "Isso é frustrante!" e acabei ligando para a pessoa responsável pelo A&R[1] na época. "Então, como eu chego lá?"

Depois dessa ligação, j-hope "continuou seguindo reto, e de algum jeito, sabe-se lá como", para usar as palavras dele, finalmente chegou ao dormitório. Esse foi o começo da vida de j-hope no dormitório, uma que ele esperava desde o dia anterior, e da qual ele ainda tem memórias vívidas mesmo dez anos depois. Porém, naquele dia, deu de cara com uma surpresa ao chegar.

— SUGA estava lá de cueca (risadas). Tinha restos de comida na pia, roupa suja pelo chão, e todo mundo estava andando de cueca. *Acho que a vida em um dormitório é assim?*, pensei.

Big Hit Entertainment

Cerca de um mês e meio antes disso, no começo de novembro, Min Yoongi, que debutou como SUGA do BTS, tinha chegado na Saída 1 da estação Shinsa assim como j-hope, e procurava o dormitório.

1 Em uma gravadora ou selo musical, Artist and Repertoire [Artista e Repertório] é o nome dado ao departamento ou profissional responsável pela pesquisa de talentos e desenvolvimento artístico dos músicos, atuando como um elo entre as duas partes. [N. da E.]

— Meus pais me deixaram lá. Tem um estúdio no subsolo do restaurante Yujeong, perto do prédio Cheonggu. Fiquei parado lá até o Pdogg sair e me levar para dentro. Depois, meus pais me falaram que parecia que eu estava sendo sugado para algum lugar (risadas).

Na época, SUGA tinha dezessete anos. Era um pouco jovem demais para sair de sua cidade natal, Daegu, e vir até Seul só porque sonhava com uma carreira na música. Mas na Coreia, é difícil se tornar um artista conhecido se não for em Seul.

— Eu participava de um grupo de dança em Daegu, e trabalhava em um estúdio. Mas era muito pequeno. De tempos em tempos rolava um evento. Às vezes nos pagavam pela apresentação com ingressos em vez de dinheiro. Não que estivéssemos fazendo aquilo pelo dinheiro, mas eu me perguntava se não deveriam nos pagar o suficiente para comprar algo para comer, e a maioria das vezes não pagavam nem isso.

Quando SUGA entrou na Big Hit Entertainment, já trabalhava como compositor em Daegu. Ele ia a hagwon[2] de música para aprender MIDI e conheceu alguns compositores, além de também passar por vários estúdios fazendo todo tipo de trabalho. Naquele tempo, não existia nenhuma escola de ensino médio em Daegu com foco em música comercial, motivo pelo qual ele estudou música clássica por um tempo, com esperanças de entrar em um ensino médio voltado para artes. SUGA se envolveu com diferentes gêneros musicais, e compôs várias peças, de músicas escolares a trot[3]. Mas para um adolescente que

2 Escolas particulares típicas da Coreia do Sul. [N. da T.]

3 Gênero de música pop coreana. [N. da T.]

sonhava com uma carreira como músico profissional, ainda mais um obcecado por hip-hop, a perspectiva de conseguir isso fora de Seul era mínima.

— Hip-hop não era muito popular em Daegu na época. As pessoas faziam piada com rappers, chamando-os de "guerreiros hip-hop", e quando os hyungs[4] e eu fazíamos cyphers[5] no parque, conseguíamos no máximo vinte pessoas na plateia. A nossa primeira tinha duas pessoas.

Era uma escolha bastante lógica que SUGA partisse para Seul. Na verdade, SUGA e j-hope decidiram entrar no processo de seleção para idol antes de entrarem na Big Hit Entertainment como trainees; j-hope havia participado de seleções de outras empresas e sonhava debutar como cantor quando o hagwon de dança que ele frequentava o recomendou para a Big Hit.

Como os grupos de idols coreanos ficaram muito populares nos anos 2000, não só no país como internacionalmente, adolescentes que aspiravam ao estrelato voavam para os hagwons de dança mais famosos, que não apenas ensinavam dança como também apresentavam alunos promissores a empresas de Seul. E foi assim que o treinamento de j-hope começou em Gwangju, antes mesmo de sua chegada ao dormitório de Seul.

— A equipe de A&R da Big Hit foi para Gwangju e viu a seleção pessoalmente. Dancei na frente deles, e ensaiei por oito meses lá mesmo depois de ter sido selecionado. Durante esse período, todo mês eu mandava um vídeo meu dançando e cantando para a empresa.

4 Honorífico coreano usado para se dirigir a irmãos e colegas mais velhos. [N. da T.]

5 Termo do hip-hop para quando rappers se reúnem em um círculo e se revezam fazendo versos para a mesma batida.

Enquanto isso, SUGA, que já era compositor profissional, começou a se interessar por alguém em especial na Big Hit Entertainment.

—— Sempre gostei do compositor Bang Si-Hyuk. Gostava muito da música "Like the First Time", do T-ARA, e fiquei sabendo que Bang PD tinha escrito aquela letra. Ele não aparecia na televisão nem nada assim na época, mas ele já era um compositor famoso entre as pessoas do meio.

Para adolescentes sem muito conhecimento sobre a indústria do entretenimento, confiar em uma empresa recomendada pelo hagwon de dança ou se inscrever no processo seletivo porque seu compositor favorito trabalhava lá era o melhor plano de ação.

Mesmo antes do incrível sucesso do BTS, a Big Hit Entertainment já era uma empresa respeitada em 2010, e era muito provável que ela fosse a empresa dos sonhos de todo jovem músico. Bang Si-Hyuk, atual presidente do conselho de diretores da HYBE, fundou a Big Hit em 2005, e quando j-hope e SUGA assinaram contratos com a empresa, ele já havia levado uma lista de nomes ao estrelato, como 8Eight, J-Lim e 2AM. Com destaque para a música "Can't Let You Go Even if I Die", do 2AM, composição de Bang, que foi um sucesso estrondoso e projetou o grupo ao estrelato. A Big Hit não era peixe pequeno, tendo artistas bem-sucedidos e seu dono e principal produtor era conhecido por sua habilidade em produzir hits.

Mas o time que a Big Hit estava tentando construir com trainees como SUGA e j-hope, o time que viria a se tornar o BTS, estava se provando um desafio para Bang Si-Hyuk.

A construção de um grupo de idols de K-pop é como a produção de um blockbuster de Hollywood. Tudo precisa convergir para o mesmo lugar, inclusive capital, planejamento, marketing e relações públicas, e até mesmo os valores da própria empresa. Apesar disso, o mercado era tão competitivo que apenas cinco boy groups e cinco girl groups poderiam ser considerados bem-sucedidos na época. A maioria dos grupos mais famosos vinham de empresas conhecidas como as "big three": SM Entertainment, YG Entertainment e JYP Entertainment. Essas empresas, assim como os grandes estúdios de Hollywood, detinham a maior parte do capital e do *know-how* do mercado.

A Big Hit tinha o 2AM, é claro, mas a coprodutora JYP foi a responsável pelo treinamento até o lançamento. Por isso, o processo de escolher, treinar e lançar era uma experiência nova para a Big Hit.

E nem é preciso dizer que esse processo foi mais difícil e complexo do que apenas lançar um cantor de baladas. Grupos de idols precisam dominar canto e dança no palco, e tudo isso tem que ser muito bem ensaiado, o que significa que eles precisavam de tempo suficiente para treinar tanto voz quanto corpo. Tanto para aqueles que estavam se mudando para longe de casa, como SUGA e j-hope, quanto para aqueles que demonstravam grande potencial e eram classificados como mais próximos de estrear, era preciso providenciar acomodações. Preparar um grupo de idols para o debut não requeria apenas espaço para a empresa, mas para tudo o mais.

E é por isso que j-hope ficou impressionado com o que viu na véspera de Natal, quando entrou no dormitório. A Big Hit Entertainment era uma empresa grande no mercado, e um artista em ascensão como j-hope podia confiar nela para aperfeiçoar seu talento, mas em alguns aspectos, a empresa estava mais próxima de uma startup. A parte administrativa e os estúdios de gravação ficavam apertados no segundo andar.

Bang Si-Hyuk usava um dos cômodos para seu trabalho artístico e administrativo, incluindo reuniões. Era tão pequeno que não comportava mais do que três pessoas, contando que a terceira sentasse no chão. Em vez de deixar todos os trainees no mesmo prédio, Bang alugou alguns espaços para treinamento e dormitório próximos ao Cheonggu.

Esses lugares, como outros escritórios, eram do tamanho necessário para funções básicas, e isso fica evidente no contraste entre a filmagem de um ensaio de Jung Kook de fevereiro de 2013[•] e a filmagem do ensaio de dança do BTS feita no HQ da HYBE.[••] Em 2013, a Big Hit obviamente tinha tudo o que precisava, e até mais, para uma empresa de seu porte. Mas comparada às "big three", era como se ela não tivesse nada.

Mas uma coisa que a Big Hit possuía em desproporcional abundância era pessoas. Temos como exemplo os trainees. Havia quinze garotos na disputa para fazer parte do BTS. Em um momento, vinte garotas competiam para se juntar ao grupo GLAM, que debutou um ano antes do BTS. E mais importante, a Big Hit também tinha o produtor e criador de conteúdo Bang Si-Hyuk, o produtor Pdogg e o diretor de performance Son Sungdeuk.

Mas, para os dois adolescentes que vieram para Seul de Daegu e Gwangju, a primeira coisa que deixou uma forte impressão, como SUGA disse sobre a mudança para o dormitório, foi o fato de estar com outros adolescentes que tinham os mesmos interesses. SUGA lembra:

— Quando cheguei ao estúdio de gravação, RM e Supreme Boi estavam lá, e outros trainees, e todo mundo ficou muito animado só por falar de música.

Antro do rap

RM[6], que viria a se tornar o líder do BTS, passou a adolescência como Kim Namjoon na cidade de Ilsan, província de Gyeonggi. Ele se lembra do lugar como "uma cidade onde tudo era satisfatório".

—— A cidade foi tão bem planejada a ponto de que toda a sua área verde provocasse um efeito calmante nas emoções.

A cidade era casa do Ilsan Lake Park, acessível a todos que moravam lá. As áreas residenciais eram formadas em sua maioria por conjuntos de prédios, e existiam duas grandes zonas comerciais, La Festa e Western Dom. A cidade foi de fato planejada desde sua fundação, com estradas e conveniências posicionadas de maneira impecável. Era espaçosa e calma na maior parte da semana, e os dois distritos comerciais ficavam mais agitados e festivos nas noites de sexta-feira e nos finais de semana.

—— Ilsan gera uma sensação de conforto. Tem um pouco daquele cinza das cidades e os rostos entediados dos pedestres, mas não existem prédios muito altos nem edifícios corporativos, então é mais fácil ver o céu. É um ambiente excelente para se concentrar nos estudos. Não é o interior, mas para mim, é como se fosse.

Ainda que próxima a Seul, Ilsan não é tão grande e agitada como a capital, o que foi um fator que contribuiu para que RM descobrisse o hip-hop. Ele começou a procurar informações na internet no primeiro ano da escola e descobriu o rap por intermédio do cantor Nas e

6 Desde 2012 o apelido RM significava "Rap Monster", até que em 13 de novembro de 2017 foi estabelecido apenas como "RM", para abranger uma variedade musical maior.

de entrevistas e documentários sobre artistas de hip-hop no YouTube, aprendendo inglês durante esse processo.

Mas off-line, a vida do estudante de ensino fundamental Kim Namjoon era um pouco distante do hip-hop. Tão distante quanto Ilsan e a Universidade Hongik em Seul.

— Se Ilsan oferecia alguma vantagem para o hip-hop era o fato de Sinchon e Hongdae serem tão perto. Bastava pegar um ônibus. Meu sonho era me apresentar em lugares como Drug ou Geek Live House, que não existem mais, e talvez em lugares maiores como o Rollinghall.[7] O lugar tinha capacidade para 500 pessoas.

Uma viagem de ônibus de Ilsan para Hongdae leva menos de uma hora. Mas se um final de semana em Ilsan significava uma família de três ou quatro pessoas fazendo um passeio em volta do lago, um final de semana em Hongdae e Sinchon significava rappers e aspirantes a rappers e seus fãs em boates.

Quando RM decidiu se inscrever nos testes da gravadora de hip-hop Big Deal Records, em 2009, para se tornar rapper profissional, isso não significava apenas uma viagem de ida e volta de ônibus entre Ilsan e Hongdae. Significava entrar em um mundo que ele só conhecia pela internet, um mundo completamente diferente da cidade que ele amava a ponto de dizer "é um privilégio ter nascido em Ilsan". Não só isso, mas o lugar ao qual ele acabou indo parar não foi Hongdae, mas Gangnam.

---

7 Em 5 de dezembro de 2022, três dias depois do lançamento de seu álbum solo, *Indigo*, RM fez um pequeno show para 200 fãs no Rollinghall.

— Passei pela primeira etapa, mas na minha segunda apresentação, ao cantar junto de artistas que já tinham debutado, eu confundi as palavras. Achei que não tinha mais chance.

Por obra do acaso um amigo do rapper Sleepy, do duo de hip-hop Untouchable, acabou indo para a festa depois dos testes. Esse amigo mencionou que Sleepy estava interessado no trabalho de RM e pegou seu número de telefone.

— Sleepy disse que me viu na seleção. Ele deve ter ficado impressionado porque falou a meu respeito e perguntou sobre mim. Então dei meu telefone para o amigo dele repassar. Foi assim que acabamos trocando e-mails. Sleepy era amigo de longa data de Pdogg. E quando Pdogg perguntou a ele, "você conhece algum rapper jovem?" ele me recomendou.

E então a ligação que aparece em "Um típico Natal de trainee",• postada no blog do BTS[8]•• antes do debut, aconteceu: "Um caipira de Ilsan / que ficou no 1% dos melhores do país / de repente recebe uma ligação no meio das provas." Sleepy ligou para RM e perguntou: "Ei, você conhece um cara chamado Bang Si-Hyuk?"

RM, que fazia parte do 1% dos mais bem-sucedidos no simulado para a prova nacional de universidades. SUGA, que começou a compor músicas com doze anos e já era músico profissional no ensino médio. E outros trainees no dormitório, que haviam feito a seleção para rappers e fãs de hip-hop na Big Hit. Para eles, a vida no dormitório foi essencial para o desenvolvimento do senso musical, ainda mais se a música fosse hip-hop e rap. De acordo com j-hope:

8 Em 4 de dezembro de 2012, aproximadamente seis meses antes do seu debut, o BTS lançou seu blog oficial — que eles próprios cuidavam — e criaram a sua conta no Twitter.

— Era um antro do rap, um antro de rap.

Quando fez o teste, j-hope não sabia fazer rap. Usou "Black Happiness", de Yoonmirae, para a sua parte, mas ficou tão decepcionado com a apresentação que achou que não tinha passado. Para j-hope, a realidade do dormitório deve ter sido um choque cultural. Ele diz:

— Uau, assim que você pisava lá, os garotos começavam a fazer rap freestyle para você. Eu não conseguia fazer aquilo! Todo fim de semana, a empresa filmava nosso freestyle. Mas eles voltavam para o dormitório e continuavam fazendo rap, colocando batidas.

O dormitório respirava hip-hop, com apresentações improvisadas de "Black and Yellow" de Wiz Khalifa no meio da madrugada.

Esses dias no dormitório, quando um bando de adolescentes trabalhava, vivia e se divertia com o hip-hop, foram uma parte formativa da identidade vindoura do BTS. Sobre hip-hop, e a ligação especial do grupo, j-hope diz:

— Era impossível *não* fazer rap naquele contexto. E todo mundo me encorajava tanto. Perguntava várias coisas sobre rap, estudava e aprendia muito.

Apesar de j-hope ser novo no mundo do rap, as batidas que constantemente tomavam conta do dormitório logo o fizeram se apaixonar pelo hip-hop, o que também o levou a fazer novas amizades com os trainees. Um lugar onde rappers e dançarinos que agora faziam rap se juntavam para ensaiar como músicos profissionais: é assim que j-hope descreve a "Primeira temporada" da vida deles no dormitório.

A "Segunda temporada" começa com a chegada de Jung Kook.[9]

9 A narrativa deste livro segue a ordem em que os trainees chegaram ao dormitório. A ordem em que os membros do BTS entraram na Big Hit Entertainment como trainees é: j-hope, RM, SUGA, Jin, Jung Kook, V e Jimin. RM seria o primeiro trainee confirmado a debutar como um BTS.

Segunda temporada

Quando o processo de debut do BTS começou a tomar uma forma mais concreta, os trainees da Big Hit foram divididos em dois grupos. Um era o grupo dos que pareciam ter maior potencial de estar mais próximos ao debut, e o outro era formado por trainees que ainda não tinham certeza se iriam debutar. RM, SUGA e j-hope estavam no primeiro.

— Eu pensei, *Uau, quero estar nesse grupo também.* Porque eu vim para essa empresa por causa do Rap Monster.

É conhecido o fato de Jung Kook ter sido trazido para a Big Hit em 2011 durante uma das audições para o *Superstar K 3,* um programa de TV da Mnet. Mas a história de como o estudante de ensino médio, de Busan, chamado Jeon Jung Kook decidiu vir para Seul e foi parar no prédio Cheonggu, é um pouco mais complexa. Jung Kook já tinha recebido contato de sete empresas diferentes durante as audições do *Superstar K 3.*

— Nenhuma delas disse por que queria assinar contrato comigo. Lembro que uma empresa queria que eu fosse para um quarto de hotel perto de onde a seleção para o Superstar K 3 estava acontecendo. Eles queriam me filmar cantando.

O primeiro motivo pelo qual a Big Hit conseguiu, contra todas as expectativas, assinar o contrato com Jung Kook foi, por mais estranho que pareça, o programa da MBC, *Star Audition: The Great Birth*, concorrente direto do *Superstar K.* Nesse show de talentos, Bang Si-Hyuk apareceu como um dos mentores para os possíveis trainees. Jung Kook diz:

— Bang Si-Hyuk era famoso, segundo meu pai, e ele disse que eu podia tentar ir para a empresa dele.

Assim como RM usou a internet para aprender sobre artistas de rap, Jung Kook procurou mais informações sobre a Big Hit Entertainment e descobriu que os trainees rappers de lá se preparavam para o debut, incluindo RM, que tinha disponibilizado alguns vídeos de rap no YouTube. Segundo Jung Kook:

—— Hyung era ótimo no rap e o inglês dele era impressionante, então eu disse "é pra lá que eu vou!".

Mas quando fez a seleção do *Superstar K 3*, Jung Kook não tinha certeza se queria ser cantor.

—— Esportes, arte, música... Eu era bem bom em artes e esportes, e isso me fez pensar, *Talvez essa seja minha aptidão*. Então, durante esse questionamento que acabei pensando na possibilidade de me tornar cantor. É o tipo de trabalho que as pessoas gostam, então tentei a seleção. Não fiz de brincadeira, mas eu também não estava pensando *e se der errado?*

Estar com Rap Monster, que Jung Kook conhecia de suas pesquisas na internet, bem como os outros rappers no dormitório para onde ele acabou indo foi como descobrir um novo mundo. Porque desde o primeiro dia dele lá, em junho de 2011, foi como se tivesse ganhado vários irmãos mais velhos de uma vez. Jung Kook se lembra:

—— j-hope voltava super tarde para o dormitório e pegava alguma coisa para comer da geladeira. Enquanto comia, ele perguntava para mim "Quer um pouco?".

E os hyungs levariam o irmão mais novo em todos os lugares. Jung Kook ri ao lembrar:

—— Não muito depois que eu fui para o dormitório, um dos hyungs fez uma pegadinha comigo. Ele disse que todo mundo que chegava no dormitório tinha que comprar bingsu[10] para os outros. Então eu comprei, e todos comemos juntos.

Os três hyungs que tinham participado da seleção para alcançar seus sonhos. O irmão mais novo que foi para um programa de audições e se tornou trainee depois de se sentir inspirado por esses hyungs. Essa pequena diferença geracional era um prenúncio de que o mundo ia mudar não só para Jung Kook, mas também para os trainees rappers.

Essa "Segunda temporada", como diz j-hope, foi um prelúdio para a "Temporada Idol". Para os futuros membros do BTS, idol (assim como o hip-hop e a conexão que tinham uns com os outros) se tornou outra parte definidora de suas identidades.

Cada um em sua posição

V também teve uma jornada repleta de contratempos quando saiu de sua cidade natal, Daegu, para o prédio Cheonggu no outono de 2011.

— Fomos roubados pelo motorista de táxi. Meu pai e eu pagamos 38 mil wons para ir do terminal de ônibus expressos até a estação Shinsa. Lembro nitidamente que passamos por três túneis.[11] Ainda lembro que o motorista disse, enquanto saíamos do carro: "Tomem cuidado, muitas pessoas aqui tentam fazer os outros entrarem em táxis premium para cobrar mais caro."

10 Sobremesa popular coreana feita de gelo raspado com cobertura de frutas, leite condensado, xaropes doces e etc. [N. da T.]

11 As duas localidades ficam a apenas dois quilômetros de distância e não há necessidade de passar por nenhum túnel. Mesmo em 2023, mais de dez anos depois do acontecido, uma viagem de taxi como essa custaria certa de 5 mil wons em um táxi comum durante o dia.

Assim que V entrou no dormitório, foi como se entrasse em um mundo novo e misterioso. Ele recorda:

— Jung Kook estava em aula, então não estava em casa, mas j-hope, RM e SUGA estavam lá.

V não achava que suas expectativas antes de ir para Seul iam mudar. Ele continua:

— Eu achei que não estaria no mesmo grupo que eles. Os três amam música e fazem hip-hop, e eu acho que sou alguém que só está aqui morando com eles.

V, que já estava no ensino médio, se tornou trainee da Big Hit apenas seis meses depois de começar as aulas de dança. Depois de uma apresentação em sua escola de ensino fundamental, V soube que queria se tornar um artista, e ele tocava saxofone desde a metade do ensino fundamental, na intenção de entrar em uma escola de ensino médio voltada para as artes. Mesmo tendo aprendido a dançar K-pop depois de seis meses no hagwon. E por isso ele não pensou em participar do processo seletivo quando a equipe de A&R da Big Hit foi para Daegu, para o hagwon em que ele estudava, em busca de trainees.

— Só o fato de uma empresa como aquela sair de Seul para outras cidades já era novidade para mim, então resolvi ir ver como era. Eles só estavam fazendo testes com o pessoal que tinha estudado no hagwon por dois ou três anos, e no final, uma das pessoas de A&R apontou para mim e disse "Podemos ver esse garoto dançar também?" e foi assim que eu entrei.

Na época em que V foi para o dormitório, RM, SUGA e j-hope já estavam trabalhando nos estúdios de gravação da Big Hit Entertainment. Os três já estavam postando músicas no blog do BTS antes mesmo do debut, e haviam adquirido bastante experiência em rap, composição e dança para terem longas discussões sobre esses temas. SUGA, em especial, estava desesperado para debutar:

— Meu pai odiava as pessoas da indústria da música. Mas... quando eu passei na seleção e comecei a aparecer em cartazes, ele se vangloriava bastante de mim. E por isso achei que era melhor eu debutar logo. Mesmo que eu não conseguisse durar muito tempo, queria debutar.

Em contrapartida, Jung Kook e V só começaram o treinamento vocal e de dança de maneira séria quando entraram no dormitório, em 2011. Para V, o trio RM, SUGA e j-hope já eram artistas. Segundo V:

— Os três hyungs eram tão bons em música, tão dedicados ao trabalho, e eles pareciam especialistas para mim. Eu já estava feliz só em ser trainee junto com eles.

Tendo acabado de começar como trainee, a ideia do debut parecia distante.

Mas seis meses depois, quando Jimin veio de Busan, em maio de 2012, os outros (incluindo V) já o consideravam pronto para debutar. Jimin diz:

— Eu sou muito tímido e estava nervoso... Eu tremia. Cheguei no dormitório e tinham tantos sapatos na entrada... Os sapatos dominavam o apartamento. Mas até isso era legal. Os hyungs eram trainees, mas já pareciam celebridades para mim. RM em especial já tinha cara de celebridade. E V era um idol clássico. Muito bonito e com um boné vermelho virado para trás.

Os garotos mais velhos que faziam hip-hop, o garoto que tinha a mesma idade e já era bonito como um idol. Os trainees, na visão de Jimin, já estavam entrando em sua "Temporada Idol". Rappers que viviam e morreriam pelo hip-hop, o dançarino que foi influenciado por eles a compor suas próprias letras de rap, o vocalista que estava aprendendo a dançar, e o caçula talentoso tanto em canto quanto em dança. Jimin achava difícil imaginar talentos tão díspares se juntando em um grupo.

— Eu tinha certeza que os hyungs iriam debutar primeiro como um grupo de hip-hop.

— Eu achei que não estaria no mesmo grupo que eles. *Os três amam música e fazem hip-hop, e eu acho que sou alguém que só está aqui morando com eles.*

— V

Mas a chegada de Jimin foi uma demonstração de como o planejamento para o grupo estava indo em outra direção. Se eles fossem se tornar um único grupo de idols, Jimin se juntaria a j-hope como um dos dançarinos principais, mas trazendo uma magia completamente diferente para o grupo.

Antes de ir para Seul, Jimin já tinha passado sua adolescência na dança.

—— Fazíamos parte de um grupo de breakdance depois da escola, e lembro que um bando de garotos se juntou e disse, "Ei, quer tentar?". E isso se transformou em, "Será que eu deveria?". Nos reuníamos para praticar aos sábados, quando não tínhamos aula, e fizemos uma apresentação... Foi aí que eu senti, aquela emoção. Eu me apaixonei perdidamente pela dança.

O principal critério para que Jimin escolhesse uma escola de ensino médio foi "um lugar onde eu possa aprender a dançar", e com a esperança de conhecer uma grande variedade de ritmos, ele se especializou em dança contemporânea na Busan High School of Arts. Jimin explicou aos pais que sua intenção era aprender dança em Busan, depois participar de processos seletivos e se mudar para Seul. Ele se lembra das primeiras impressões que teve da capital:

—— Eu pensei, *Bem, Seul é igual Busan. Tipo, É só isso?* (risadas). Eu vim com meu pai porque estava me transferindo de escola.

Infelizmente, Jimin, assim como V, também foi vítima de um taxista.[12]

—— É possível chegar ao escritório da empresa partindo do terminal de ônibus expressos em quinze minutos, mas eu levei meia

12 Como aplicativos de táxi são mais comuns agora, tais golpes se tornaram mais difíceis.

hora. Peguei um táxi porque não conhecia bem as linhas de metrô, e acabei pagando caro. Meu pai veio de Busan comigo, mas no dia em que fui para o dormitório, eu estava em Seul sozinho. E foi aí que conheci j-hope, que foi me buscar.

— Você é o Sr. Park Jimin? (risadas).

j-hope ainda se lembra de quando conheceu Jimin.

— Foi assim que nos falamos pela primeira vez. "Jimin? Sr. Park Jimin?" Assim. Nos cumprimentamos e caminhamos até o dormitório. Perguntei se ele dançava e ele respondeu "Danço, eu fiz popping" e eu disse "Ei, eu fiz dança de rua também". "Espero que a gente consiga se ajudar!" Esse tipo de coisa. Foi uma conversa meio estranha (risadas).

Não é fácil imaginar um rapper da cena de Hongdae e um estudante de dança contemporânea que começou como breakdancer no mesmo grupo. Mas aproximadamente oito anos depois, no começo dos anos 2020, o BTS juntaria elementos de ambos os ramos em "Black Swan". Essa junção de talentos contrastantes às vezes acontece no K-pop, em que grupos de idols são compostos por pessoas em várias posições, como rapper, dançarino e vocalista. E as personalidades e os passados distintos de cada um se transformam em referências que permitem aos fãs se conectarem emocionalmente a suas personas e suas músicas. Desde que um grupo harmonioso tenha sido formado.

Um time capitaneado por um trio de rappers underground que incluía um aluno do ensino fundamental, que tinha acabado de começar as aulas, precisava de mais do que apenas morar no mesmo lugar para se transformar em um grupo: eles precisavam de química.

A vida no dormitório trainee

—— Eu fui enganado (risadas).

Jin ri quando se lembra de seu casting na Big Hit, na primavera de 2011. A pessoa que era responsável pelo contrato dele prometeu coisas que tecnicamente não se realizaram. Segundo Jin:

—— "Olhe como os idols de hoje se tornam atores, vamos deixar você atuar em algum momento." Foi assim que eles me convenceram. E foram muito persuasivos.

De fato, naquela época não era incomum que um membro de um grupo de idols também trabalhasse como ator. Enquanto alguns membros eram especializados em cantar e dançar, outros eram conhecidos por suas participações em programas de variedades ou novelas, trazendo essa audiência de fora do mercado de idols.

Como a indústria de idols na Coreia aumentou com a popularidade do BTS, mais shows internacionais foram sendo agendados e menos idols se aventuravam na carreira de ator. Jin, por exemplo, ficou bastante ocupado com as turnês mundiais do BTS, que lotavam estádios, o que, naturalmente, fez com que ele focasse mais em seu trabalho como músico.

Mas ainda hoje muitos idols conciliam música e atuação. Jin entrou na universidade para cursar artes cênicas. O interesse dele em idols surgiu de sua curiosidade sobre outras atividades artísticas.

—— Gosto de experimentar coisas diferentes. Pensei que conseguiria ter experiências variadas se fosse idol e ator ao mesmo tempo.

Rindo, ele continua:

—— A vida tinha outros planos.

Até que ele se tornasse trainee com a Big Hit, Jin levou uma vida feliz e relaxada. Ele descreve sua infância em Gwacheon, província de Gyeonggi:

— Eu podia ir ao parquinho e meus amigos estariam ali, e se eu quisesse falar com alguém era só ligar para a pessoa e dizer "Oi, tudo bem, e aí". Todas as crianças da vizinhança eram amigas e nossos pais acabavam virando amigos também. Só de andar pela rua, você dava oi para alguém de cinco em cinco minutos.

Mas a mudança de Gwacheon para Seul não transformou tanto a vida dele. Os pais de Jin chegaram a sugerir que ele fosse para uma fazenda e tentasse a vida no campo.

— Meus pais disseram "Vamos tentar coisas diferentes e ver para o que você tem aptidão". Meu avô, minha avó e meu tio eram fazendeiros, então por que não dar uma chance? E foi assim que acabei plantando morangos e melões por um mês. Podei tantos melões que não quis comer melão por um bom tempo (risadas).

Jin é o membro mais velho do BTS. Ele tinha dezoito anos e estava no primeiro ano da faculdade quando assinou o contrato com a Big Hit, idade em que a maioria dos coreanos começa a pensar no que quer fazer da vida. Jin diz:

— Desde que virei trainee, trabalhei pesado nos treinos. Mas não coloquei toda minha vida naquilo, como dizem.

O futuro que ele tinha imaginado para si era continuar ensaiando, debutar como idol e, em algum momento, incorporar a atuação em sua agenda. E assim, Jin continuou a fazer a baldeação entre a sua casa e os treinamentos na Big Hit.

Mas no verão de 2012, quando Jin foi para o dormitório, não teve escolha a não ser mudar todo seu estilo de vida. Quando ele se juntou aos outros garotos no dormitório, a formação do BTS tinha sido decidida, e isso significava que o tipo e a frequência de treinamento de Jin mudariam de maneira drástica. Jin se lembra daqueles dias:

—— A empresa não disse com todas as palavras que debutaríamos. Mas éramos quase os únicos trainees que restavam no dormitório, e isso me fez pensar, *Acho que vai acontecer logo*.

Jin também se lembra de sua primeira impressão do dormitório:

—— (Suspiro)... Roupas espalhadas por todos os lugares, cereal jogado pelo chão, louça suja...

No dia 27 de janeiro de 2013, Jin fez um post no blog do BTS chamado "Como trainees costumam fazer tteokgguk".[13] A intenção dele era fazer uma refeição decente que pudesse compartilhar com os outros membros.

—— SUGA, por exemplo, só "comia para sobreviver". Ele comia peito de frango por conta da proteína, mas até mesmo isso era muito trabalhoso para ele, então ele batia com suco de uva e banana e tomava direto do copo do liquidificador. Eu experimentei um pouco e, "Não, sem condições". Eu cozinhava algumas coisas e depois jogava molho picante ou algum outro molho pronto.

Antes que funcionários fossem contratados para cuidar da comida e da limpeza, Jin conseguiu coordenar os outros membros para que dividissem as tarefas. Assim como para muitas pessoas, cozinhar e limpar eram atividades essenciais para Jin, para manter uma experiência de vida normal. O problema era que, Jin precisou admitir para si próprio, eles estavam ficando ocupados demais para a normalidade.

13 Prato tradicional coreano que consiste em uma sopa com fatias finas de bolinho de arroz. [N. da T.]

— Depois de três meses lá... Finalmente percebi por que eles viviam daquele jeito. Chegávamos a ensaiar catorze horas por dia.

Escola de hip-hop

Dewey Finn (interpretado por Jack Black), o personagem principal de *Escola de Rock*, é um músico desconhecido que consegue emprego em uma escola de ensino fundamental no lugar do amigo, que é professor de verdade. Quando ele percebe que os alunos são talentosos, tenta formar uma banda de rock com eles. Porém, os alunos não conhecem nada de rock e Dewey acaba ensinando a história do gênero para eles, em vez de se ater ao currículo obrigatório.

Se trocássemos rock por hip-hop, o dormitório do BTS era uma "escola de hip-hop". RM fez uma playlist com artistas como Drake, Nas, The Notorious B.I.G. e Tupac Shakur para seus colegas que não estavam tão familiarizados com o gênero. RM conta:

— Fiz uma lista com umas cinquenta músicas para ouvirmos juntos. A gente fazia cyphers para desenvolver nossa sensibilidade para o rap e ainda assistíamos a vídeos juntos.

RM assumiu a responsabilidade de ser o Jack Black do dormitório porque o BTS se encontrava em uma situação muito ruim no mundo idol.

A Big Hit Entertainment havia debutado um girl group chamado GLAM um ano antes do BTS, com uma série documental sobre a formação do grupo sendo transmitida pela SBS MTV (hoje SBS M). Os teasers para o lançamento do grupo também foram divulgados no YouTube.

Mas infelizmente, o GLAM não ganhou popularidade, e a Big Hit ficou bem endividada. Quando uma empresa de médio a pequeno porte erra em um projeto de idols, as consequências são tão desastrosas que é difícil até de explicar. SUGA descreve o clima da época:

— Achei que a empresa ia falir.

Mas para RM, o maior problema que enfrentavam como um grupo prestes a debutar era não saber em qual direção seguir, musicalmente falando. Segundo RM:

— Bang Si-Hyuk e eu fazíamos os membros ouvirem artistas como A$AP Rocky ou Lil Wayne. Mas os que entraram depois conheciam a Big Hit como a empresa fundada por Bang Si-Hyuk que havia lançado 2AM e 8Eight e trabalhado na JYP Entertainment. E agora estávamos pedindo que eles cantassem hip-hop e rap, e isso deve ter confundido um pouco eles.

O melhor que RM podia fazer era falar o máximo possível sobre hip-hop com o grupo que estava prestes a debutar. Até o debut, RM, SUGA e j-hope davam aulas constantes em sua "escola de hip-hop". Algumas noites, já passava das onze quando voltavam dos ensaios e falavam de música até as seis da manhã, sem dormir.

Ainda bem que os alunos dessa escola eram dedicados. V relembra:

— Tinha uma época em que RM, SUGA e j-hope faziam nós quatro, os vocalistas, sentarem e falavam muito sério, "Eu realmente acho que vocês precisam ouvir essa música" ou "Vou ensinar isso para vocês". RM se esforçava tanto para nos mostrar as melhores músicas de hip-hop da história que eu não conseguia dizer não para ele. O cuidado dele era tão impressionante que eu sentia que precisava mesmo ouvir essas músicas várias vezes, mesmo que eu não gostasse delas.

As aulas davam aos poucos resultados. V diz:

— Desde então, tenho orgulho em dizer que sou o que mais escuta música entre os membros. Ouvir todas aquelas músicas na época me fez amar hip-hop. Eu pedia para os hyungs me recomendarem mais algumas e também encontrava outras por conta própria.

A resposta positiva de V tinha muito a ver com como as aulas eram lecionadas. É assim que Jimin se lembra das lições de RM, SUGA e j-hope:

— Os hyungs faziam comentários como "Isso não é demais?" e nos mostravam todos os trejeitos que os artistas usavam enquanto cantavam. No começo eu achava engraçado e ria, mas depois de um tempo eu realmente comecei a achar aquilo demais. Pensei, *Esse tipo de música que os hyungs gostam, isso é música de verdade*.

Jimin continua:

— Foi assim que fomos doutrinados no hip-hop (risadas).

A batalha dos dançarinos

— Arrrrrrrgh!

Quando fala a respeito do processo de treinamento antes do debut, j-hope solta um suspiro exagerado e espirituoso antes de continuar:

— O despertador tocava às dez da manhã e a gente pegava uma salada, um pão e peito de frango antes de ir para o estúdio. Então a gente ensaiava e revisava tudo uns com os outros e gritava "Argh!" e repetia tudo de novo e depois "Arrrgh!" mais uma vez e de repente já era dez da noite. Depois a gente voltava para o dormitório e dormia. *Ad nauseum.*

Como já foi dito, a Big Hit tinha mais trainees do que era esperado para uma empresa de seu porte. Qualquer companhia de entretenimento que estivesse começando com trinta trainees precisava rever suas prioridades. Os estúdios de ensaio estavam sempre lotados, e os trainees tinham que se revezar para as aulas. Quando o debut do GLAM foi definido, a empresa concentrou os esforços nelas. Jin diz:

— Quando ia para os ensaios, depois da aula, havia quatro salas e os garotos estavam todos em uma só. As outras eram usadas para o GLAM e sua preparação para o debut.

Mas com a recepção morna do GLAM, a empresa realocou os recursos para o BTS. Só que dessa vez, os recursos estavam sendo direcionados sob uma pressão financeira bem maior.

E foi por isso que, quando os membros do BTS foram definidos, a Big Hit teve que desfazer o contrato com todos os outros trainees. Foi assim que o espaço para o treinamento dos sete meninos que viriam a ser o BTS foi definido. O tempo de ensaio também aumentou. Bastante.

Se RM, SUGA e j-hope eram professores em uma escola de hip-hop no dormitório depois dos ensaios, os estúdios eram uma guerra de dança. É justo pontuar que os membros tiveram mais dificuldade em se acostumar com a dança do que com o hip-hop.

Com o hip-hop, o trio RM, SUGA e j-hope pelo menos tinha um gosto parecido e os membros mais novos só tinham que seguir o exemplo dos mais velhos. Mas os únicos membros que estavam acostumados a dançar eram j-hope e Jimin. Sem contar que RM e SUGA nunca nem imaginaram que precisariam aprender a dançar. j-hope explica:

— Um dia, RM e SUGA me disseram que achavam que seríamos um grupo parecido com o 1TYM e não teríamos que dançar.

1TYM era um grupo de hip-hop que incluía Teddy, que também produziu BIGBANG, 2NE1 e BLACKPINK. O 1TYM ficou famoso no final da década de 1990 e no começo dos anos 2000, durante a ascensão do hip-hop na Coreia. E parece que RM e SUGA haviam presumido que o BTS seguiria seus passos como um grupo de hip-hop com apelo mais popular.

Claro, o 1TYM, assim como o BTS, enfatizava o trabalho de seus vocalistas bem como de seus rappers, e usava movimentos coreografados em suas apresentações. Mas de acordo com Jin, o BTS mudou de percepção para se tornar um grupo de "alta performance". Sobre o clima durante os ensaios, Jin diz:

— No começo, não passávamos muito tempo treinando coreografias. Mas de repente, a dança se tornou muito importante e começou a tomar muito tempo do nosso treinamento. Ensaiamos muito, principalmente nos dois meses antes do debut, e em alguns dias, dançávamos por doze horas.

É provável que qualquer fã do BTS entenda o que "alta performance" significa. Não muito depois, nas apresentações da música de estreia do BTS "No More Dream", Jimin faria um movimento onde ele voava pelos ares e depois, com a ajuda de Jung Kook, andava pelas costas dos outros membros que estavam enfileirados.

Mas não eram apenas as acrobacias que fazia os treinos de alta performance serem árduos. Jin continua:

— Bang Si-Hyuk exagerou um pouco na época (risadas). Ele assistia a gravações de nossas apresentações no computador e apertava a barra de espaço para pausar. E então ele criticava cada

> ângulo do nosso corpo, até a posição dos nossos dedos. Ele assistia nossas coreografias frame por frame. Ensaiamos a mesma coreografia por dois meses.

Como Jin diz, o BTS praticou a coreografia de "No More Dream" a ponto de estarem sincronizados em cada frame.

2AM, GLAM e os quatro anos que a Big Hit Entertainment levou para debutar o BTS foram basicamente a empresa se atualizando nos últimos vinte anos do mercado. Foi um projeto que exigiu muita pesquisa. A empresa analisou as características que transformavam grupos de idols de sucesso em hits, e fez uso regular da consultoria de especialistas da indústria. Aconteciam até premiações internas para quem tivesse a melhor ideia de como produzir um artista de sucesso.

O que Bang Si-Hyuk aprendeu nesse processo foi que os idols se comportavam de maneira totalmente diferente da indústria anterior. Quando idols explodiram com o debut de Seo Taiji and Boys em 1992, e em 1996, com o debut do H.O.T., um sistema de produção industrializado estava começando. O BTS debutou quando o sistema de idols estava chegando ao vigésimo ano de sua era de ouro. Os fãs adolescentes da primeira geração estavam agora com seus trinta anos, e enquanto a cultura de fandom se desenvolveu com o passar do tempo, os conteúdos e o nível de exigência deles também se tornaram mais nítidos.

Kalgunmu, ou "dançarinos a ponto de bala" era um desses conteúdos. Os fãs queriam que seu grupo preferido criasse momentos de admiração e inspiração com danças perfeitamente sincronizadas. Esse tipo de perfeição não só trazia um prazer visual para os fãs como também servia como prova do trabalho árduo dos membros enquanto grupo para conseguir alcançar aquilo. Mas para Bang Si-Hyuk, que foi parte da primeira geração de produtores coreanos de hip-hop e R&B na JYP Entertainment, kalgunmu não era algo que estava em seu radar. No hip-hop, a dança servia mais como forma de enfatizar a personalidade de cada membro, e isso levava a uma pressão menor na busca de movimentos sincronizados com perfeição.

Mas no mundo dos idols, kalgunmu era lei. E mesmo que existisse uma necessidade absoluta de seguir essa lei, Jin lembra que, mesmo para a categoria de idols, o BTS ainda se enquadrava em uma alta performance.

—— Com certeza, a dança em grupo é essencial para os idols, mas nossa dança era mais intensa que o costume.

Enquanto as diretrizes para um grupo entre hip-hop e idol ficavam mais nítidas, o BTS praticava ainda mais. Durante a noite, a escola de hip-hop era comandada por RM e SUGA, que se transformavam em alunos durante o dia para a "escola de dança" junto dos outros membros que não estavam acostumados a dançar. j-hope era professor nessa segunda escola. Ele lembra daqueles dias:

—— Jimin e eu éramos os únicos membros que tinham aprendido a dançar antes de entrar na empresa. Sentia que a primeira coisa que precisávamos fazer era ajudar os outros membros a descobrir o prazer de dançar. Além de nossos treinos regulares, às vezes praticávamos ao amanhecer. Era como no "antro de rap", onde colocávamos uma batida e tentávamos freestyle. O rap tinha se tornado divertido para mim durante esses momentos, e queria que o mesmo acontecesse com a dança para os outros. Eu só colocava uma música e dizia "Agora dancem, só dancem como vocês quiserem", esse tipo de coisa.

Felizmente os membros eram muito diligentes nessa escola. j-hope continua:

—— A gente se saía bem melhor do que imaginava. Quando SUGA ficou obcecado com dança ele até brincava "Não quero mais saber de rap, vamos dançar". Sei que é difícil de acreditar, mas eu e ele uma vez fomos para Hongdae para aprender breaking (risadas).

Mundos em colisão

Mas até j-hope, que tinha aberto sua própria escola de dança ad-hoc nos estúdios, estava completamente exausto seis meses antes do debut. Ele diz:

—— Deve ter sido no começo de janeiro de 2013. Estávamos muito cansados, quando, na verdade, deveríamos estar muito motivados. Tinha um estúdio onde eles filmavam nossas coreografias, e a gente praticamente morava lá. E era por isso que a gente parava de falar quando chegava lá, ficávamos bem irritados com as coisas...

Na busca de se tornarem um grupo de "alta performance", os membros praticavam as coreografias e tinham aulas ao mesmo tempo. No meio disso tudo, eles também começaram dietas específicas para que estivessem com o melhor físico possível no palco, até o ponto em que ficavam checando a quantidade de sal que colocavam no peito de frango.

Mas o sofrimento e a preocupação eram mais ligados aos aspectos mentais do que físicos. Fazer parte da Big Hit Entertainment, que não era tão conhecida quanto a SM Entertainment, era como estar sempre sendo analisado de um jeito que j-hope achava massacrante.

— Quando as pessoas ficavam perguntando quando iríamos debutar, para um trainee isso... Essa pergunta é como uma faca no coração.

j-hope estava mesmo desesperado. O caminho tenso até o debut foi pontuado por momentos desesperadores. Quando ele se lembra da própria vida até a mudança para Seul, diz:

— Não aprendi muito no hagwon em que estudava dança, por causa do valor das mensalidades. Então na maior parte do tempo eu ficava sentado no sofá do hagwon. Porque eu amava muito dançar... Depois das aulas, eu continuava treinando sozinho nos estúdios. Os hyungs me ensinavam, principalmente esse dançarino chamado Bangster, que se tornou um professor para mim.[14] Ele me disse "Ei, quer vir para o nosso estúdio treinar com a gente?". E foi assim que me tornei parte do grupo de dança Neuron.[15] Foi lá que tive meu primeiro contato com dança de rua. Depois, quando assinei o contrato com a Big Hit como trainee, eu não tinha um lugar para ensaiar. Por isso que, apesar de ter assinado o contrato, fiquei no hagwon em Gwangju, que foi onde meu treinamento começou e onde a equipe de A&R entrou em contato comigo, dizendo que era hora de me mudar para Seul.

j-hope, RM e SUGA esperaram dois anos para o debut, e a Big Hit estava com dificuldades na época, por conta do fracasso do GLAM. As salas de ensaio eram tão apertadas que alguém cantando em uma sala seria ouvido a três salas de distância. Essas condições eram fonte de grande ansiedade para os sete garotos prestes a debutar.

14 Bangster, ou Lee ByungEun, é atualmente diretor de performance na HYBE.

15 A frase "entrei na Neuron" aparece na música "Chicken Noodle Soup" (feat. Becky G.) de j-hope.

SUGA, em particular, tinha motivos para ficar ansioso. Ele estava se preparando para debutar apesar das sequelas em seu ombro causadas por um acidente de trânsito. Ele explica:

— Fiz vários tipos de trabalho de meio-período em 2012, antes do debut ser confirmado. Minha família precisava de dinheiro, então eu dava aula de MIDI, trabalhava em uma loja de conveniência e fazia entregas, e foi em uma dessas entregas que sofri um acidente de moto.

A voz de SUGA fica um pouco mais baixa quando ele se lembra do período:

— A empresa passava por um momento delicado, e eu estava muito angustiado sem saber se ia continuar com a vida de trainee. Viver sozinho foi muito difícil para mim. Saí de casa e coloquei todas as minhas esperanças no debut, tinha conseguido entrar nessa empresa... eu me sentia muito angustiado.

Jimin também estava preocupado com o debut. Ele diz:

— Eu havia desistido de uma vida tranquila aprendendo dança no ensino médio para vir para Seul, mas ninguém se importava... Você poderia ser eliminado depois de qualquer um dos testes que eles nos submetiam de vez em quando, e isso era assustador. Eu estava mergulhando de cabeça naquela época, dando tudo de mim.

Quando a Big Hit cancelou o contrato de todos os trainees menos daqueles selecionados para o BTS, Jimin começou a ficar cada vez mais ansioso pensando que a empresa também o mandaria embora. Ao contrário de RM, SUGA e j-hope, os vocalistas, incluindo Jimin, não tinham a confirmação de que iriam debutar no BTS. A falta de tempo para um treinamento adequado e a obrigação de ensaiar ainda mais pesado depois do debut era uma fonte de pressão para Jimin.

—— Eu queria desesperadamente entender por que eu estava ali. Para saber que eu não estava ali só por estar forçando a barra ou por sorte. Por isso eu ia tentando conquistar as pessoas, mostrar a uma pessoa por vez como eu estava melhorando... Talvez eu estivesse um pouco impaciente.

O desespero de Jimin na época resultou no seguinte episódio, que foi sério na época, mas que agora é um pouco adorável.

—— Eu não sabia como dançar como um membro de um grupo de idols. Nunca tinha lidado com esse tipo de dança até me tornar trainee. Então sempre que os movimentos mudavam, eu parava e memorizava a posição. Sabe o personagem Zolaman, o homem de palito com uma cabeça grande? Eu desenhava cada movimento e posição com ele e decorava. O pessoal achava graça

Enquanto isso, Jung Kook, que ainda era bem jovem, aprendia muito sobre si mesmo ao experimentar a vida em um dormitório pela primeira vez, e ainda passava por muitas horas de ensaio.

—— Minha personalidade mudou completamente. Ir para um lugar cheio de pessoas que eu não conhecia me fez ficar muito tímido de repente. Sempre tentava evitar o horário em que as outras pessoas tomavam banho para poder usar o banheiro, e eu dormia na parte de cima do beliche, e mesmo que eu estivesse suando por conta do calor, não descia da cama para não correr o risco de acordar o hyung que dormia na cama de baixo... E foi então que eu percebi, *Ah, eu só sou muito tímido.*

O exemplo de Jung Kook é a junção perfeita da realidade do K-pop, o debut do BTS prestes a acontecer e a situação corporativa da Big Hit Entertainment.

Idols coreanos em geral debutam no final da adolescência, ou no começo dos 20 anos. Muitos começam como trainees em meados da adolescência quando assinam contratos com as empresas. Mas Jung Kook, que debutaria aos quinze anos, é considerado novo tanto para a vida no dormitório quanto para o debut como idol. Além da idade, ele ainda estava sendo cotado para debutar ao lado de membros mais velhos como RM e SUGA, que já eram ativos na cena hip-hop e obcecados pelo gênero. Isso significava que ao mesmo tempo em que ele se preocupava com o iminente debut, Jung Kook ainda precisava descobrir sua própria identidade. Segundo ele:

—— Para explicar o nível de dificuldade, quando chegamos na segunda parte do ensino fundamental, aprendemos a usar o registro mais formal. Eu nem sabia fazer isso. O coreano informal era muito mais natural para mim, e eu não prestava atenção nas pessoas com quem falava. Mas quando entrei no dormitório vi como estava por fora. E foi aí que comecei a usar o coreano mais formal. Como posso dizer... Acho que eu não era muito atento com as pessoas ao meu redor, para entender as diferenças e ter empatia com isso. Quando conheci os outros membros, pensei *Ah, entendi, é assim que você precisa falar com as outras pessoas* ou *Eu deveria falar assim também* e aprendi a demonstrar meus sentimentos observando como eles faziam.

Para Jung Kook, o RM foi o principal motivo pelo qual ele decidiu assinar o contrato com a Big Hit Entertainment, e j-hope e SUGA eram suas inspirações. Ele acrescenta:

— Esses hyungs eram os melhores trainees, e isso me fez pensar *Nossa, quero ser como eles* ou *Esses hyungs se vestem de um jeito tão legal* e eu tentava comprar roupas iguais (risadas). Na época, acho que eu pensava mais nessas coisas triviais do que se iria debutar ou não.

Por outro lado, os três hyungs nos quais Jung Kook se inspirava iam ficando mais ansiosos com os adiamentos do debut. O dia em que eles enfim chegariam aos palcos parecia cada vez mais distante, e o grupo parecia estar indo em uma direção diferente da que eles esperavam. Em meio a tudo isso, eles tinham que ensinar hip-hop para os outros membros no dormitório e ainda manter o exemplo para os trainees mais novos.

Além disso, RM, que havia se tornado o líder do grupo, recebeu de Bang Si-Hyuk a tarefa de zelar pelo grupo. Segundo RM:

— A empresa nunca me pressionou a fazer nada. Mas eles me lembravam de que mesmo as menores coisas poderiam representar um grande risco e diziam coisas como "Você tem que se sair bem como líder" ou "Você precisa acordar os membros do grupo".

Os mundos estavam colidindo no dormitório. Para RM, SUGA e j-hope, debutar era o problema imediato, ao passo que os quatro vocalistas que estavam debutando antes do que o esperado ainda tentavam entender o que significava aquela decisão. Segundo Jin:

— Ainda não compreendia muito bem o que significava ser um idol. Se eu soubesse antes, teria sido mais fácil me adaptar à nova realidade. Mas quando debutei, tinha tanta coisa para fazer, e também fiquei tão feliz...

Quando o debut foi definido, Jin teve que se acostumar com uma vida de trainee muito diferente da que ele levava até então. Jin e RM até chegaram a ter uma conversa séria sobre o assunto. Segundo Jin:

—— Nós dois concordávamos que o grupo tinha que avançar. Mas a diferença era que eu me perguntava se a gente podia colocar a nossa própria felicidade em primeiro plano e depois pensar no que ia acontecer, enquanto ele acreditava que tínhamos que nos doar por inteiros naquele momento pela promessa de uma felicidade posterior.

Mesmo pensando um pouco diferente de Jin, V também tinha outras ideias daquelas dos três hyungs rappers.

—— A maioria das pessoas treina por anos antes de debutar, então não estava nem considerando o fato de que eu poderia debutar poucos meses depois do contrato. Eu ia a todos os ensaios, mas, além disso, eu saía bastante com meus amigos da escola.

Para V, o debut era um futuro distante, e ele queria ter a chance de ser um adolescente normal enquanto ainda era trainee.

Mas a vida de V mudou por completo quando ele ouviu da empresa: "Chegou a hora do seu debut. Você, você é do BTS agora."

E vocês?

Quanto mais se observa o processo de preparação para o debut do BTS, mais fica difícil de acreditar que nenhum deles desistiu, apesar de serem sete garotos de cidades diferentes, com valores diferentes, gostos musicais diferentes, e com pouco tempo de treinamento, já que os sete ensaiaram juntos por menos de um ano antes de debutarem.

j-hope fala sobre isso com sinceridade:

—— A gente não se deu bem logo de cara. Nossas origens eram muito diferentes, e queríamos coisas diferentes. Um falava "Quero ser músico" e o outro "Eu só gosto de estar no palco". Era difícil calibrar nossos desejos e objetivos para um único ponto.

Mas, ironicamente, a decisão do debut do BTS acabou favorecendo a proximidade deles. Segundo V:

— Mesmo se eu discutisse muito com Jimin, que tem a minha idade, e com outros membros, trabalhávamos tanto juntos e conversávamos tanto que aos poucos realmente fomos nos transformando em um time.

As playlists de hip-hop de RM e as aulas de dança de j-hope vinham do desespero deles para debutar. Sobre como focar essa meta os atingiu, j-hope diz:

— Assim que ficou decidido que nós sete debutaríamos como um grupo, nosso conceito tomou forma. A gente sabia o que precisava fazer, e que tipo de música e coreografia apresentaríamos. E nós sete conversamos muito. "Nós temos, eu tenho, esse objetivo. E vocês? Será que podemos fazer isso juntos?" Esse tipo de coisa.

A coesão do grupo ia além de ter conversas sinceras e transbordava para todos os aspectos da vida. V diz que se aproximou dos outros membros por meio de coisas comuns do dia a dia.

— Todos nós fazíamos dietas específicas, mas eu e RM não éramos muito bons nisso. E já que ter tanta intimidade é uma coisa séria, eu e RM saíamos para comer juntos. Ou escondíamos comida para dividir entre nós depois.

Os métodos de V para unir mais o grupo ajudaram os mais novos.

— Eu e Jimin saíamos escondido do dormitório para comer e conversar. Ou eu ia para um jjimjilbang spa[16] com Jung Kook ou

16 Casa de banhos típica coreana, com saunas e massagens. [N. da T.]

brincava de trenó na neve. E depois fazíamos de conta que nada tinha acontecido quando alguém da empresa vinha nos visitar no dormitório (risadas).

Enquanto isso, Jin se aproximava de V pelos interesses em comum.

—— Quando V, e depois Jimin, entraram na empresa, todos os trainees que eram mais próximos de mim já tinham ido embora. A não ser uns dez que tinham algum potencial... Eu achei que seria muito triste se outros trainees fossem embora, e isso me fazia pensar se valia a pena me esforçar para ficar próximo de outra pessoa. Mas V gostava de manhwa[17] antigos e anime, assim como eu. Então eu chegava nele e dizia "Ei, você já viu esse?" e foi assim que nos tornamos amigos.

RM e SUGA ensinaram hip-hop para os outros membros, j-hope ensinou dança, e Jin usava qualquer ingrediente disponível no dormitório para fazer comida para todos. E foi assim que o membro mais velho começou a entender melhor os mais novos, e os mais novos aprenderam com os mais velhos.

Jin comenta sobre as influências musicais e o encorajamento que recebeu dos outros membros:

—— Os hyungs pareciam bem "crus" para mim. Eles falavam "Eu só gosto de ouvir música", de um jeito bem despretensioso. SUGA é mais estoico e fala de maneira simples e firme, mas ele também chegava para mim e dizia coisas como "Espero que você se dedique e fique bem...". Não tinha como eu *não* gostar dos hyungs, e foi assim que acabei me interessando pela música deles.

17 Revistas em quadrinho coreanas. [N. da T.]

— Assim que ficou decidido que nós sete debutaríamos como um grupo, nosso conceito tomou forma.

E nós sete conversamos muito.

"Nós temos, eu tenho, esse objetivo. E vocês? Será que podemos fazer isso juntos?" Esse tipo de coisa.

— j-hope

SUGA, por outro lado, estava aprendendo a se comunicar com o mundo devido às conversas com os outros membros.

—— Foi muito difícil respeitar o fato de que éramos pessoas diferentes. Eu era muito extremista e via tudo muito preto no branco. Eu era imaturo e pensava *Por que ele pensa assim? Uma pessoa normal pensaria assim?* E depois de um tempo comecei a pensar *Esse cara é diferente de mim*, e a aceitar *Aquela pessoa só está sendo sincera consigo mesma*. Levou um certo tempo.

A resposta para a pergunta de por que nenhum membro do BTS desistiu durante esse período pode ser encontrada nas palavras de outros integrantes.

Jin resume a situação da seguinte forma:

—— "Ajuste" parece ser a palavra certa. Porque quando você entrava no dormitório, percebia *Ah, acho que é assim que eu devo viver agora*.

SUGA fala sobre seu orgulho em ser músico:

—— Se não fosse pela música, talvez eu tivesse desistido no meio do caminho? Ou se eu estivesse em alguma outra empresa com uma cultura diferente? Eu me descobri muito fazendo música. Não sei como tinha confiança naquela época, para criar todas aquelas músicas. Tenho vergonha de muitas quando as escuto hoje. Mas quem é fanático por hip-hop têm essa atitude de "Eu sou o melhor do mundo!", sabe? (risadas).

E é óbvio que precisamos ouvir as palavras vindas do líder do time:

—— Os garotos eram boas pessoas. Realmente boas pessoas...

RM continua:

—— A única coisa que eu sei fazer é música. Eu vim para essa empresa para fazer música, e também por acreditar que meu trabalho

> era essencialmente fazer música. Por estar ali há mais tempo, eu tinha mais coisas a dizer e, sendo sincero, isso facilitou muito meu trabalho como líder. Eu fui recebido com muito respeito pelos outros membros. E eu acho que eles foram ótimos em reconhecer e aceitar uns aos outros. Eles me trataram bem.

O tempo de espera para o debut do BTS foi bem utilizado em treinamentos e na construção de um vínculo de confiança entre os membros por meio de conversas e trocas. E assim, os sete garotos que eram tão diferentes começaram a se transformar em uma equipe. É como na letra da música "Paldo Gangsan", lançada quatro meses depois do debut, com um vídeo[•] feito em uma das salas de ensaio em que eles dançaram e cantaram muitas vezes.

No fim das contas são todos coreanos
Quando olhamos para cima, é o mesmo céu que encaramos
Pode ser um pouco cafona, mas somos os melhores
Entendemos uns aos outros, certo?

•

2 COOL 4 SKOOL

O!RUL8,2?

Skool Luv Affair

DARK&WILD

WHY WE EXIST

POR QUE EXISTIMOS

HOOD BY AIR.
HOOD BY AIR.
HOOD BY AIR.

CLASSICS
HOOD BY AIR

SKOOL LUV AFFAIR THE 2ND MINI ALBUM

WHY WE EXIST

Vamos sobreviver

"Debut do BTS: 'Nosso exemplo é o BIGBANG, vamos sobreviver'"

No dia 12 de junho de 2013, apenas um dia antes do debut oficial do BTS, um artigo do portal coreano Naver anunciava o show de debut, que aconteceria no ILCHI Art Hall no bairro de Cheongdam-dong, distrito de Gangnam, em Seul. Até o Naver desativar os comentários nos artigos sobre celebridades, milhares e milhares de pessoas tinham escrito nessa página histórica.

A versão bastante filtrada dos primeiros comentários é: "Eles não devem durar muito" e "'Bulletproof Boy Scouts' [Garotos a prova de bala] é um nome ridículo". Mas conforme o tempo passava e o BTS ganhava mais notoriedade, comentários mais simpáticos começaram a aparecer. Quando o BTS se tornou uma sensação internacional, esse artigo se transformou em um ponto de peregrinação on-line, com visitantes postando comentários como "Por favor, que eu consiga entrar na universidade que eu quero" — fenômeno da internet reservado para os milagres mais espetaculares.

A mudança nos comentários mostra o passado e o presente do BTS: o passado marcado por zombarias e o presente como um grupo inacreditavelmente bem-sucedido de artistas. Existem muitas explicações para os comentários abusivos do começo da carreira, mas no fim das contas, eles se resumiam a seguinte (de novo, bastante filtrada) mensagem: o BTS não duraria muito depois do debut, e era óbvio que seriam um fracasso.

E, realmente, tudo parecia estar contra eles. Em 2012, um ano antes do debut, a SM Entertainment tinha debutado o grupo EXO.

Nos 100 dias que precederam o debut, eles lançaram 23 vídeos teaser apresentando cada membro e o time como um todo. Em 2014, um ano depois do debut do BTS, a YG Entertainment debutou o WINNER, que já era conhecido por causa do programa de agosto de 2013 da Mnet, chamado *WIN: Who Is Next*.

Essas blitzes promocionais antes do debut eram oportunidades perfeitas para atrair fãs, e eram feitas com base em muito planejamento e financiamento. O sucesso parecia certo para o EXO e o WINNER, e as previsões estavam corretas. Como os seus predecessores da SM Entertainment, H.O.T. e TVXQ, o EXO rapidamente começou a ter uma sólida base de fãs, e a música de estreia do WINNER, "Empty", ficou no topo dos rankings de todas as plataformas de streaming de música na Coreia.

Enquanto isso, o BTS tinha um blog. O primeiro post foi de RM, em 21 de dezembro de 2012 com sua mixtape[1] "Vote". O post recebeu o primeiro comentário em 24 de dezembro, três dias depois de publicado. O quinto comentário apareceu no dia 5 de janeiro de 2013. O sexto? Mais de um mês depois, em 16 de fevereiro.

Comparada a SM ou a YG, a Big Hit Entertainment era minúscula. E essa empresa mínima estava debutando um grupo que tinha como inspiração o BIGBANG da YG.

Não há nada de errado em fazer parte de uma empresa pequena ou ter o BIGBANG como inspiração. Mas muitos dos comentários no blog do BTS os acusavam de "tentar capitalizar em cima do sucesso do BIGBANG". No mercado coreano de idols, era quase considerado

1 Uma música ou álbum não oficial e gratuito. O termo começou a ser usado nos tempos da fita cassete e tem outros significados que quase não são aplicados hoje. Como as mixtapes não são tão produzidas com o marketing em mente, os artistas têm uma liberdade maior de mostrar suas emoções e valores pessoais.

impensável para idols de empresas pequenas usarem o nome de grupos de empresas maiores como inspirações; e esses novos grupos quase não tinham fãs que os defendessem até que sua popularidade crescesse a ponto de ter um fandom próprio.

Esse pensamento estava enraizado na ideia de que idols de empresas menores nunca chegavam ao sucesso estrondoso. O BTS estava longe de ser o único grupo masculino a ter o BIGBANG como modelo. Nessa época, os membros do BIGBANG, G-Dragon e Taeyang, estavam no programa *WIN: Who Is Next* da Mnet e foram mentores dos trainees que formaram o WINNER, o que possibilitou que a YG mostrasse o talento dos novatos para os fãs do BIGBANG. É mais fácil para grupos de idols que estão em empresas mais estabelecidas conseguirem construir uma base de fãs graças à experiência, aos recursos e aos fandoms já à disposição da empresa. O BTS estava em grande desvantagem, e parecia quase impossível mudar o jogo.

O contexto

Mesmo sem ter tanto capital quanto o EXO e o WINNER, a seu próprio modo o blog do BTS era um grande esforço promocional. Assim como os trainees da YG Entertainment no *WIN: Who Is Next*, membros do BTS lançaram suas músicas antes do debut oficial. E assim como os teaser individuais de cada membro do EXO, o BTS também passou a apresentar seus membros, começando no dia 12 de janeiro de 2013 com um vídeo de Jimin ensaiando uma coreografia.* Outros conteúdos incluíam vídeos dos membros passando o Natal juntos e vlogs individuais em que eles falavam para a câmera com sinceridade.

A realidade em que o BTS e a Big Hit se encontravam ficava evidente nos vídeos: o espaço parecia pequeno até para Jimin sozinho, e o estúdio onde eles gravavam seus vlogs era minúsculo. E ainda assim, o blog tinha tudo que um fã de idol gostaria de ver de seus astros favoritos. Os membros do BTS mostravam sua habilidade em rap, canto e dança (e Jin até postava fotos dele cozinhando no dormitório), e eles eram honestos com eles mesmos e com os fãs em seus vlogs. Segundo Jin:

—— Alguém da empresa disse que blogs estavam fazendo sucesso, então decidimos tentar, e parecia divertido, por isso começamos. Usávamos um notebook pequeno, e era difícil porque eu nunca tinha feito aquilo antes. Mas dei o meu melhor.

O comentário de Jin exemplifica o contexto do blog. Na época, inciativas promocionais de pré-debut em geral significavam divulgar o processo seletivo nos canais de música da TV a cabo, ou ter os membros participando em reality shows. Mas, em vez de aparecer na televisão, os membros do BTS postavam pessoalmente seus vlogs no YouTube para que a audiência visse sua genuinidade.

Se não fosse pelo fracasso do GLAM, o blog do BTS poderia ter tido maior apoio. Mas a crise de orçamento não era a única razão pela qual os membros do BTS faziam seus próprios conteúdos promocionais pré-debut. A experiência com o GLAM havia ensinado algo importante à Big Hit: antes de trazer a público um novo artista, era importante assegurar que existisse uma base de fãs para ouvi-lo.

Como o YouTube era a maior plataforma de vídeo para adolescentes, a Big Hit Entertainment criou um canal chamado BANGTANTV[*] para upload de vídeos que seriam postados no blog. Logo depois, o blog e os perfis no Twitter[**] gerenciados independentemente pelos membros do BTS se tornariam as principais plataformas para que os fãs conhecessem mais a vida dos idols. Enquanto isso, a Big Hit Entertainment traçou planos para a presença on-line oficial em plataformas comumente usadas por fandoms (como Twitter,* Daum Cafe e KakaoStory) e estabeleceu metas e conteúdos que seriam compartilhados em cada plataforma. Por exemplo, uma das metas da Big Hit após o debut do BTS era conseguir um número específico de novos seguidores nos dias em que o BTS aparecia em algum programa musical.

Essa nova abordagem promocional de um grupo estreante desempenhou um papel fundamental no estabelecimento da identidade do BTS. Os vídeos do blog mostravam composições ainda não terminadas dos trainees, ensaios de coreografia em um estúdio minúsculo e um vislumbre da realidade dos membros, que falavam direto com a câmera, sem filtros.

Era uma rejeição completa das regras estabelecidas para o mercado de idols na Coreia, onde cada frame de cada vídeo era produzido com o público consumidor em mente. Os membros do BTS não eram apenas idols. Eles eram rappers que lançavam mixtapes, YouTubers que gravavam tutoriais de produção musical e dança. Sobre a postagem de vídeos e como os membros do grupo se sentiam em relação a essa nova estratégia promocional, Jimin diz:

> — Não sei se algo assim já havia sido feito. Só fiz o primeiro vídeo para mostrar "É assim que eu sou". Essa oportunidade por si só já era preciosa.

Mesmo que na época essa fosse a estratégia mais ambiciosa que a Big Hit conseguiria bancar, os membros não pensaram muito sobre as razões que criaram tal cenário, eles só se preocupavam em ser sinceros com a audiência. Eles davam tudo de si.

Limitações

Quando se lembra da produção de "No More Dream"[•] no álbum de estreia, *2 COOL 4 SKOOL*, SUGA diz:

—— Quando trabalhávamos nessa música, eu ficava sentado na sala do Pdogg, no prédio Cheonggu, pensando *Ah, eu realmente queria voltar para o dormitório* milhares de vezes por dia. A gente voltava para o dormitório para dormir sete ou oito da manhã, sabe? Mas ainda assim tínhamos que terminar a agenda do dia. E isso se alongou por dias... Foi a parte mais difícil.

Pego a caneta toda noite
Fecho os olhos depois do amanhecer

Esses versos de "We are bulletproof PT.2"[••] são o resumo perfeito da realidade de RM, SUGA e j-hope durante a composição das músicas do álbum *2 COOL 4 SKOOL*. Eles ensaiavam o dia todo para aperfeiçoar a coreografia impressionante até que a sincronia pudesse ser vista em cada frame enquanto também trabalhavam nas músicas do álbum. No pouco tempo que tinham entre as duas coisas, filmavam vlogs e outros vídeos e gerenciavam o blog.

"No More Dream", a música principal do álbum, apontava no horizonte como se fosse um chefão de video game no debut do BTS. Jimin fala sobre o significado da música para eles:

—— Agora não é difícil, mas na época, a coreografia... A gente quase não conseguia respirar.

A coreografia que acompanha "No More Dream" é composta de movimentos amplos e intensos, que precisam ser realizados em perfeita sincronia. Cada membro precisa começar e terminar cada movimento com precisão militar, preocupado e atento durante toda a execução; além de pularem todos na exata mesma altura. E como já foi dito, até a dieta deles era bastante controlada. Jin fala sobre o humor do grupo na época:

— Em "We are bulletproof PT.2", todos nós mostrávamos o abdômen, então malhamos bastante, e não podíamos comer tudo o que queríamos por conta da dieta regrada... Todo mundo estava de mau humor.

Enquanto os membros extrapolavam seus limites físicos nos ensaios e no dormitório, RM, SUGA e j-hope também extrapolavam os limites de suas almas no estúdio, se debruçando sobre a letra de "No More Dream". RM teve que compor o inacreditável número de 29 versões da parte em rap da música.

— Uma vez fui até o parque Hakdong perto do prédio Cheonggu e gritei bem alto. O rap não vinha na minha cabeça e eu senti que estava sufocando.

O produtor Bang Si-Hyuk bateu o martelo sobre qual versão seria usada e, naquela época, RM e ele tinham ideias diferentes sobre o rap da música principal. Segundo RM:

— Bang Si-Hyuk achava que precisávamos conversar com as tendências mais famosas da época. Mas eu sou da geração que cresceu ouvindo Nas e Eminem, então estávamos em um conflito. A questão era se eu aceitaria ou não o que chamamos de "trap flow", e foi difícil aceitar. A grande questão deste primeiro álbum foi como poderíamos incorporar rapidamente as tendências mais recentes do hip-hop, e era aí que eu e Bang divergíamos.

Um erro comum cometido por quem não conhece a indústria de idols é acreditar que as empresas têm controle absoluto da música, tomando as rédeas da criatividade musical. Mas até mesmo as músicas mais bem produzidas não podem brilhar se os idols que as estão apresentando não tiverem talento ou vontade.

A ideia de "dar voz à realidade dos adolescentes por meio da música" era ótima em teoria, mas alguém precisava compor as músicas. Bang Si-Hyuk decidiu atribuir aos compositores do grupo (RM, SUGA e j-hope) os papéis de letristas desde o primeiro álbum.

Mas como os diferentes pontos de vista de RM e Bang mostravam, era bastante difícil produzir letras que satisfizessem tanto a cena hip-hop quanto a indústria idol. Não seria surpreendente se a empreitada fracassasse. RM também confessa que aceitar a direção musical em seu primeiro álbum não foi fácil.

> —— Ouvi muita música, quase como se estivesse estudando. Peguei muita coisa contemporânea para ouvir e analisar. Acho que levei mais de um ano para amar genuinamente as tendências e internalizar.

Essa foi apenas uma das coisas que o BTS fez para desafiar a sua própria experiência e os seus valores. As letras de "Um típico Natal de trainee",[*] postadas no blog dia 23 de dezembro de 2012 e 11 de janeiro de 2013 (antes da produção de "No More Dream"), ilustram as dificuldades que eles enfrentavam:

(Ainda esse ano) virei noites treinando
(Choro) Ainda sou trainee
Quero muito debutar no ano que vem

O post "Um típico Natal de trainee: Review",[**] que foi ao ar mais ou menos no mesmo período, mostra os membros ensaiando coreografias, gravando músicas no estúdio e comemorando a data tarde da noite com um pequeno bolo. Quando perguntado sobre como ele sobreviveu ao período, Jin responde:

— Fui trainee por quase dois anos, então foi se tornando parte da minha vida. Eu achava que já era hora de debutar como idol, mas não queria procurar outra empresa, então achei que era melhor debutar lá mesmo (risadas). Resolvi fazer o que tinha aprendido ali... Era assim.

E os limites

O post "Um típico Natal de trainee: Review" também inclui reclamações como "achei que teríamos uma folga no Natal, mas nossas férias foram no escritório do Bangtan" e "nosso chefe é péssimo, não levou a gente para jantar sequer uma vez mesmo depois que fizemos aquela música pedindo um jantar da empresa...".

Mesmo no país mais liberal do mundo, não é fácil para trainees que ainda não debutaram conseguirem reclamar do CEO da gravadora publicamente. E a Coreia é um país onde um grupo de idols não pode estrear sem um investimento significativo de capital, tempo e planejamento estratégico.

Apesar disso, os membros do BTS escreviam seus próprios posts e compartilhavam abertamente seus pensamentos e sentimentos enquanto trainees, além de suas mixtapes e diários, com o aval de Bang Si-Hyuk. Quando os ensaios se tornaram parte do cotidiano, como aconteceu com Jin, os trainees começaram a falar de si mesmos de um jeito honesto e genuíno.

Esse é o começo do que o grupo chama de Beyond The Scene[2] [Para além da cena]. Segundo Jimin:

—— Quando os hyungs estavam escrevendo letras, eles sempre pediam minha opinião. "O que você acha desse tipo de conteúdo?" "Como são os garotos que você conhece?" "Nenhum dos seus amigos de escola está indo atrás dos próprios sonhos?" Coisas assim. Eu me sentia muito grato.

As letras de RM, SUGA e j-hope em *2 COOL 4 SKOOL* refletem as histórias de todos os membros do grupo. É por isso que "We are bulletproof PT.2" fala da angústia dos rappers que saem da cena hip-hop para encarar a indústria de idols e passam a noite toda escrevendo rap, mas também retrata a experiência pessoal de Jung Kook como um adolescente que leva uma vida atípica, no verso "Em vez de ir à escola, dancei e cantei noite adentro no estúdio". Quando a música foi escrita, os membros do BTS não eram rappers na cena hip-hop nem idols oficialmente. Em vez de esconder a realidade da precária vida de trainee em swags de hip-hop ou falar sobre fantasias de idol, eles usaram as técnicas do hip-hop para mostrar suas experiências exatamente como eram.

Esse foi o posicionamento singular que o BTS teve desde o começo de sua carreira, e a perspectiva era continuar assim. Em vez de seguir as regras do hip-hop ou dos idols, eles usaram a linguagem de ambos os gêneros para falar de si próprios.

Pensando assim, *2 COOL 4 SKOOL* é quase um diário da trajetória deles: como um grupo de trainees desconhecidos que não estavam na mídia, mas também não viviam vidas comuns, enfim debutou.

2 Em julho de 2017, cerca de quatro anos depois do debut do BTS, a Big Hit Entertainment revelou uma nova identidade de marca e um novo significado para o nome do grupo. Além do sentido inicial "garotos que protegem adolescentes da opressão e preconceito" presente em "Bulletproof Boy Scouts" [Garotos à prova de balas], "Beyond The Scene" indica a missão do grupo de sempre ir em frente, atrás de seus sonhos sem se resignar com a realidade.

2 COOL 4 SKOOL

THE 1ST SINGLE ALBUM
2013. 06. 12

TRACK

01 Intro : 2 COOL 4 SKOOL
(Feat. DJ Friz)
02 We are bulletproof PT.2
03 Skit : Circle Room Talk
04 No More Dream
05 Interlude
06 Like
07 Outro : Circle room cypher
08 Skit : On the start line
(Hidden Track)
09 Path (Hidden Track)

VIDEO

DEBUT TRAILER

"No More Dream"
MV TEASER 1

"No More Dream"
MV TEASER 2

"No More Dream"
MV

"We are bulletproof
PT.2"
MV

O álbum começa com "Intro : 2 COOL 4 SKOOL" (Feat. DJ Friz) com um rap que diz "Simplesmente estamos falando em nome dos adolescentes e daqueles com vinte e poucos". Em "Skit : Circle Room Talk", os membros falam de seus sonhos de infância. "Outro : Circle room cypher" mostra cada membro contando sua vida no formato cypher. Por fim, a letra da faixa exclusiva do CD, "Skit : On the start line", nitidamente descreve a vida deles antes do debut: "Trainee / De certo jeito, é exatamente o que sou / Mas é uma palavra difícil de explicar / Não pertencer a nenhum lugar / Mas ainda não fazer nada também / Esse tipo de estágio / Um período de transição." Mais importante, essa música termina com:

Porque eu sou trainee

Essa era a autodefinição deles: trainees da indústria coreana de idols. Mas não trainees quaisquer: aqueles que transformaram sua vida de trainee em hip-hop e fizeram de seu álbum de estreia um registro de suas experiências.

Desde o começo, a música do BTS foi um reflexo da vida de seus membros. As músicas lado-B de *2 COOL 4 SKOOL*, "Intro", "Interlude", "Outro" e "Skit" se transformaram em um modelo segundo o qual álbuns posteriores foram formatados.

Era um período em que apenas um pequeno número de pessoas conhecia os "Garotos à prova de balas". Mas o BTS já estava forjando a própria identidade, a mesma que eles têm até hoje.

Trabalho em equipe!

— Hyung, como eu faço para ser descolado como você?

Antes do debut, Jimin admirava tanto RM que chegou a perguntar como poderia ficar igual a ele. E não só porque RM era o líder, ou porque ele conseguia trabalhar em qualquer música sem ajuda. Os sete trainees desenvolveram uma forte ligação durante o tempo que passaram no dormitório, e quando a agenda deles estava pronta para o debut, eles já desempenhavam papéis importantes na vida uns dos outros. Segundo Jung Kook:

— Até agora, a maior sorte da minha vida foi ter conhecido os hyungs.

Ele continua:

— Quando comparo o "eu" que tinha uma vida normal de estudante e o "eu" que cresceu nessa empresa com os hyungs, o "eu" de agora aprendeu e ganhou muito mais. Não sei falar exatamente o quê, mas aprendi muito. Por exemplo, eu chegava a ser ridiculamente ganancioso. Eu odiava perder, era orgulhoso e cabeça-dura. Sempre arrumava problema por isso, e por mais que meu temperamento ainda oscile um pouco, aprendi a olhar primeiro para as outras pessoas.

Como ele passou todo o começo do ensino médio como trainee, a empresa era a casa e a escola de Jung Kook, e os outros membros eram sua família e seus professores. Segundo ele:

— Morávamos juntos, então os hyungs naturalmente me influenciaram, e eu naturalmente aceitei. Desde o jeito que os hyungs falavam até a personalidade deles. E com música foi a mesma coisa.

O tempo que os membros passaram juntos no dormitório e nos estúdios ensaiando, muito próximos uns dos outros, deu ao grupo uma característica única. Esse senso de colaboração e encorajamento veio a valer a pena quando o debut do BTS foi finalizado e o time entrou no período praticamente infinito de ensaios. Com um único objetivo em mente, ajudaram-se mutuamente a conquistá-lo. "Dope", música do álbum posterior, *THE MOST BEAUTIFUL MOMENT IN LIFE PT.1*, diz: "Todo dia uma batalha", atitude que ficou marcada nos membros desde o começo. Ainda segundo Jung Kook:

—— Todos nós trazíamos o melhor uns dos outros. Era assim também com os vocalistas, pedíamos opinião sobre como estávamos cantando e conversávamos sobre "Ah, é assim que estou praticando". Se um dos outros membros fazia o cover de uma música, todos encorajavam com coisas do tipo "Nossa, você melhorou muito".

Sendo assim, tudo o que aconteceu desde o começo de 2013 na preparação para o debut serviu como um ímpeto poderoso para o futuro. O debut do BTS estava marcado, os membros tinham um objetivo claro, e as diferenças de idade, cidade natal e histórico musical lentamente convergiram.

V se lembra do tempo de trainee:

—— Bem, eu não era muito "ligado nos ensaios". Então as pessoas tinham que me falar para ensaiar mais (risadas). Quando eu sentia vontade, de repente, pensava *Talvez eu devesse ensaiar mais*", e aí eu ia e fazia.

E essa é a impressão de V sobre sua súbita vida nova; de sequer imaginar que se tornaria trainee a naquela época já estar a meses do debut. Ele estava devagar aquecendo os motores. Com um pouco mais de firmeza, V explica:

—— Fui muito criticado quando era trainee, mas na verdade me orgulho disso. Por ser criticado, pude realmente crescer, e nada do que aconteceu depois do debut poderia me afetar. Porque eu já tinha passado por muita coisa.

V sorri quando fala dos outros membros do BTS, mas diz, com um olhar sério:

—— Do meu ponto de vista, todos nós somos malucos. Éramos muito ferozes, e, portanto, teimosos até dizer chega. E eu amo que nesse grupo não importa quantas vezes seu coração seja partido, nós amamos o palco ainda mais. *Estou meio triste, mas tudo bem*, é esse o espírito.

Enquanto os membros testavam seus limites físicos e mentais com o trabalho em equipe, a Big Hit Entertainment estava seguindo o cronograma do debut. O blog apresentou os membros um a um, e os vlogs os permitiam se comunicar com os fãs. Após a mixtape "Um típico Natal de trainee", eles lançaram "Música de formatura"[•], interpretada por j-hope, Jimin e Jung Kook. A música ganhou um MV e foi postada ao mesmo tempo no blog e no YouTube, em 8 de fevereiro de 2013.

O blog que foi ao ar em 21 de dezembro de 2012, com a postagem da mixtape "Vote", de RM, acabou se transformando em um canal repleto de recortes da vida dos membros, com fotos, músicas e dança. Foi um protótipo do formato de mídia social que passaria a ser usado por muitos artistas da HYBE em suas redes.

Em 22 de março de 2013, cerca de três meses antes do debut oficial, o blog foi atualizado com um vídeo de j-hope, Jimin e Jung Kook em um ensaio de dança.[••] A última postagem antes do debut, com o título "130517 Bangtan Vlog",[•••] é um vlog com todos os membros, menos V. Esses posts ainda estão disponíveis no blog, para que até o fã mais recente do BTS possa ver como o grupo se transformou durante a preparação para o debut.

O plano que a Big Hit montou para o debut do BTS não atraiu uma audiência tão grande na época, mas isso não significa que o plano tenha falhado. As pessoas deixavam comentários no blog mesmo antes do debut, e os membros estavam começando a ter um fandom. E mesmo que o local do show de debut não fosse grande, ficou lotado de fãs.

Assim como os membros, o orçamento da empresa na época também estava no limite. Isso significa que a estratégia do debut foi meticulosa e seguida à risca, culminando em uma pequena situação que apenas os membros lembram. Jimin explica:

— Isso foi antes de revelarmos o V. Nós seis fomos apresentados, até o Jung Kook, mas a empresa disse: "V é nossa a arma secreta."

V foi apresentado ao público em uma foto teaser para o conceito do álbum de estreia do BTS em 3 de junho de 2013. Esconder a presença de um participante bonito até o último minuto, e depois apresentá-lo de surpresa criando uma nova dinâmica no grupo é uma estratégia que traz resultados comprovados. Contudo, naquele momento os outros membros já estavam se comunicando com a base de fãs crescente nos meses que antecederam o debut. Segundo Jimin:

— Recebíamos cartas e presentes. Cada um de nós. Mas V era o único que não recebia nada.

Poderia ser uma situação desesperadora para um trainee ainda adolescente. Mas os outros membros encheram V de apoio. Segundo Jimin:

— Lembro que todos nós nos encontramos no quarto para encorajar V. Falávamos "É só porque você ainda não foi apresentado oficialmente, não fique triste".

13 de junho de 2013

Pouco antes do grande dia, o time ensaiava a coreografia de "We are bulletproof PT.2", que seria apresentada no programa da Mnet, *M Countdown*, junto de "No More Dream" no dia do debut, 13 de junho.[3] Durante essa apresentação, j-hope sofreu uma lesão que causou sinovite na coxa esquerda.

A coreografia da segunda parte de "We are bulletproof PT.2" conta com um solo de j-hope no qual ele fica de joelhos no palco e se vira para trás até as costas tocarem o chão. A repetição desse movimento exigiu muito do músculo da perna e o fluído (sinovial) da membrana que protege a articulação se acumulou e precisou ser retirado com uma seringa. Mas antes que alguém questione por que ele foi tão longe, j-hope lembra do incidente e diz:

— Se eu tenho que fazer alguma coisa, eu faço direito. Odeio fazer coisas "malfeitas".

A preparação para o debut é longa, complicada e difícil, ainda mais para trainees de empresas menores. Mas na maioria dos casos, o dia do debut chega tão rápido que ninguém tem chance de ficar triste. E ainda que a primeira apresentação dificilmente seja a última, é a mais importante para a maioria dos grupos de idols.

A indústria de K-pop enfatiza o desempenho e o estilo quase tanto quanto as habilidades musicais, o que faz dos programas semanais de música (tanto na TV aberta quanto paga) um dos maiores canais para que o grupo mostre seu talento ao público. Por isso, um número infinito

3 Treze de junho foi o dia posterior ao lançamento do álbum *2 COOL 4 SKOOL* e o dia em que o grupo se apresentou em público pela primeira vez, e hoje é conhecido como o aniversário do BTS. O dia é sempre celebrado com um evento voltado para os fãs chamado BTS Festa.

de grupos busca o limitado espaço desses programas toda semana. Grupos que não desenvolvem uma base forte de fãs após a apresentação inicial, ou pelo menos na primeira semana, normalmente não conseguem muita atenção posterior. Um espaço no programa da semana seguinte nunca está garantido, e algumas apresentações precisam ser encurtadas para caberem no tempo de exibição, o que significa que os artistas nem sempre têm a chance de demonstrar tudo o que têm para oferecer. Isso não é problema para artistas estabelecidos, mas para idols que estão debutando (mesmo aqueles que estão em empresas grandes), se apresentar em programas de música pode ser o pontapé inicial ou a ruína da carreira. Em outras palavras, o futuro do BTS dependia daquela primeira apresentação. Jin ainda se lembra do nervosismo nos bastidores:

—— Tem uma parte da coreografia de "No More Dream"[•] em que eu tenho que pular com o verso "É mentira", mas ao contrário do que acontecia nos ensaios, estávamos usando as caixinhas do microfone e dos intra-auriculares penduradas na calça, já que estávamos no palco. Mas por conta do peso extra, toda vez que eu voltava do pulo, minhas calças baixavam um pouco. Fiquei sem saber o que fazer, e como eu era novato não podia gritar "Vamos tentar de novo!". Por isso achei que havia estragado minha primeira apresentação e chorei.

Mas o medo de Jin se mostrou infundado, pois o BTS tinha uma arma secreta para conquistar o público em apenas uma tacada: o breakdance na segunda metade de "We are bulletpoof PT.2". Nessa sequência, j-hope pula e cai de joelhos (movimento que levou à lesão já descrita) e Jimin pula por cima dele. Depois Jimin vira de costas e joga o boné para cima, e Jung Kook o pega antes de começar a dançar. j-hope se lembra de como chegaram a essa sequência de movimentos:

— Estávamos ensaiando, quando o professor Son Sungdeuk sugeriu "E se cada um mostrasse sua especialidade na segunda parte da música?". Então cada um montou uma coreografia e nós três ficamos no estúdio depois dos ensaios, colocamos os colchonetes no chão e treinamos muitas e muitas vezes.

Os esforços excruciantes deram resultado. A junção de movimentos impactantes com o giro capturou os espectadores e fez com que o grupo tivesse a atenção desejada. Jung Kook descreve como se sentiu:

— É o seguinte, eu não pego o boné no ar. É só o que parece do ponto de vista da plateia. Mas de todo jeito, quando eu peguei o boné, as pessoas falaram "Nossa!" e eu fiquei arrepiado.

j-hope também sentiu que seus esforços antes do debut foram recompensados.

— Antes da apresentação, tudo que ouvíamos da plateia era "Quem são esses caras?". Mas as pessoas viram a nossa coreografia e reagiram bem, com "Uau!". Foi muito bom. E me senti muito grato por ter dançado.

O público não foi o único impressionado com o BTS. Assim que a apresentação terminou, Lenzo Yoon, chefe de operações da Big Hit na época, recebeu mais de trinta ligações de pessoas de toda a indústria elogiando a apresentação e também propondo oportunidades de negócios.

A primeira apresentação na TV mostrou aos membros o que eles poderiam ganhar do palco. Jung Kook aprendeu que estar no centro das atenções o deixava "nervoso, animado, tenso e feliz". Jimin reconheceu que tinham fãs. Segundo ele:

— Mesmo hoje, lembro da primeira fileira de pessoas na plateia, perto das câmeras.

A "primeira fileira" era composta por fãs que foram pessoalmente assistir à aparição ao vivo do BTS. Fãs de artistas que aparecem nos programas musicais podem assistir as apresentações como um grupo, organizado pela empresa que gerencia os artistas, e o número de fãs que as empresas conseguem depende muito da popularidade e do reconhecimento dos artistas. Naquela época, o BTS só conseguiu algumas dezenas de fãs, que ficaram na primeira fileira em frente ao pequeno palco. Jimin continua:

— Se você pensar bem, éramos completos desconhecidos, mas as pessoas foram mesmo assim, porque elas gostaram da gente, e nos apoiaram... Elas queriam nos ver no palco, então acordaram cedo, nem dormiram direito, e esperaram. E preparamos nossa apresentação para essas pessoas.

Toda a preparação resultou em um ótimo debut.

Outsiders

Um trainee prestes a debutar é, naturalmente, foco da atenção de todos. A equipe da empresa é responsável por cada movimento, e mesmo o aparentemente intocável CEO e os donos despendem palavras de encorajamento para os artistas. E, óbvio, o apoio de familiares e amigos é muito necessário.

Mas quando o trainee enfim debuta e se apresenta em um programa musical, ele encara a realidade nua e crua: o mundo não se importa tanto assim.

Cada episódio de um típico programa musical coreano, que são transmitidos basicamente a semana toda, exibe cerca de vinte times que vão desde artistas novatos a veteranos que já estão nos palcos há décadas. O final sempre conta com a apresentação do artista mais popular do episódio.

Mesmo hoje, lembro da primeira
fileira de pessoas na plateia,
perto das câmeras.

— Jimin

Durante as gravações, a maioria dos grupos espera nos bastidores com outros artistas. Nesse grupo, novos idols (mesmo os de grandes empresas) são praticamente anônimos no mar de novos rostos. Eles têm sorte se ninguém ouvir uma palavra errada escapar de suas bocas e espalhar rumores horríveis sobre eles no mercado.

Mas mesmo entre os artistas novos, o BTS era um grupo de *outsiders*, praticamente isolados em uma ilha. E não era só por que a Big Hit era uma empresa pequena. Jin lembra da situação em que se encontravam enquanto esperavam nos bastidores:

—— Estava tão curioso que perguntei, "Como você tem tantos amigos aqui?". E respondiam "Ah, tal pessoa estava na mesma empresa que eu antes". "E essa pessoa?" perguntei, e ouvi "Ah, fomos trainees juntos na minha outra empresa". Era assim com a maioria das pessoas. Eles não ficaram amigos depois do debut, eles já eram amigos. Mas nossa empresa era a primeira para todos nós. E então ficamos mais tempo nos bastidores.

Assim como vários trainees saíram da Big Hit antes do debut do BTS, é comum que trainees mudem de empresa diversas vezes. E devido ao tamanho das maiores empresas, muitos trainees acabam fazendo amizade com outros da mesma idade de outras companhias.

Mas os membros do BTS nunca haviam passado por isso, e não havia nenhum motivo em especial para interagir com trainees de outras empresas. RM e SUGA trocaram o hip-hop pelo mercado idol, e os outros membros não tiveram tempo de sequer olhar para o lado porque passavam todos os segundos ouvindo música no dormitório com RM e SUGA e aperfeiçoando coreografias nos ensaios.

Sobre estar no mesmo espaço de outros artistas quando se está no começo da carreira, Jimin diz:

— Ainda não tenho ideia do porquê, mas só nos conectávamos entre nós. E acho que por isso outras pessoas achavam difícil se aproximar da gente. Estávamos nitidamente apreensivos pois nossa determinação estava em fazer hip-hop e não amizades... (risadas).

Eles eram *outsiders* nos bastidores... ou, sendo muito honesto, eram apenas sete pessoas com quem ninguém se importava.

Mas ao mesmo tempo, os membros acabaram voltando sua atenção naturalmente para o mundo externo. Mesmo que estivessem grudados no canto de uma sala nos bastidores, eles não conseguiriam evitar as músicas do programa. A TV nas coxias mostrava em tempo real o que estava acontecendo lá fora, e o intra-auricular que eles usavam reproduzia o som da apresentação. E esses áudios foram um grande choque para o BTS, porque era a primeira vez que eles se comparavam a outros artistas. Segundo Jimin:

— Existia uma diferença nítida entre o nosso grupo e os outros vocalistas. Eu era novato, e não conhecia muito bem minha própria voz nem sabia qual era minha melhor arma, então pensei, *Ah, por que sou tão ruim?* e *Todo mundo é tão bom?*" Bateu em mim que eu era peixe pequeno.

Ele continua:

— Se eu quisesse melhorar, tinha que treinar minha voz, mas eu não sabia como fazer isso. Então continuei cantando sem direcionamento. Toda vez que eu errava, ia para o banheiro chorar.

V também critica suas primeiras apresentações:

— Às vezes estou no YouTube e, se aparece algum de nossos vídeos antigos eu passo direto. Não tenho vergonha deles. São memórias preciosas, e sempre penso neles, então quando vejo um depois de algum tempo, penso, *Era assim naquela época*, mas ao mesmo tempo sinto, *Por que eu fiz isso naquela época?*

V continua:

— Também gosto do meu antigo eu. É por ter passado por tudo aquilo que hoje sou quem eu sou.

O debut do BTS expôs os membros a uma avalanche de influências externas que impactaram muito em suas primeiras ações. Jung Kook começou a cantar em qualquer lugar, ao ponto de pensar *Todo tempo que passar cantando nas vinte e quatro horas de um dia contam como treino*. Jimin descreve o clima da época:

— Não era só eu, acho que V e Jin também se sentiram inadequados em suas capacidades vocais. Eu também tinha um pouco de complexo de inferioridade, então pensei *Tenho que melhorar*. Se um dos membros estava praticando canto, eu também estava.

Então eles continuaram a treinar mesmo depois do debut. SUGA conta como se sentia na época:

— Me senti como um trainee durante todo o ano [2013]. Não sentia como se tivesse debutado. Porque nada mudou. A única diferença era que aparecíamos na TV, mas as coisas continuaram praticamente iguais. Foi aí que eu percebi que debutar não era a solução. *As coisas continuam se repetindo*, pensei.

A intuição de SUGA estava certa. O grupo logo aprendeu que debutar era apenas a primeira parte de uma longa jornada: uma que os levaria de volta aos estúdios de ensaio.

Os reis novatos e tristes

Assim como disseram no debut, o BTS conseguiu sobreviver a 2013. O primeiro álbum, *2 COOL 4 SKOOL* (lançado em junho de 2013), e o segundo, *O!RUL8,2?* (lançado em setembro de 2013), ficaram respectivamente em 65º e 55º lugar no GAON Chart[4] de álbuns de 2013.[5] Foi a melhor performance entre todos os grupos de idols que debutaram naquele ano.

O BTS também levou todos os prêmios de Melhor Artista Estreante nos principais prêmios de música da Coreia, incluindo o MMA (Melon Music Awards), o Golden Disc Awards, o Seoul Music Awards e o GAON Chart Music Awards[6], mas não recebeu o MAMA[7] da Mnet.

Entretanto, as cerimônias de premiação das quais participaram só serviram para mostrar aos integrantes a realidade que enfrentariam. Segundo Jin:

> Quando ganhamos o New Artists Prize no MMA, acho que foram os seonbaes[8] do SHINee que ganharam como Artistas do Ano. Quem naquela época não conhecia o SHINee na Coreia? Todo mundo conhecia BEAST e Infinite também. Mas no nosso caso, era uma época em que as pessoas nos chamavam de "aqueles garotos com colete à prova de bala".

O BTS não recebeu muita atenção durante a temporada de premiações. Eles foram engolidos por muitos artistas já mais estabelecidos e amados pelo público, e como o BTS era o único grupo da Big Hit Entertainment que comparecia aos eventos, eles também não tinham amigos mais velhos que pudessem apresentá-los para outros artistas.

---

4 Ranking oficial de música na Coreia do Sul, foi lançado pela Associação Coreana de Música. Em julho de 2022 o sistema foi rebatizado de CIRCLE.

5 Número de envios menos número de devoluções.

6 O prêmio foi renomeado em 2023 como CIRCLE CHART Music Awards.

7 Mnet Asian Music Awards foi renomeado em 2022 para MAMA Awards.

8 Honorífico coreano usado para se dirigir a colegas mais velhos. [N. da T.]

O!RUL8,2?

THE 1ST MINI ALBUM
2013. 09. 11

TRACK

01 INTRO : O!RUL8,2?
02 N.O
03 We On
04 Skit : R U Happy Now?
05 If I Ruled The World
06 Coffee
07 BTS Cypher PT.1
08 Attack on Bangtan
09 Paldo Gangsan
10 OUTRO : LUV IN SKOOL

VIDEO

COMEBACK TRAILER

CONCEPT TRAILER

"N.O"
MV TEASER 1

ALBUM PREVIEW

"N.O"
MV TEASER 2

"N.O"
MV

Ninguém falava com eles, e eles não podiam falar com ninguém. A participação do grupo na cena se resumia a comparecer às cerimônias, subir no palco para agradecer brevemente e voltar direto para o dormitório.

Em 2013, quando o BTS tinha álbuns nas posições 65 e 55 do ranking, o EXO tinha seis álbuns no top 10, nas posições 1, 3, 4, 6, 7 e 10. Por esse motivo o BTS é o único grupo masculino de idols que debutou em 2013 que ainda é falado atualmente. Era uma época em que um único time controlava todo o mercado, fazendo com que fosse quase impossível aos estreantes sobreviver.

Não é exagero dizer que a atenção da indústria estava toda focada no EXO e nos trainees da YG Entertainment que debutaram depois do programa *WIN: Who Is Next*. Os prêmios que o BTS ganhou naquele ano provavam apenas que eles tinham sobrevivido. Não havia nenhuma garantia que o mesmo aconteceria em 2014 e 2015. Se o TVXQ e o BIGBANG eram os ícones da segunda geração de idols coreanos, o EXO e o novo grupo da YG eram quase que com certeza os reis da terceira geração.

Esse contexto é parte do motivo pelo qual a resposta ao segundo álbum do BTS veio como uma grande surpresa.

De acordo com o ranking Hanteo, que coleta dados de vendas físicas e digitais de música, o primeiro álbum do BTS vendeu 772 unidades na primeira semana, enquanto o segundo vendeu 2.679 unidades no mesmo período: mais que o triplo do primeiro. A primeira semana de venda de um álbum sem ser o de estreia em geral reflete as expectativas que o fandom criou depois do álbum de estreia, e isso significa que *2 COOL 4 SKOOL* foi bem recebido. Entretanto, alguns números não eram tão significativos. De acordo com o GAON Chart, foram enviadas 34.030 unidades do álbum *O!RUL8,2?* em 2013; apenas

9.589 unidades a mais do que *2 COOL 4 SKOOL*, que marcou um total de 24.441 unidades.

Mesmo que ninguém estivesse esperando que os envios triplicassem, é verdade que o crescimento ficou aquém da expectativa. Um aumento de 20 mil para 30 mil, ao contrário de um aumento de 20 mil para 300 mil, não era algo significativo no mercado.

No vídeo "Canto ARMY"* publicado em junho de 2021 em comemoração aos oito anos do BTS, RM discorre sobre os quatro primeiros álbuns lançados antes de THE MOST BEAUTIFUL MOMENT IN LIFE como um ciclo de "doce, amargo, doce, amargo". *O!RUL8,2?* foi um dos primeiros gostos amargos.

j-hope relembra a época:

> —— Quando debutamos com "No More Dream" e "We are bulletproof PT.2", tivemos uma ótima resposta das apresentações, então acho que ficamos um pouco animados. Mas no álbum seguinte, com "N.O"** parecia que... estávamos indo por água abaixo?

Insulto

Surpreendentemente, a decepção com a recepção do segundo álbum foi apenas uma das muitas atribulações que o BTS enfrentaria.

Poucos artistas conseguem manter uma onda de sucesso por muito tempo, e o BTS, depois de um debut memorável, tinha apenas mais algumas chances. Tanto o grupo quanto a empresa já tinham um plano traçado: a última música do segundo álbum, "OUTRO : LUV IN SKOOL", era uma prévia do próximo disco. *Skool Luv Affair* teria o amor como tema, uma decisão ambiciosa que pretendia alavancar o grupo no mercado. O time também conseguiu melhorar a recepção do álbum *O!RUL8,2?* ao focar na música "Attack on Bangtan"* depois de "N.O".

"Attack on Bangtan" traz a energia e a confiança que o BTS desenvolveu depois do debut, adicionando ainda mais velocidade ao poder explosivo de "No More Dream", do primeiro álbum. O time estava indo em frente a todo vapor e por conta própria, se recusando a desacelerar mesmo com o resultado decepcionante de "N.O".

j-hope relembra que os membros não tinham qualquer intenção de deixar as circunstâncias levarem a melhor:

— Naquela época, desistir não era uma opção. Todos estavam: "Vocês trabalharam árduo pelo debut, e agora vão desistir?" e "A gente tem que fazer isso". Tivemos um momento ruim com "N.O", mas com "Attack on Bangtan" parecia que estávamos encontrando o ritmo de novo.

Jin também trouxe uma sensação de calma para o grupo:

— Para atingir qualquer objetivo, temos que percorrer alguns passos. Às vezes é preciso ir devagar. E sabíamos que todas as outras pessoas que tinham conseguido foram subindo devagar, aos poucos.

Mas o grande ponto de virada veio de um lugar inesperado, vários dias depois, em 21 de novembro, no podcast do crítico musical Kim Bong-hyun chamado *Kim Bong-hyun's Hip-Hop Invitational*.

RM e SUGA apareceram no podcast comemorativo de um ano de programa, com o rapper B-Free. O que aconteceu depois disso é bem conhecido pelo público. Como a gravação pode ser acessada com facilidade pelo YouTube, não será veiculada aqui. Para resumir, B-Free foi extremamente desrespeitoso com o BTS.

— Olhando em retrospecto, parece que passamos por algo que todo mundo precisa passar ao menos uma vez na vida.

RM continua, calmo:

— Receber um insulto[9] cara a cara, e vindo de alguém do mesmo mercado... a palavra coreana "모욕" [moyok] parece não dar conta, não consigo pensar em uma palavra mais adequada que "insult". Enfim, foi lá que aprendi "como reagir quando você está andando na rua e leva um tapa na cara do nada".

RM solta uma risada vazia. Na verdade, o insulto de B-Free foi ainda mais chocante do que um tapa na cara porque, mesmo sem ter ouvido o álbum, o rapper declarou que a música que o BTS fazia não era hip-hop.

É difícil imaginar um idol de K-pop fazendo uma declaração *ad hominem* sobre um artista de outro gênero musical. Mas o oposto continua a acontecer com regularidade na cena coreana do entretenimento. Tal fato começou já na primeira geração de idols, e se deve a um estereótipo corrente de que a música feita pelos idols é inferior em qualidade e profissionalismo.

Entretanto, algumas pessoas (como B-Free) agem como juízes em um processo, julgando publicamente a identidade musical de grupos de idols mesmo que não tenham autoridade para tal.

Idols por natureza, em qualquer caso
Eles fazem shh e nos olham de cima

9 RM usa a palavra em inglês "insult" em vez da equivalente em coreano.

A letra de "BTS Cypher PT.1"* no álbum *O!RUL8,2?*, lançada antes do encontro de RM e SUGA com B-Free, contém a resposta do grupo para críticas como essa. O BTS sabia o que o público pensava deles, e respondeu a essas pessoas com cypher, uma técnica do hip-hop. A letra de "We On" vai ainda mais fundo nessa ideia, "Fãs, público, malucos / É, estou fazendo todos serem meus". A pergunta "Qual era meu sonho?" de "INTRO : O!RUL8,2?" e a frase de "N.O", "É agora ou nunca / Nós ainda não conquistamos nada" mostram nitidamente o motivo pelo qual os membros escolheram fazer parte do BTS.

A música do grupo reflete a jornada dos membros: de não saber quais são os próprios sonhos até entender suas ambições, até lutar para transformar os objetivos em realidade e desenvolver sua própria perspectiva sobre como o público os enxerga.

Pessoas diferentes terão reações diferentes à música do BTS, já que gosto musical é completamente subjetivo. Entretanto, ninguém pode negar que as músicas do BTS são repletas de emoções sinceras, baseadas nas experiências dos membros em cada época. Em "Skit : R U Happy Now?", eles expressam como estão felizes apesar do trabalho corrido, e na música seguinte, "If I Ruled The World", eles pensam no que fariam se fossem bem-sucedidos, com humor. Essas músicas mostram a resposta do BTS ao sucesso modesto que encontraram com o primeiro álbum.

Se *2 COOL 4 SKOOL* é o álbum autobiográfico do BTS sobre a vida incerta de trainee, *O!RUL8,2?* é o grito de guerra sobre o começo de uma vida pública de um idol do BTS em uma roupagem hip-hop: um tipo único de storytelling que viria a definir o grupo.

O tema de "N.O", caminhar entre o sonho e a realidade, poderia ter sido adaptado para qualquer gênero. Mas para o BTS, não se tratava de um tema pequeno e desconectado do restante de sua música. Por todo segundo álbum, e mesmo no primeiro, os membros colocaram suas histórias pessoais e genuínas nas músicas, mostrando de maneira concreta sua determinação em letras como "É agora ou nunca / Nós ainda não conquistamos nada" e entregando a mensagem com apresentações fervorosas no palco.

SUGA foi sincero quando disse no podcast *Kim Bong-hyun's Hip-hop Invitational* que gostaria que o BTS funcionasse como uma ponte entre a música de idols e o hip-hop. Como o repertório deles já demonstrava naquele momento, esse fora o objetivo do grupo desde o começo. Em especial a música "Paldo Gangsan"* resume bem a identidade do BTS no início da carreira. j-hope explica o processo de criação dela:

—— Como vínhamos de realidades muito diferentes, alguém sugeriu que seria engraçado se conseguíssemos falar das cidades uns dos outros e fazer rap em dialeto. Dissemos: "Eu sou de Gwangju, você (SUGA) vem de Daegu, e você (RM) é de Ilsan, na província de Gyeonggi, então vamos falar de nossas cidades natais e fazer essa música acontecer."

"Paldo Gangsan" só foi possível porque todos os membros vinham de fora de Seul. Embora tenham começado a buscar a carreira musical em outros lugares, cada um acabou indo até a capital para debutar como idol: um fenômeno comum em muitos mercados coreanos, uma vez que uma parte considerável da infraestrutura do país fica em Seul. Não só isso, as regras da indústria musical do K-pop ditaram que os sete jovens que formaram o grupo deveriam dividir um dormitório.

Apesar de seguir os padrões do mercado em alguns pontos, o BTS explorou novos territórios quando abordou nas letras as origens de cada membro e descreveu como eles formaram o grupo. Esse processo de falar a respeito de si próprios por meio da música, diz j-hope, serviu para estreitar as relações de todos:

— Não sei como colocar isso em palavras, mas... não acho que tínhamos preconceito com as origens uns dos outros. Então as conversas eram fáceis e podíamos rir juntos e contar histórias sobre nossas origens, e foi assim que a música acabou sendo escrita. Ela surgiu porque respeitávamos as origens de cada um.

Entretanto, quando o segundo álbum foi lançado, poucas pessoas apreciaram a nova forma do BTS de fazer música. O grupo era um lobo solitário na indústria dos idols. Ninguém sequer se pronunciou para repudiar a atitude de B-Free. Na conversa com RM e SUGA, o rapper insultou não só a música, mas até o nome do grupo e o nome artístico de SUGA. E quando o episódio do podcast foi ao ar, algumas pessoas até ficaram do lado de B-Free e fizeram comentários de ódio em relação ao BTS.

Na época, essa era a realidade do mercado para o BTS e para a maioria dos grupos de idols. Era uma época em que as pessoas se sentiam à vontade para fazer comentários degradantes na internet sobre o nome de um artista, sua aparência e trejeitos (nada relacionado à música) por nenhum motivo além de serem idols.

Muitos anos depois, RM se lembra:

— É exatamente isso. "A história da luta por reconhecimento." Nós queríamos ser reconhecidos. Queríamos nos provar.

Para RM e os outros, era inevitável procurar um motivo para tais ações. RM continua:

— Pesquisei e estudei muito sobre a origem daqueles insultos e isso me deixou ainda mais empenhado. *Ah, eu tenho mesmo que melhorar.* Melhorar no quê eu não sabia, mas eu havia debutado e já havia sido insultado, então eu queria de alguma maneira fazer algo que estivesse ao meu alcance, então me dediquei totalmente.

Não demorou muito para que o empenho de RM desse resultado, pelo menos em parte. Um funcionário da Mnet que assistiu a um vídeo do podcast entrou em contato com a Big Hit, e no dia 13 de maio de 2014, RM fez uma participação no *4 Things Show*: um programa de entrevistas que examina o convidado a partir de quatro ângulos diferentes, com mais profundidade e nuance do que muitos programas de hoje em dia, quanto mais em 2014. Era a oportunidade perfeita para RM expor sua própria visão de mundo e a luta constante entre a identidade de artista de hip-hop e a de idol.

—— Foi extremamente importante para mim, ter feito aquilo. A ferida ainda estava lá, mas [a entrevista] acalentou meu coração de algum jeito... Coisas ruins acontecem para que coisas boas surjam. E na época, pensei, "*Ah, aconteceu essa situação, mas graças a ela as pessoas estão entrando em contato conosco*".

A luta dos garotos continuou, e o grupo enfrentaria desafios inimagináveis. Mas, ironicamente, as dificuldades ajudaram a renovar a determinação de todos e até alcançar novas oportunidades. Esse era apenas o começo da carreira. Sobre o período, SUGA apenas diz:

—— Tento não pensar muito sobre aquela época, se eu puder evitar. Porque em última instância, nós saímos vitoriosos e ponto.

A força de alguém

O terceiro álbum do BTS, *Skool Luv Affair*, foi lançado em fevereiro de 2014. Para usar a expressão de RM, foi o segundo "doce" do ciclo de "doce, amargo, doce, amargo" que definiu os primeiros quatro álbuns. A recepção do público para a música "Boy In Luv" foi explosiva, levando à primeira classificação do grupo ao topo de um programa musical de TV. O álbum chegou a 86.004 envios em 2014 segundo o GAON Chart, um aumento de 250% em relação ao anterior.

Ao contrário das músicas principais dos álbuns anteriores, "No More Dream" e "N.O", que tinham uma faceta mais sombria sobre adolescentes sonhadores encarando a realidade, "Boy In Luv"[*] explorava a ideia do amor juvenil e trouxe um tom mais amigável à imagem mais dura do grupo. Abrandando um pouco o tom selvagem mostrado em "Attack on Bangtan", o BTS desenvolveu um estilo próprio e singular de canção de amor. Ainda que a coreografia continuasse poderosa e enérgica, foram incluídos movimentos mais leves e um figurino de uniforme escolar que fez o grupo parecer mais próximo aos adolescentes. "Just One Day",[**] música que foi trabalhada posteriormente na divulgação do álbum, também fala de amor juvenil, e isso consolidou a ideia de "nosso jeito de amar", definida pela primeira música do álbum, "Intro : Skool Luv Affair".

Esse novo direcionamento foi o primeiro passo para a expansão musical do BTS. Se os álbuns anteriores versavam sobre experiências pessoais dos membros (os dias de trainees, sua relação com música, seu modo de encarar a recepção do público), já *Skool Luv Affair* deu início à exploração do mundo como um todo, tendo o amor como tema. O BTS começava a olhar para fora, para algo além de si mesmo.

O álbum também discute diretamente a moda entre adolescentes e suas implicações sociais, em "Spine Breaker", mas também traz músicas como "Tomorrow", que apresenta o contexto pessoal dos membros e os traduz para uma mensagem universal com a qual todos conseguem se relacionar.

Skool Luv Affair

THE 2ND MINI ALBUM
2014. 02. 12

TRACK

01 Intro : Skool Luv Affair
02 Boy In Luv
03 Skit : Soulmate
04 Where You From
05 Just One Day
06 Tomorrow
07 BTS Cypher Pt. 2 : Triptych
08 Spine Breaker
09 JUMP
10 Outro : Propose

VIDEO

COMEBACK TRAILER

ALBUM PREVIEW

"Boy In Love"
MV TEASER

"Boy In Love"
MV

"Just One Day"
MV TEASER

"Just One Day"
MV

"Tomorrow" começa com uma confissão de SUGA sobre suas inseguranças antes do debut, mas letras como "Este desempregado de vinte e poucos anos tem medo do amanhã" e "Um longo caminho a percorrer, mas por que ainda estou preso aqui?" se relacionam a um sentimento universal que muitas pessoas de vinte e poucos anos sentem ao procurar seu lugar no mundo. Ao relacionar sua história de vida com a do público, o BTS define viver como "Não apenas estar vivo, mas viver minha vida", encorajando a si próprios e aos seus ouvintes.

É sempre mais escuro antes do amanhecer
Mais à frente no caminho, não se esqueça de quem você é agora

É o encorajamento a marca registrada do BTS: não é baseada em um otimismo sem fundamento, mas também não cai na negatividade e no desespero. Se "BTS Cypher Pt.2: Triptych" era a percepção dos membros a respeito de tudo o que aconteceu antes, inclusive o insulto de B-Free, "Tomorrow" era um vislumbre do futuro do grupo. O tipo de música que eles trariam depois, na série THE MOST BEAUTIFUL MOMENT IN LIFE, já estava tomando forma em *Skool Luv Affair*. Segundo RM:

— Agora, pensando em "Tomorrow" sei que ela só poderia ter sido lançada pelo SUGA. Porque foi ele quem conseguiu combinar a batida e a letra. Na verdade, foi nessa época que nossa exaustão da Primeira Temporada[10] estava no auge.

De acordo com RM, "Tomorrow" surgiu a partir de uma série de obstáculos que os membros enfrentaram depois do debut. A decepção

10 Mesmo que essa não seja a terminologia oficial, os membros do grupo gostam de dividir sua história em eras. A Primeira Temporada do BTS vai do debut ao lançamento de *DARK&WILD* em 2014.

nas vendas do segundo álbum e o insulto de B-Free drenaram a todos eles, e o grupo precisava de algo que os tirasse daquela tristeza. Para piorar as coisas, SUGA teve uma crise de apendicite aguda durante a produção de "Tomorrow". Segundo ele:

—— Estava preparando o álbum enquanto performávamos no Japão e meu apêndice supurou, então tive que voltar para a Coreia, fazer a cirurgia e me recuperar. Mas minha febre continuou em mais de 40ºC e tinha acúmulo de pus no meu estômago. Então tive que passar por mais uma cirurgia.

Como o álbum anterior estava aquém das expectativas, SUGA trabalhou no disco seguinte mesmo em recuperação. Um lançamento que não tinha nenhuma garantia de sucesso. Então ele depositou toda sua ansiedade e determinação em "Tomorrow".

—— Pensamos, *Quero ver a luz, pelo menos uma vez*. Se nada desse certo, queríamos pelo menos fazer um show. Se não pensássemos assim, não seríamos quem somos hoje.

Ele continua:

—— Queria fazer o tipo de música que eu escutava, alguma coisa que desse força para as pessoas, como "Tomorrow". Eu ainda me sinto assim hoje.

A resposta do público para *Skool Luv Affair* restaurou as esperanças de SUGA no futuro. "Boy In Luv" levou o BTS a uma exposição ainda maior, cumprindo seu propósito, e "Tomorrow" calcou a identidade do grupo.

Naquele momento, a atenção de todos (BTS e Big Hit Entertainment) estava no próximo álbum, *DARK&WILD*. Como *Skool Luv Affair* tinha levado o grupo a beliscarem os principais lugares nos rankings, o objetivo natural agora era ganhar o primeiro lugar nos programas musicais. Pouco a pouco, o futuro parecia mais promissor, e os membros estavam com a determinação renovada. Nessa época, Jimin estava se esforçando para melhorar suas habilidades vocais, trabalho que perseguia incessantemente desde o debut. Segundo ele:

— As pessoas falavam isso, que os vocais do BTS não eram tão bons. Toda vez que eu ouvia aquilo, meu coração doía.

Os vocais do BTS, que utilizavam melodias de R&B e um fundo de hip-hop, ainda eram estranhos às tendências dos idols de K-pop, que tinham a característica de chegar ao ápice das músicas com vocais em notas altíssimas. A abordagem do BTS de seguir o groove com os vocais alinhados à batida não era comum no mercado idol, e a ausência de notas altíssimas e espetaculares, que floreavam a música de outros idols, fez com que as habilidades vocais do BTS não parecessem à altura na época. Mas Jimin explica que ele não se deixou abalar por completo:

— Nem sempre isso me derrubou.

Acima de tudo, o fandom que crescia aos poucos foi o suporte emocional do grupo. Segundo SUGA:

— Os fãs que vimos pela primeira vez... Todos foram muito importantes para nós.

Mesmo depois do debut, SUGA permanecia em crise quanto à sua identidade inicial de artista de hip-hop e sua nova identidade como idol. Foi difícil migrar do seu primeiro amor, mas os novos fãs facilitaram esse processo.

— Era realmente fascinante, as pessoas apareciam para me ver. E eram muito dedicadas. Para ser sincero, não consigo ser fã assim de alguém. Antes eu me apresentava para duas pessoas em Daegu, mas agora eu me via diante de vários fãs, pessoas que me amavam. Imagina como aquilo foi de tirar o fôlego para um garoto como eu. Foi aí que eu entendi tudo: *Eu tenho o dever de entregar o que essas pessoas querem.*

Essa sensação ajudou todos eles a se acostumarem com a vida de idol. Jimin se lembra de como se sentia:

— RM e eu conversávamos muito. Não éramos muito famosos nem nada, mas já não podíamos cuspir na rua sem que isso tivesse consequências... E aos poucos estávamos desenvolvendo um senso de responsabilidade conectado ao valor do nosso trabalho.

Apesar de não ser fácil, era nítido que o grupo avançava, aos poucos. Pelo menos até o inesperado acontecer.

"Amargo" de novo

Em entrevistas, j-hope costuma manter seu tom de voz consistente. Mesmo quando fala sobre as principais dificuldades e os maiores sucessos do BTS, ele continua calmo, quase como um observador objetivo.

Mas às vezes, muito de vez em quando, seu tom se enche de emoção. E um desses momentos aconteceu quando ele falou dos treinos para a apresentação de 3 de dezembro de 2014 no MAMA Awards:

— Na época, era como se estivéssemos em "modo combate" e, uau... parecia que estávamos gravando o filme *300*, ensaiando sem descanso. Estávamos na mesma situação do Block B, então pensamos que não podíamos nos perder. Jimin e eu demos tudo de nós nos ensaios de nossas performances solo. Queríamos parecer preparados para tudo, então ensaiamos muito.

Block B, grupo que foi selecionado para se juntar ao palco com o BTS no MAMA, era frequentemente comparado com o BTS. Assim como eles, o Block B também tinha o hip-hop como referência, e entre os membros existiam rappers, como o líder do grupo ZICO. E assim como o BTS, a música do Block B era intensa e direta.

[...] mas agora eu me via diante de vários fãs, pessoas que me amavam. Imagina como aquilo foi de tirar o fôlego para um garoto como eu. Foi aí que eu entendi tudo: *Eu tenho o dever de entregar o que essas pessoas querem.*

— SUGA

Mas os treinos severos antes da apresentação do MAMA não eram causados apenas pela competição saudável com o Block B. O BTS estava mesmo desesperado. Segundo j-hope:

—— Todas aquelas apresentações de "Danger" foram bem exaustivas. Quando fizemos o *comeback*[11] com "Danger", para o lançamento de *DARK&WILD*, fizemos mais de vinte pré-gravações e depois fomos para um programa diferente onde eles anunciaram o primeiro lugar. Nos falaram que tínhamos que estar lá, então nos apresentamos ao vivo, completamente esgotados. E no final das contas, não estávamos nem entre os candidatos para o primeiro lugar, o que foi um choque enorme.

O choque de j-hope não se deveu apenas à performance do BTS no ranking. V tenta descrever a situação em detalhes:

—— Tudo bem se outros grupos são indicados para concorrer ao primeiro lugar. A gente só precisa trabalhar mais. Mas nas emissoras de TV, éramos sempre os primeiros a dizer oi e cumprimentar todo mundo, os seonbaes e os hubaes,[12] mas as pessoas nos ignoravam e passavam reto. Ou faziam piada porque nós não estávamos nem entre os candidatos para o primeiro lugar.

O incidente foi um golpe forte no psicológico do grupo. V continua:

—— Depois da transmissão, todos entramos na van juntos... Um estava chorando, outro estava com bastante raiva, e alguém não conseguia nem falar. A decepção era inimaginável, e a vontade de chorar era muito grande.

---

11 Nome dado para o lançamento de um novo álbum. [N. da T.]

12 Honorífico coreano usado para se dirigir a colegas mais jovens. [N. da T.]

V fala sobre o impacto no grupo:

— Foi então que pensamos: *Precisamos melhorar. Porque se fizermos isso, ninguém vai nos enxergar assim de novo.* Olhando agora, estou satisfeito por pelo menos termos conseguido nos controlar naquele dia (risadas). Porque todos nós chegamos a um consenso, estávamos determinados e nos unimos. Fizemos um juramento de que seríamos um ótimo grupo.

Parte do motivo pelo qual o grupo estava tão magoado (e determinado a se sair bem) era porque o primeiro álbum completo, lançado em 8 de agosto de 2014, com "Danger" como música principal, era especialmente importante naquele estágio da carreira. Infelizmente, a escuridão do título do álbum acabaria por se tornar a descrição do que o grupo passaria.

Sobre o período entre o debut e o lançamento de *DARK&WILD*, Jin descreve:

— Para ser sincero, não lembro muito bem daquela época. Primeiro de tudo, eu estava muito ocupado, eu ia para o dormitório e depois saía para ensaiar, gravar, aparecer em programas musicais, me apresentar em eventos, e depois voltava para o dormitório, e assim por diante. Claro, eu me lembro da apresentação do debut, e das sessões de autógrafos com fãs, mas além disso... não lembro muito do que fiz para "No More Dream", "N.O", "Boy In Luv" e "Danger".

Foi nesse contexto que o BTS lançou o álbum *DARK&WILD*, uma atitude que poderia colocar tudo a perder e que teria grande impacto no futuro do grupo. Infelizmente, a realidade não foi muito simpática a eles. SUGA descreve a decepção do grupo:

— Sofremos muito, e por que...?

American Hustle Life

Voltamos para o verão de 2012, quando Jung Kook foi para os Estados Unidos por um mês para aprender a dançar. Aconteceu um ano antes do debut do BTS, quando Jung Kook ainda era trainee. Ele diz:

— Talvez por eu não ter um objetivo muito definido quando me tornei trainee, a empresa disse que eu não estava expressando minha individualidade. Eu fiz tudo o que pediram e tinha talento, mas tinha algo que eu não mostrava. Acho que, pela minha personalidade, eu não conseguia expressar muito bem minhas emoções. Acho que eles me mandaram para lá para que eu pudesse sentir as coisas por mim mesmo.

A viagem de estudos foi um sucesso. Jung Kook tinha acabado de entrar no ensino médio e não sabia muito bem o que significava ser um artista, mas a viagem o transformou. Segundo ele:

— O mais fascinante é que eu não fiz nada de especial nos Estados Unidos. Em vez de aulas normais, aprendemos em estilo workshop, e como eu nunca tinha tido uma experiência assim, estava um pouco tímido e hesitante. Quando tínhamos folga, eu ia para a praia, comia jjamppong,[13] e quando voltava sozinho para o dormitório, comia cereal com leite... Tinha engordado quando voltei (risadas). Mas quando voltei para a Coreia, a empresa e meus hyungs disseram que minha dança estava completamente diferente. Sendo sincero, não acho que fiz muita coisa lá, mas eles disseram que minha personalidade e meu estilo de dança mudaram. Acho que minhas habilidades melhoraram muito.

13 Sopa picante de macarrão com frutos do mar. [N. da T.]

Depois das apresentações de *Skool Luv Affair*, o BTS participou do programa de variedades da Mnet chamado *American Hustle Life*[14] que foi gravado em Los Angeles em 2014. O programa foi uma extensão natural da viagem de Jung Kook de 2012, e tinha o intuito de ajudar os membros a se desenvolverem no lar do hip-hop, além de ajudar a impulsionar ainda mais o momentum que tinham conseguido com o último álbum.

Entretanto, os membros não "estudariam" hip-hop como se fosse uma prova de matemática. Assim como Jung Kook melhorou suas habilidades e atitudes no trabalho depois da viagem, a imersão na música e na dança de um país estrangeiro transformaria os artistas que tinham debutado no BTS há pouco. Jimin expõe algumas das melhores lembranças das gravações de *American Hustle Life*:

> —— As experiências lá foram mais divertidas do que eu esperava porque... não saiu no programa, mas tentamos gravar um MV lá, e eu honestamente achei que tinha virado um guerreiro hip-hop (risadas). Tentei fazer batalha de dança também. Quando conheci Warren G, fiquei com a tarefa de tentar criar melodia e letra, e foi a primeira vez que uma pessoa me deu uma tarefa dessas. Então, quando estávamos gravando, eu e o RM saíamos para o jardim e conversávamos, "Sobre o que você quer escrever?", "Qual melodia você quer usar?" e foi muito divertido. Também tive algumas tarefas de design de coreografia.

Mais ou menos nessa época, o BTS estava pensando em criar um programa de variedades próprio. O público tinha amado *Skool Luv Affair*, e aliado a isso, a transmissão de *American Hustle Life* alavanca-

14 Programa com oito episódios que foi transmitido entre 24 de julho e 11 de setembro de 2014.

ria muito a popularidade do grupo quando o novo álbum fosse lançado, segundo as previsões da Big Hit Entertainment.

Na época, encontro de idols com fãs via V Live[15] não era uma realidade, e isso significava que uma das maneiras mais simples para um grupo ser reconhecido era participando de programas de variedades. A Big Hit Entertainment decidiu que a produção de um programa exclusivo para os membros do BTS seria uma das iniciativas de mídia mais importantes do grupo, junto ao canal no YouTube.

Para uma promoção imediata, aparecer em um programa de TV conhecido seria a melhor estratégia. Para se ter uma ideia, o próprio Bang Si-Hyuk participou de *Star Audition: The Great Birth* e Jo Kwon, do 2AM, participou do programa de variedades da MBC chamado *We Got Married*.

Mas programas de variedade com apenas um artista ou exclusivos para grupos de idol eram diferentes: o formato era chamativo para fãs que consumiam conteúdo dos idols. Eles são o terceiro tipo de conteúdo preferido dos fãs, perdendo apenas para promoção de novos álbuns e shows ao vivo.

E como o BTS apresentou um crescimento significativo desde o debut, esse tipo de programa permitia que novos fãs, angariados no lançamento de novos álbuns, encontrassem um jeito fácil e rápido de conhecer os membros do grupo. Isso mais tarde se transformaria no *Run BTS!*,[16] transmitido pela V Live. O programa *Rookie King: Channel BTS Bangtan*, transmitido pela SBS MTV logo depois do

15 Plataforma de vídeo do Naver que existiu entre 2015 e 2022. Ela permitia que idols e outros artistas se comunicassem com os fãs em tempo real. Depois do fechamento dessa plataforma, alguns dos conteúdos pagos foram transportados para a plataforma Weverse, da HYBE.

16 O primeiro episódio foi lançado em 1º de agosto de 2015. Hoje eles podem ser assistidos pelo canal BANGTANTV no YouTube e no Weverse.

debut do BTS, ainda hoje é assistido por fãs que querem saber mais sobre o começo do grupo.[17]

American Hustle Life era repleto de variáveis. Era completamente diferente de qualquer reality coreano, e foi gravado nos Estados Unidos não apenas com o BTS, mas com lendas da cena hip-hop. O período de produção do programa também foi simultâneo ao do álbum *DARK&WILD*.

Para idols de K-pop (ainda mais os que acabaram de debutar), o período entre lançamento dos álbuns é muito curto, e isso quer dizer que a simultaneidade entre gravação do programa e do álbum já era esperada. Entretanto, uma variável inesperada transformou as gravações de *American Hustle Life* em uma experiência inesquecível para o BTS.

Vocês estão em perigo

— Compor a música principal foi muito exaustivo. A melodia não vinha, então sentei com Bang Si-Hyuk nos Estados Unidos, junto de todo mundo... foi quase uma reunião de crise.

Como diz RM, o processo criativo da música "Danger", do álbum *DARK&WILD*, foi difícil. Um grande contraste com "Boy In Luv", do álbum anterior, que foi encarada como música principal desde o início de sua produção e que teve o título provisório estabelecido como definitivo assim que a música foi finalizada. "Danger", por outro lado, precisou de muitos ajustes até chegar à versão final.

17 Programa de variedades com oito episódios que foi ao ar entre 3 de setembro e 22 de outubro de 2013.

Tal dificuldade aconteceu principalmente por conta do desafio de "melhorar sempre mais" enfrentado por todos os grupos de idols. Para usar o BTS como exemplo, "No More Dream" foi um hit certeiro, e permitiu que o grupo entrasse de vez no mercado de idols masculinos. Mas se eles quisessem melhorar e chegar ao nível de grupos como EXO e Infinite, seria preciso lançar vários hits de sucesso ainda maior do que "No More Dream". A questão é importante para grupos de idols, uma vez que a popularidade deles está muito ligada ao fandom. Para reter e aumentar o impulso conseguido com um hit, o grupo de idols costuma produzir hits ainda mais impactantes que fazem com que o fandom cresça exponencialmente.

Número de vendas e de streamings não eram suficientes. Para melhorar seria preciso uma resposta explosiva do público, em uma escala muito maior do que a anterior; era preciso que o fandom reagisse de forma extremamente positiva ao conteúdo recém-lançado. O BTS que conhecemos hoje conseguiu isso com a série de hits "I NEED U", "RUN", "Burning Up (FIRE)", "Blood Sweat & Tears", "Spring Day", "DNA", "FAKE LOVE" e "IDOL", que foi sucedida por mais hits que aumentaram consistentemente a escala do fandom.

O problema é que lançar mais de dois hits era um feito inacreditável. Se a música nova fosse muito parecida com o hit anterior, o público acharia o grupo previsível. Poderia até levar a algum sucesso comercial, mas não conseguiria a resposta apaixonada do fandom alcançada com a música anterior. Por outro lado, um estilo completamente diferente poderia alienar a base de fãs já conquistada, por ser muito diferente do que eles gostavam. Esse é um dilema enfrentado por todos os artistas da cena.

O BTS poderia continuar com o estilo de "Boy In Luv" e conseguir uma popularidade estável, mas isso jamais levaria a trabalhos posteriores como "I NEED U". Na verdade, as músicas que eles promoveram em programas musicais até aquele momento ("No More Dream", "N.O", "Attack on Bangtan" e "Boy In Luv") tinham um tom consistente, mas vibes bem diferentes.

Após conquistarem a atenção do público com "Boy In Luv", era vez de mostrar a personalidade do grupo para ainda mais pessoas com um single explosivo do álbum *DARK&WILD*. O próprio título do álbum fazia menção a isso, o lado sombrio e selvagem do grupo. E já que o BTS era conhecido por suas apresentações espetaculares, a nova música também precisava cumprir e superar as expectativas.

Todos esses fatores se juntaram em um turbilhão durante as gravações de *American Hustle Life*, que fez a agenda já lotada do grupo chegar ao limite. V lembra do dia a dia daquela época:

—— Estávamos rodando o programa e trabalhando no álbum ao mesmo tempo, então gravamos a música nos Estados Unidos e também ensaiamos a coreografia lá. Quando as filmagens acabavam às oito da noite, íamos direto para os ensaios da coreografia e ficávamos lá até amanhecer, depois dormíamos um pouco e voltávamos para filmar mais pela manhã. Se alguém dissesse que tínhamos dez minutos de intervalo, nos deitávamos onde estivéssemos e dormíamos na hora.

A programação sobre-humana levou a incidentes inacreditáveis. Ainda segundo V:

—— Ensaiávamos a noite toda e chegávamos no hotel de manhã, mas estávamos com o corpo tão suado e aquecido que saía fumaça dos nossos corpos. Alguém dizia "Nossa, olha só! Parece que estamos fumando!".

RM descreve a experiência em Los Angeles da seguinte forma:

—— Foi uma época em que me perguntei, *O que tenho para oferecer? O que eu posso fazer?* e me desafiei até o limite.

A pior coisa

Ao contrário de "Boy In Luv", a música nova do BTS, "Danger"[*] não foi candidata ao primeiro lugar nos programas musicais. De acordo com o GAON Chart, os envios de *DARK&WILD* ficaram em 100.906 unidades no ano de 2014, o que classificava um décimo quarto lugar. Número que significava o aumento de apenas 14.902 unidades em relação a *Skool Luv Affair* lançado meio ano antes, um crescimento quase nulo.

O álbum que tinha desafiado os limites físicos do grupo e gerado uma grande expectativa acabou ficando na parte "amarga" da série "doce, amargo, doce, amargo". Os membros estavam sem esperança, e isso também tinha a ver com a desvalorização ocorrida no programa musical, que ainda figurava como forte golpe emocional. Foi também uma das razões pelas quais SUGA suspirou, "Sofremos muito, e por que...?".

A decepção de SUGA o levaria a investir tudo de sua alma na produção das músicas da futura série de álbuns THE MOST BEAUTIFUL MOMENT IN LIFE. Mas no lançamento de *DARK&WILD*, ninguém sabia se o BTS sequer teria um futuro. Segundo SUGA:

—— Para "Danger", ajustamos a coreografia até pouco antes de filmarmos o MV. Ensaiávamos, e se tivéssemos dez minutos, dormíamos um pouco e voltávamos para gravar o MV. E eu comecei a me ressentir, pensando: *Se existir um céu, já não está na hora de recebermos alguma coisa?* Pelo menos um "Oi, gente, vocês estão trabalhando duro", esse tipo de reconhecimento.

V é ainda mais sincero sobre o que eles pensavam na época:

—— Para resumir, éramos um "grupo que só resistia graças ao ARMY". Um grupo que só continuava por conta de seus fãs. Um grupo que só lançou mais álbuns graças a eles.

DARK&WILD

THE 1ST FULL-LENGTH ALBUM
2014. 08. 20

TRACK

01 Intro : What am I to you
02 Danger
03 War of Hormone
04 Hip Hop Phile
05 Let Me Know
06 Rain
07 BTS Cypher PT.3 : KILLER (Feat. Supreme Boi)
08 Interlude : What are you doing now
09 Could you turn off your cell phone
10 Embarrassed
11 24/7 = Heaven
12 Look here
13 So 4 more
14 Outro : Do you think it makes sense?

VIDEO

COMEBACK TRAILER

"Danger" MV TEASER 1

"Danger" MV TEASER 2

"Danger" MV

"War of Hormone" MV

O grupo se viu de novo em apuros. Mas a decepção de *DARK&WILD* não foi o fim das atribulações do BTS. Se a história do grupo fosse colocada em uma linha narrativa com "introdução, elevação da ação, clímax e conclusão", *DARK&WILD* seria apenas a introdução. E o ano de 2014 ainda preparava outras surpresas amargas.

American Hustle Life começou a ser transmitido em 24 de julho de 2014, e *DARK&WILD* foi lançado em 20 de agosto do mesmo ano. Entretanto, o verão de 2014 é lembrado por outro acontecimento no mercado do K-pop: o programa de competição *Show Me The Money 3*, que começou a ser exibido em 3 de julho.

Não seria exagero dizer que *Show Me The Money*, ainda mais a temporada de 2014, transformou para sempre a cena hip-hop na Coreia. Ele estabeleceu uma tradição de batalhas entre os melhores rappers, atraindo audiência tanto de fãs de hip-hop quanto de fãs de reality shows. Por ironia, uma das pessoas que estabeleceu essa tradição foi um idol em treinamento: BOBBY, que se tornaria membro do grupo de idols iKON. BOBBY havia participado do programa *WIN: Who Is Next*, e já possuía uma legião de fãs, mas ainda era trainee porque seu grupo perdera a competição do referido programa. Sua empresa, a YG Entertainment, o escolheu para participar de *Show Me The Money 3* junto de seu futuro colega no iKON, B.I. O duo fez um ótimo trabalho no programa, e BOBBY foi coroado vencedor.

O resultado teve um grande impacto tanto na vida de idol quanto na cena hip-hop. A vitória de um idol rapper em um programa que contava com um bom número de rappers conhecidos foi um ponto de virada que abriu as portas para outros idols serem reconhecidos por suas habilidades no hip-hop e também na música pop. No ano seguinte, *Show Me The Money 4* contou com a participação de MINO, membro do WINNER, entre outros idols que mostravam habilidades surpreendentes.

Esse novo paradigma de idols rappers competindo com rappers já estabelecidos no hip-hop virou uma grande sensação, e levou a uma interação ainda maior entre artistas dos dois universos. Um exemplo é a música "Born Hater", do Epik High, lançada logo após *Show Me The Money 3*, que conta com a participação de BOBBY, B.I, MINO e outros nomes importantes do hip-hop coreano como Beenzino e Verbal Jint.

Show Me The Money 3 incluiu outro obstáculo na luta do BTS por reconhecimento. Depois do insulto de B-Free, o BTS (em especial RM e SUGA, que eram rappers da cena hip-hop) se sentiu pressionado a provar seu valor. E foi nesse momento que *Show Me The Money 3* exibiu outros idols tomando a frente na batalha pelo reconhecimento de suas habilidades na cena hip-hop. Durante o processo, BOBBY lançou a música "YGGR#hiphop" no programa, onde ele falava mal de todos os idols rappers com exceção de alguns que ele respeitava pessoalmente. Em uma música posterior "GUARD UP AND BOUNCE" e em "Come Here", na qual fez uma participação, ele insultou vários idols rappers, inclusive o BTS. Na época o nome artístico de RM era Rap Monster, e ele foi alvo direto.

Para explicar melhor, o que BOBBY fez foi completamente diferente do insulto de B-Free. B-Free fez troça do BTS no meio de uma conversa sem qualquer aviso prévio, mas a atitude de BOBBY fazia parte da cultura hip-hop, onde artistas começam brigas em seus raps como um desafio para que outros provem seu valor.

Visto nesse contexto, o rap de BOBBY era um desafio para os idols rappers além daqueles já respeitados por ele. A letra de "Come Here" é um desafio explícito a seus colegas para uma batalha. O próprio RM encarou a música como um desafio amigável em vez de um insulto, e ressaltou que ele respeitava BOBBY. Infelizmente, isso não poderia ter acontecido em pior momento. O BTS passava por uma montanha de dificuldades, e isso foi apenas mais uma na pilha de adversidades. Para piorar, "Come Here" foi lançada dia 2 de dezembro de 2014, exatamente um dia antes da apresentação no MAMA, onde o BTS já estava programado para fazer uma apresentação histórica.

200%

No espaço de tempo entre o lançamento de "Come Here" e a apresentação do BTS no MAMA, os membros do grupo e a equipe da Big Hit Entertainment tentavam apenas manter a compostura. RM já estava em Hong Kong, onde aconteceria o MAMA, quando ouviu "Come Here". Ele não teve muito tempo para pensar em uma resposta.

— Foi agonizante pensar se mencionaria ou não o BOBBY no palco. Nem consegui dormir direito no hotel me questionando: *Faço? Não faço? Faço? Não faço?* Minha cabeça estava a mil.

Se RM não respondesse a BOBBY no MAMA, no que seria a primeira apresentação dele depois do desafio, qualquer resposta posterior não teria o mesmo impacto. Mas RM teve menos de um dia para colocar uma nova letra em resposta ao desafio no meio do rap que ele preparara para a performance colaborativa com ZICO, do Block B.

Enquanto isso, a equipe da Big Hit Entertainment estava em constante comunicação entre Coreia e Hong Kong, antecipando todos os problemas que poderiam aparecer depois da resposta de RM a BOBBY e já pensando em soluções. Fazia sentido que RM respondesse a um rap com outro rap. Ele havia sido insultado três vezes até aquele momento, e ficar calado estava fora de cogitação, ainda mais levando o fandom em consideração.

Ao mesmo tempo, o BTS não poderia se dar ao luxo de estragar uma apresentação no MAMA. Depois de tudo que tinham passado nos últimos meses, eles precisavam de uma apresentação perfeita. RM tinha que responder ao desafio, mas ao mesmo tempo, o BTS tinha que se certificar de que a audiência estivesse focada no desempenho do grupo.

No dia do MAMA de 2014, a Mnet apresentou a colaboração entre o BTS e o Block B como "A nova geração do K-pop". Mas na verdade, a performance• foi mais uma batalha para ver quem seria a próxima geração do K-pop: os grupos se revezavam na exibição de rap e dança, depois apresentavam suas músicas originais em formato de batalha.

Sobre a apresentação, RM diz:

> —— Estávamos em uma posição ruim e precisávamos subir. Naquela época, passávamos por situações irritantes, traiçoeiras e frustrantes o tempo todo, e, no meu caso, teve a questão com BOBBY. Eu estava muito ansioso e desesperado, então estava me forçando a seguir em frente, achei que estava prestes a explodir, e parece que alguém veio e estourou o balão.

Jimin fala sobre o que sentiu antes da apresentação do MAMA:

— Precisávamos ganhar, não importava o quê. Não queria ficar para trás de jeito nenhum.

Tudo isso se juntou **à** determinação incansável e ao desespero dos membros, levando a apresentação do MAMA a novos patamares. RM descreve o humor do grupo:

— Não só eu, todo mundo estava em sincronia. Se um hyung ficava bravo, eu ficava bravo, se um dongsaeng[18] ficava bravo, eu ficava bravo. Estávamos avançando como um time, então estávamos na mesma onda.

De acordo com Jimin, RM dizia com frequência aos colegas antes das apresentações:

— RM costumava falar: "Não fiquem animados demais. Não somos nada ainda, não somos nada." Ele falava isso toda vez que estávamos para subir ao palco.

Antes mesmo da apresentação no MAMA, o BTS já tinha conquistas significativas com os ensaios. Uma delas foi o nível de perfeição que alcançaram com a coreografia de "Danger".

Na época, "Danger" tinha a coreografia mais difícil já lançada pelo grupo. Ela era composta por vários movimentos que precisavam ser sincronizados à perfeição, e mesmo que a coreografia pareça seguir o mesmo tempo, foram necessárias algumas mudanças discretas na velocidade de movimentos individuais para que o ritmo ficasse correto. O maior desafio da coreografia era quando os membros paravam ao mesmo tempo no meio da música, o que significava que todos precisavam estar exatamente no mesmo ritmo durante toda a apresentação, fazendo ajustes nos movimentos de braços e

18 Honorífico coreano usado para se dirigir a irmãos e colegas mais novos. [N. da T.]

pernas para mudar a velocidade, mas mantendo a sincronia. Segundo Jimin:

— Comparado a tudo que veio antes de "Boy In Luv", "Danger" tinha muito mais detalhes e os movimentos eram mais rápidos. Quando fazia movimentos que meu corpo não estava acostumado, que nunca tinha executado, eu precisava de um tipo completamente diferente de força, e essa foi a parte mais difícil.

Ele continua:

— E a sensação de *Ainda não somos muita coisa...* Tudo se acumulou, por isso foi tão desafiador.

Contudo, a dificuldade da coreografia acabou sendo uma vantagem no MAMA. A intensidade constante dos movimentos do BTS deixou uma imagem poderosa no palco, e toda a atenção se voltou para eles. Havia uma preocupação sobre a capacidade de as câmeras capturarem todos os detalhes da coreografia, mas o problema foi resolvido quando acrescentaram um grande número de dançarinos no palco, para amplificar o espetáculo. A imagem dos membros do BTS vestidos de branco e os dançarinos de preto foi o começo do que viriam a ser as apresentações de maior escala do grupo, como em "Burning Up (FIRE)".

Sobre a apresentação de "Danger" no MAMA, V diz:

— Nos dedicamos 200% a essa apresentação no MAMA.

Como V relatou, aquela foi a primeira oportunidade de o grupo apresentar não apenas a música "Danger", mas também suas próprias qualidades para um público maior. A intensidade explosiva inspirada no rock vista no final da música foi uma ótima pedida para um local tão grande (enorme em comparação aos palcos dos programas musicais coreanos) e permitiu que o BTS realizasse uma apresentação em maior escala e utilizando dançarinos. O desempenho no MAMA ensinou o grupo a potencializar o efeito de "Danger" e ainda lançou as sementes do que se tornaria o estilo único do grupo.

A apresentação de "Danger" foi impressionante, mas além disso, todo o show do BTS naquela noite foi incrível; desde o começo com a aparição de j-hope e Jimin até o clímax com a apresentação de "Danger", tudo tinha uma linha dramática consistente.

Quando questionado sobre a qual parte da performance teve que se dedicar mais, j-hope responde:

—— No meu caso, foi a dança. Eu realmente estava indo além dos limites nas minhas partes.

Durante a abertura para a batalha solo, j-hope deixou uma ótima impressão ao pular no ar e cair com apenas um joelho no chão.

—— Eu estava "caindo de joelhos com tudo!", lembrei da sensação que tinha no debut e fui de joelho até o chão com força total. Então assim que a apresentação acabou, abracei meu joelho e disse "Uau, está doendo...". O foco da apresentação era a competição, então parecia que não podíamos perder, não importava o preço a pagar por isso.

A apresentação posterior foi a de Jimin, e ele rasgou a camisa no meio do palco, um testemunho à força de vontade e determinação. Ele diz:

—— Enfim, enfrentaríamos o Block B, então as conversas eram sempre em torno de como deixar as coisas um pouco mais impactantes. Então acho que alguém disse "Temos que rasgar a roupa!" (risadas). Porque o outro lado também tinha ótimos dançarinos, então estávamos pensando em como ganhar.

— Achei que estava prestes a explodir, e parece que alguém veio e estourou o balão.

— RM

Jimin também se lembra do pequeno detalhe que ele incluiu para ter vantagem na disputa:

— Quando estávamos fazendo a colab no palco, o Block B de fato parecia forte. E eu sou pequeno para começo de conversa, mas não queria parecer frágil, então quando entramos para a batalha, andei com bastante vigor (risadas).

O rap de RM também ajudou a promover a apresentação. No dia que BOBBY lançou "Come Here", isso é, no dia anterior ao MAMA, RM tuitou que estava ouvindo "Do What I Do" do Verbal Jint, e destacou um pedaço da letra como uma prévia do que estava por vir.• E foi na apresentação do MAMA que ele deu a resposta direta[19] à provocação de BOBBY, que viralizou na internet instantaneamente.

O BTS se jogou no palco, engajou a plateia com ideias originais e brilhantes e se recusou a esconder a própria realidade. Ainda que as performances solo de j-hope, Jimin e RM fossem bem diferentes umas das outras, todas exalavam uma energia que ameaçava quebrar as barreiras da música e do mercado idol.

Se o mundo dos idols é o mundo da fantasia, a apresentação do BTS trouxe a essência dura, crua e intensa do hip-hop, sem comprometer sua identificação enquanto idol. O clímax aconteceu com a performance de "Danger", que também era uma prévia do que o grupo traria para o mundo.

19 Nesse evento ele apresentou a mixtape "RM (for 2014 MAMA)".

Um dia em dezembro de 2014

Mesmo antes da apresentação no MAMA, o BTS já havia se recuperado da decepção causada pela recepção de "Danger". Assim como eles se recuperaram de "N.O" com "Attack on Bangtan", logo depois de "Danger" eles lançaram "War of Hormone", que teve ótima aceitação do público.

"War of Hormone" foi uma medida de emergência de Bang Si-Hyuk, e se calcava em uma filosofia diferente das outras músicas do grupo. Já que "Danger" tinha colocado o grupo em perigo, Bang Si-Hyuk foi muito cuidadoso em produzir a apresentação, o MV e os conceitos de figurino de "War of Hormone"* para combinar com as tendências mais populares do mundo idol.

A intenção era que o MV parecesse ter sido filmado em um único take, mas fora isso, ele era o mais próximo que Bang poderia chegar de entender o "tipo de performance idol que os fãs esperam". Na coreografia do MV, o grupo encanta os expectadores com um carisma e alegria sem fim. E, como SUGA explica, essa abordagem foi um sucesso:

—— Depois de "Danger" a empresa disse, "Não podemos deixar as coisas assim", e nossas agendas de repente foram preenchidas enquanto descansávamos. Fizemos fotos e gravamos o MV de "War of Hormone" e a recepção foi ótima. Nos animou para voltar.

Ao mesmo tempo, "War of Hormone" era uma marca que o BTS precisava superar. Até aquele momento, todos os hits do grupo ("Attack on Bangtan", "Boy In Luv" e "War of Hormone") continham a marca registrada do grupo e um lado mais leve. Mas tanto Bang Si-Hyuk quanto o BTS sabiam que manter o mesmo estilo não permitiria que o grupo crescesse. Além disso, o estilo de "Boy In Luv" não seria capaz de captar por completo a mensagem e as realidades que permeavam os álbuns e as músicas.

Era isso que *DARK&WILD* tentava abordar. Esse álbum não é tão discutido na atualidade, e fica um tanto perdido entre os três álbuns conhecidos como a "trilogia escolar" e a grande mudança de paradigma de THE MOST BEAUTIFUL MOMENT IN LIFE, mas *DARK&WILD* teve papel crucial no desenvolvimento da fase posterior.

DARK&WILD também se diferencia da trilogia escolar ao se distanciar de elementos de R&B típicos do hip-hop, indo para uma paisagem sonora mais intrincada e estabelecendo um estilo novo e mais focado na autoexpressão do grupo. Essa mudança aparece já na primeira música, "Intro : What am I to you"[*] que, ao contrário das anteriores, preenche os poucos espaços vazios da experiência auditiva com sons complexos, ampliando a escala do som e empurrando dramaticamente a composição para frente.

"Hip Hop Phile"[**] foi a maior mudança em relação às músicas anteriores, permitindo que os membros demonstrassem o impacto do hip-hop em suas vidas, além de o amor pelo gênero. Ela segue a tendência das músicas do grupo que enfatizam o hip-hop, mas a paisagem sonora vai crescendo até chegar a um clímax poderoso que deixa uma forte impressão no ouvinte.

Ao mesmo tempo, os vocalistas seguravam as emoções para não soarem muito dramáticos. Essa era mais uma diferença do estilo corrente dos idols de K-pop, e permitiu que os membros expressassem emoções mais intricadas e complexas com o uso maestral de soul e R&B: a consolidação do que seria conhecido como o "estilo vocal do BTS".

O álbum foi uma redescoberta do lado sombrio e selvagem do grupo, que foram exibidos separadamente nos últimos álbuns: o selvagem em "No More Dream" e o sombrio em "N.O". Já "Boy In

Luv" estava mais do lado selvagem, era animado e com uma batida alegre. As faixas de *DARK&WILD*, por outro lado, mantinham um tom sombrio consistente que ao mesmo tempo se estende e cria uma base emocional poderosa, capaz de preencher a música inteira com paixão. Densas e intrincadas nos detalhes, todas as canções começavam mais sombrias e cresciam até um final pungente que liberava o lado selvagem dos membros, tudo isso sem abrir mão da energia sombria e pesada da música.

DARK&WILD cristalizou o estilo único do BTS, e a performance no MAMA foi a primeira oportunidade de o grupo revelar para o mundo todo seu potencial: sombrio, selvagem, dramático. A apresentação de "Danger" deu tempo para que eles contassem uma história no palco, onde o BTS estava livre para mostrar como seu trabalho em equipe era diferente dos demais, porém igualmente unificado.

E o público começou a responder bem. Não demorou muito para que RM fosse convidado para o programa de variedades da TvN, *Problematic Men*, onde ele chamou ainda mais atenção para o grupo. Esse programa foi especial porque se deveu quase inteiramente à resposta explosiva do público à performance do MAMA.

—— Eu tinha respondido ao BOBBY no MAMA e por isso acabei em uma pequena controvérsia que me levou ao *Problematic Men*. O diretor do programa na época viu meu nome aparecer no ranking de pesquisas do Naver e foi procurar mais informações, ver quem era aquela pessoa de nome estranho. E então ele pensou, *Parece que ele sabe de algumas coisas*, e acabou entrando em contato comigo... Algo parecido ocorreu depois do incidente com o B-Free, e eu senti que quando alguma coisa ruim acontecia, alguma coisa boa vinha também.

A apresentação no MAMA não levou o BTS ao ápice de sua popularidade de imediato, mas foi uma passagem importante para mostrar tudo pelo qual o grupo tinha lutado. Quem assistiu ao MAMA ou leu sobre a resposta de RM na premiação começou a consumir as músicas e os MVs do grupo.

E assim, 2014 chegava ao fim e j-hope celebrava seus quatro anos em Seul. Por volta dessa época, um dos funcionários da Big Hit Entertainment estava monitorando a resposta do público ao BTS e entrou em contato com o então vice-presidente da Big Hit, Choi Yoo-jung.

"Alguma coisa está acontecendo. Parece que… que eles estão ganhando cada vez mais fãs."

THE MOST BEAUTIFUL MOMENT IN LIFE PT.1

THE MOST BEAUTIFUL MOMENT IN LIFE PT.2

THE MOST BEAUTIFUL MOMENT IN LIFE : YOUNG FOREVER

LOVE, HATE, ARMY

AMOR, ÓDIO, ARMY

THE MOST BEAUTIFUL MOMENT IN LIFE PT.1   THE 3RD MINI ALBUM

THE MOST BEAUTIFUL MOMENT IN LIFE PT.2 THE 4TH MINI ALBUM

LOVE, HATE, ARMY

Born Singer

Em 12 de julho de 2013, o BTS lançou sua primeira mixtape desde o debut, "Born Singer", no blog oficial do grupo. Exatamente um mês depois do debut, e três dias depois que o fandom oficialmente adotou a alcunha de ARMY[1] em 9 de julho. SUGA explica o que está por trás da letra de "Born Singer":

—— Eu me lembro de que na semana após o debut, Bang Si-Hyuk disse: "Devíamos gravar como vocês estão se sentindo agora", "Devíamos colocar em uma música". Ele falou que, depois de um tempo, não nos lembraríamos mais do que sentíamos. Então enquanto a gente gravava um programa de TV, escrevi a letra em um bloco de rascunho.

Quando a música foi lançada (uma nova interpretação de "Born Sinner" de J. Cole) não era comum que idols produzissem músicas que não fariam parte de um álbum, ou que as lançassem por meios diferentes das plataformas de streaming. Na época, alguns ARMY não sabiam onde ou como ouvir as músicas, e pediram ajuda a outros ARMY. Ao produzir diretamente, lançar, descobrir e ouvir músicas dessa nova forma, o BTS e o ARMY estavam fazendo história.

A história continua a ser criada. Qualquer um que escute "Born Singer" pela primeira vez hoje pode ter a experiência de passado e presente. Já no começo da carreira, o BTS (hoje figuras icônicas da cena musical mundial) se definiu com a frase "I'm a born singer" [nasci cantor], e podemos vê-los expor o presente na frase "talvez seja cedo para essa confissão".

1 Selecionado por votação, a sigla significa Adoráveis Representantes Mcs da Juventude (Adorable Representative Mc for Youth).

SUGA lidou com os medos do grupo em relação a sua identidade mencionando "o limiar entre antes e depois do debut, entre idol e rapper", enquanto RM admitiu suas emoções durante o debut, "Sendo sincero, eu estava com medo, dizia que eu era tudo isso, mas me pondo à prova". E o rap de j-hope continua:

O sangue e o suor que derramamos, consigo sentir me envolvendo
Minhas lágrimas brotam depois da apresentação

O grupo vivenciava essa letra não só quando a música foi escrita, mas no momento em que foi lançada e até mesmo depois. Uma pequena realização era logo sucedida pelo desespero, e por mais que o grupo estivesse indo em direção ao sucesso, o objetivo parecia sempre distante. A rotina diária (ensaios, se doar ao máximo durante os shows, descer do palco e continuar trabalhando em suas músicas) se repetia, mas o fato que os faria acreditar que tinham se firmado ainda parecia longe do alcance. Toda vez que eles saíam do palco, não se viam cobertos em glórias, mas em lágrimas.

Em 2013 eles acreditavam que conseguiriam debutar. Em 2014, eles acreditavam que conseguiriam chegar ao topo. E em 2015?

Segundo SUGA:

— Quando você está nesse tipo de trabalho, se sente um pouco desconectado. Sem contar minha carreira de idol, eu não era nada naquela idade. Eu não seria nada se não tivesse terminado fazendo música. Então, sendo sincero, não existia outra solução. *Acho que não existe nada mais que eu possa fazer.*

Os membros do BTS deixaram suas cidades, a cena hip-hop e a vida comum de estudante para trás e correram em direção ao mundo da música. Entretanto, quase três anos depois do debut, a prova de que eles tomaram a decisão correta ainda não estava evidente.

Igualmente, em um vlog* de 19 de dezembro de 2014, j-hope se pergunta "Tive um bom ano?". E diz:

— O ano de 2014 foi muito difícil, tanto física quanto mentalmente. Porque desde que debutamos, foi a primeira vez que comecei a ter dúvidas... Foi um período em que estava duvidando muito de mim e do caminho que havia escolhido. Fiquei pensando se estava fazendo a coisa certa.

Conforme o tempo foi passando, os membros foram mais e mais acometidos pela incerteza. Mesmo quando as vendas subiam um pouco depois do lançamento de um álbum, ou quando o nome deles estava sendo mencionado pelo fandom depois de uma apresentação como a do MAMA, não era um grande encorajamento. Na verdade, deixava tudo ainda mais difícil para eles.

Sobre o que se passava na época, RM diz:

— Era como se... as coisas funcionassem, conseguíamos ver os resultados, mas parecia que nada era nosso? Para ser bem sincero, acho que isso impactou demais o grupo. Essa parte foi muito difícil.

SUGA lembra da sensação de incerteza:

— Sabia que nossa base de fãs estava aumentando, mas não conseguíamos ver todos eles, já que o número de fãs que podiam assistir às gravações dos programas musicais ou às sessões de autógrafo era limitado.

Durante a divulgação de *DARK&WILD*, SUGA só não foi completamente corroído pela ansiedade graças aos ARMY que conheceu em um show. O primeiro show solo do grupo aconteceu em outubro de 2014, o *BTS 2014 LIVE TRILOGY: EPISODE II, THE RED BULLET*,[2] e foi a oportunidade que os membros tiveram para sentir pela primeira vez o poder dos fãs. Segundo SUGA:

—— O primeiro show fica para sempre na memória. Foi meu primeiro show na vida, e eu pensei, *Nossa, tantas pessoas vieram nos ver, eu realmente sou uma pessoa feliz.*

As incertezas continuaram, apesar de eles conseguirem uma sensação de alívio. De toda maneira, o grupo não tinha muitas opções a não ser seguir em frente. Então, enquanto preparava o terceiro miniálbum, *THE MOST BEAUTIFUL MOMENT IN LIFE PT.1*, SUGA decidiu:

—— Se isso não der certo, vou largar a música.

Produção caseira

Durante a produção de *THE MOST BEAUTIFUL MOMENT IN LIFE PT.1*, SUGA basicamente se trancou no estúdio. A não ser quando havia outro compromisso marcado na agenda, ele quase não saiu dos cinco metros quadrados do estúdio adjacente à sala de ensaios. E foi nessa época que ele começou a beber.

—— Até essa época eu era peso-leve, quase nunca bebia. Mas era porque quase não saíamos mais... Os meses antes do lançamento desse álbum foram um inferno.

Os outros membros da banda e os funcionários da Big Hit ouviam as músicas feitas por SUGA em tempo real. RM se lembra do período:

2 O show aconteceria nos dias 18 e 19 de outubro em Seul, mas como os ingressos se esgotaram imediatamente no anúncio da turnê, uma apresentação extra foi adicionada em 17 de outubro.

—— Nessa época trabalhávamos no estúdio que ficava no final do segundo andar do prédio Cheonggu. O lugar não tinha nem dez metros e a gente se apertava. Ouvíamos as melodias que SUGA tinha composto assim que ele terminava. E alguém falava, "Hum, isso não está ruim não", e Bang Si-Hyuk vinha de outro lugar e dizia, "Pdogg, o que você acha? Nada mal, não é?". E nosso dormitório era bem perto do prédio, então se a empresa nos chamasse para trabalhar, chegávamos muito rápido.

Esse processo da criação de *THE MOST BEAUTIFUL MOMENT IN LIFE PT.1* pode ser resumido, usando as próprias palavras de RM, em "produção caseira". Não importando o cargo, todos do grupo e da empresa que estavam envolvidos na produção trabalharam juntos, e o produto final só nasceu depois de muita conversa. Quando eles ficavam satisfeitos com uma música, chamavam os demais imediatamente para ouvir ou enviavam a faixa por mensagem. Se a resposta não fosse boa, alguém editaria ou até mesmo faria uma nova música na hora. Quase todo o processo de produção das músicas acontecia em tempo real, e a qualidade do resultado aumentou significativamente.

RM explica como se sentiu ao fazer esse álbum:

—— Era como se eu quisesse estar com raiva do mundo todo. Não sei como explicar melhor que: "se dispersando, voltando, caindo de novo, sendo enredado mais uma vez...". Isso se repetia.

Existe uma ironia nesses comentários, já que foi a série THE MOST BEAUTIFUL MOMENT IN LIFE que colocou o BTS e a Big Hit Entertainment na via expressa do sucesso. E foi também o começo de uma drástica mudança que levaria a influência da música coreana a se expandir ao redor do mundo, e mesmo grupos de idols que, assim como o BTS, tinham debutado em uma empresa pequena poderiam sonhar com o pódio. Sem contar que, depois de

THE MOST BEAUTIFUL MOMENT IN LIFE, cada vez mais grupos de idols começaram a lançar álbuns e séries que usavam um mesmo conceito, assim como o BTS, e a importância do "planejamento narrativo" (o chamado "universo") ficou bastante evidente.

Contudo, o álbum, um marco na história da música popular coreana, e principalmente na música de idols, também foi resultado da determinação dos membros em expressar, pela música, todas as emoções que sentiam; também foi o resultado da união física e emocional de todas as pessoas envolvidas na produção, em vez de estarem apenas seguindo um sistema fixo e pré-determinado.

Era inevitável que a "juventude" se transformasse tanto em tema do álbum quanto em seu conceito. "Intro : The most beautiful moment in life"[*] começa assim:

Hoje a margem parece distante
Suspiros preenchem a quadra
Um garoto com medo da realidade

Nessa letra, a qual SUGA reescreveu dezenas de vezes até que estivesse satisfeito, ele fala sobre encarar uma parede de realidade, e para isso usa seu esporte favorito, o basquete. E em "Moving On",[**] que acaba funcionando como uma música final antes de "Outro : Love is Not Over", ele compartilha uma história pessoal:

Desde meus primeiros dias no útero da minha mãe
Eu contava os dias para meus primeiros movimentos
Memórias vagas, o custo de meus movimentos foi
Um dispositivo médico preso no coração da minha mãe e uma cicatriz enorme

— A música "Moving On" é dolorosa para mim.

A voz dele está calma enquanto ele continua a história:

— Dá para saber pela letra, mas foi quando eu tinha dois ou três anos... O que eu ainda lembro é que eu estava dormindo e, quando acordei, estava encostado na minha mãe, e eu consegui ouvir um barulho como se fosse um relógio vindo do coração dela. Perguntei para ela por que estava fazendo aquele barulho. Ela passou por uma cirurgia depois do parto. Minha mãe ficou muito doente com a minha gravidez. E isso fez com que eu me sentisse culpado. Desde que eu era pequeno, eu pensava, *Foi certo eu ter nascido? Tenho que fazer tudo o que for preciso por ela, não importa o que seja.* Talvez por isso eu tivesse tanta fome de sucesso. E é por isso que chamei meu nascimento de "Moving On".

Começo de uma história de enorme sucesso, a série THE MOST BEAUTIFUL MOMENT IN LIFE nasceu de uma confissão. Esses jovens se reuniram para fazer um álbum que refletisse um período específico na vida de uma comunidade — o "período mais bonito da vida" — antes de seu ocaso. Assim como em "Moving On", o BTS também estava de mudança pela primeira vez desde o debut. Jung Kook se lembra:

— Na minha parte da música, tem a frase "Saindo do quarto vazio com meus últimos pertences / Quando olho para trás por um segundo", não é? Na verdade, eu me lembro de ter olhado para o quarto quando estávamos de saída. Parecia que eu tinha crescido, e eu estava animado para saber o que aconteceria de legal no nosso novo endereço.

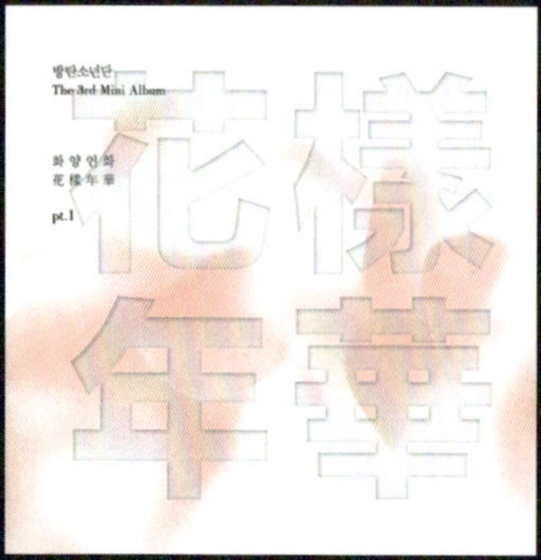

THE MOST BEAUTIFUL MOMENT IN LIFE PT.1

THE 3RD MINI ALBUM
2015. 4. 29

TRACK

01 Intro : The most beautiful moment in life
02 I NEED U
03 Hold Me Tight
04 SKIT : Expectation!
05 Dope
06 Boyz with Fun
07 Converse High
08 Moving On
09 Outro : Love is Not Over

VIDEO

COMEBACK TRAILER

ALBUM PREVIEW

"I NEED U" MV TEASER

"I NEED U" MV

"I NEED U" MV (Original ver.)

"Dope" MV

Assim como em "Moving On", no antigo dormitório eles se preocupavam com o "futuro incerto", e os membros "brigavam de vez em quando", mas eles superaram tudo porque "ficaram juntos em uma casa pequena". Sair do antigo prédio e ir para o novo apartamento provava que alguma coisa estava mudando, ou pelo menos eles puderam acreditar que era esse o caso.

Ao mudar de casa, Jung Kook sentiu que a situação do grupo poderia mudar:

—— Para começo de conversa, tínhamos mais quartos. Um, dois, três quartos, e um banheiro. Comprei um computador pela primeira vez, e tinha meu próprio espaço de trabalho. Não tinha um lugar separado para guardar as minhas roupas, então coloquei um cabideiro na sala e arrumei as coisas ali, perto de uma mesa que eu usava. E foi por isso que o nome do meu estúdio acabou virando "Golden Closet".[3] O novo lugar era maior, então, definitivamente mais confortável. Parecia que eu tinha mais espaço para respirar. Antes disso, nós sete dormíamos no mesmo quarto. Foi aí que começamos a dividir os quartos.

Jin também acabou se sentindo melhor na nova casa:

—— Eu dividia o quarto com SUGA; Jung Kook ficava com RM; e V, Jimin e j-hope dividiam o quarto maior. Nosso dia a dia mudou muito. Antes disso, tudo era muito tumultuado, mas depois acabou sendo divertido visitar o quarto dos outros.

Por meio das emoções e experiências pessoais dos membros, essa temporada acabou criando uma narrativa baseada nos conceitos de "juventude" e "a época mais bonita".

3 Escrito em inglês no original, significa "Guarda-roupa de ouro". [N. da T.]

Assim, sem que percebessem, o BTS e a Big Hit estavam quebrando barreiras. Eles eram um grupo de idols contando uma história em um álbum com o estilo do hip-hop; e tal álbum ficaria por muito tempo no coração das pessoas.

Regras quebradas e mudança

Com *THE MOST BEAUTIFUL MOMENT IN LIFE PT.1*, Bang Si-Hyuk jogou pela janela muito do senso comum (que acabava sendo visto como "regra") sobre a produção de conteúdo de idols.

O normal era que álbuns de grupos de idols tivessem uma faixa dançante como música principal, e ela, óbvio, viria com uma coreografia que seria executada no MV. Contudo, o MV da música principal de *THE MOST BEAUTIFUL MOMENT IN LIFE PT.1*, "I NEED U", não tinha cena de dança alguma. Além disso, os personagens no MV não andam por cenários elaborados, centros urbanos ou países estrangeiros, mas por lugares que parecem subúrbios da cidade.

E isso acontece por conta do conteúdo do vídeo. Existem duas versões do MV de "I NEED U": a versão oficial[•] (versão final e editada que foi enviada para os canais de TV) e a versão original,[••] que foi lançada apenas no YouTube. A versão original tem cerca de dois minutos a mais que a outra, e nesses dois minutos vemos cenas de violência, trauma e assim por diante — coisas quase inéditas em MVs de grupos de idols no período.

No mercado coreano de idols, tentar uma nova abordagem como essa não era diferente de tentar se arruinar. Na Coreia, é comum que idols sejam vistos como uma fantasia. Em seus clipes, não importa se o conceito envolva sorrisos brilhantes ou uma rebelião, na maioria das

•

••

vezes tudo serve ao mesmo objetivo: parecer descolado. Separar os conceitos em "leves" ou "sombrios" dependendo do estilo do figurino e da música também faz parte dessa prática. A realidade é propositalmente deixada de fora. Só assim os fãs podem encarar o conteúdo dos idols como uma fantasia segura. Contudo, o BTS trouxe uma abordagem mais realista para o mundo dos idols, e isso não era apenas uma questão de intensidade de expressão. Em "I NEED U", os personagens interpretados pelos membros do grupo nunca conseguem expressar livremente suas emoções. Do começo ao fim, eles estão em um estado de supressão emocional. Além disso, os personagens continuam indo parar em situações cada vez piores. Até que a ideia de "juventude" fosse aceita como um conceito para os idols, era difícil entender exatamente o que estava acontecendo, e a atitude do BTS era muito diferente daquelas que os fãs tinham se acostumado a receber do mercado de idols.

"I NEED U" era apenas a primeira música na série THE MOST BEAUTIFUL MOMENT IN LIFE, e para compreender a história, os fãs precisavam assistir a vários conteúdos — inclusive o MV de "RUN", música principal do álbum seguinte, *THE MOST BEAUTIFUL MOMENT IN LIFE PT.2*.

Contudo, esse era o único caminho disponível para Bang Si-Hyuk. Assim como os personagens do vídeo, os membros do BTS estavam vivendo pelas beiradas, sem conseguir chegar ao centro do mundo que queriam habitar, e estavam presos entre uma posição de insegurança e um desejo de sucesso: uma situação sufocante e não solucionada. Foram essas sensações que possibilitaram a criação da série THE MOST BEAUTIFUL MOMENT IN LIFE. E foi por isso que "I NEED U" foi escolhida.

Um produtor comum escolheria "Dope", que mostrava a coreografia intensa típica do grupo, como música principal. Na verdade, até

"I NEED U", todas as músicas principais do BTS tinham uma atmosfera intensa, e a apresentação do grupo no MAMA de 2014 consolidou tal imagem. Mesmo assim, Bang Si-Hyuk escolheu "I NEED U" para representar o álbum, uma música tão solta que parece quase frágil, uma música que começa com uma batida em tempo lento.

A própria coreografia[*] começa com os sete deitados no chão, e nenhum dos membros se levanta até que o rap de SUGA termine. E a mensagem que a música tenta passar não fica logo explícita; em vez disso, a sensação de melancolia e complexidade emocional aparece nas letras.

Caindo Caindo Caindo quebrando
Caindo Caindo Caindo caindo

"I NEED U" descreve a mentalidade dos membros no período, o que RM descreveu como "se dispersando, voltando, caindo de novo, sendo enredado mais uma vez... Isso se repetia".

Contudo, "I NEED U" era mais do que uma aventura arriscada. Bang Si-Hyuk tinha convicção no potencial da música, pois ele acreditava que o BTS precisava ir além dos limites estabelecidos. O estilo único do grupo, demonstrado no álbum anterior, *DARK&WILD*, parecia estar flutuando no mesmo espaço e repetindo o mesmo ciclo.

"I NEED U" adicionou um pesar profundo ao âmago sombrio e resoluto do BTS, como pétalas de flores caindo. Mesmo não sendo a escolha corrente para o mercado idol, Bang Si-Hyuk tinha certeza de que a música emocionalmente complexa teria uma boa recepção. Nela, um som calmo e delicado serve de contraste ao rap incessante de SUGA, para depois, quando o som fica mais rápido, ele cantar com uma voz triste: "Desculpe (Eu odeio você) / Amo você (Eu odeio você) / Eu perdoo você (Merda)". Com intensidade e tristeza aparecendo lado a lado, quem escuta vai se sentindo cada vez mais exaltado para, no refrão, as emoções se fundirem e explodirem. O refrão opaco de repente se transforma com uma batida poderosa que demonstra a ideia catártica da música e da coreografia.

Os membros do BTS foram os primeiros a ter uma resposta positiva para a música. "I NEED U" não seria chamada de hip-hop, nem de EDM, nem do tipo de música que idols tinham produzido até então. Contudo, todos aceitaram instintivamente essa música nascida com limites indefinidos entre os gêneros, cheia de emoção. Jimin fala sobre a primeira vez que ouviu a música:

—— A música começou, depois ouvimos sobre o conceito do álbum e as outras músicas, mas dava para perceber que todos tinham certeza daquilo: a música era boa, e o conceito, também.

Jung Kook até achou que era "boa demais para descrever". Segundo ele:

—— Eu tinha certeza de que ela ia "funcionar". Era tão boa. Tanto que tudo o que aconteceu antes pareceu se desfazer, esqueci completamente sobre "estar em perigo" (risadas).[4]

Jung Kook também fala da esperança que "I NEED U" deu para o grupo:

—— Era como se aquele fosse o começo. O nosso começo.

Um momento que acontece uma vez na vida

Eles quebraram as regras do mercado, e para que o resultado fosse considerado um sucesso, o BTS precisava de mais uma mudança. Com "I NEED U", Jin mudou seu jeito de cantar.

4 Referência a parte da música "Danger" do álbum *DARK&WILD*.

—— Até aquele ponto, eu cantava além do necessário, mas nessa música, pela primeira vez, respirei enquanto cantava. Na primeira gravação, cantei a música toda de uma vez, e algumas partes desse take acabaram entrando na música oficial. Na hora achei um pouco estranho, mas agora vejo que era a coisa certa a se fazer.

A coreografia também precisava de mudanças drásticas. Segundo j-hope:

—— Antes, colocávamos toda nossa energia na dança, mas para "I NEED U" era importante que pensássemos em como expressar as emoções. A coreografia só funcionaria se nos expressássemos bem, então era quase "metade dança, metade atuação por meio das expressões faciais".

Para expressar tais sentimentos, j-hope imaginaria o seguinte cenário:

—— Hum... Era como se, quando eu dançava, eu entrasse no personagem de um garoto à beira de um penhasco. Ficava muito ansioso, como se muita coisa estivesse em jogo.

As emoções que j-hope cita foram levadas para as fotos de *THE MOST BEAUTIFUL MOMENT IN LIFE PT.1*, assim como para o cenário• de "I NEED U". Ele continua:

—— Foi único. Na época, tirávamos muitas fotos para veículos diferentes, mas... eu não me sentia levando uma vida de celebridade, era como se eu estivesse aproveitando minha juventude. Acontecia a mesma coisa quando filmava com os outros membros, e talvez durante as filmagens eu estivesse pensando sobre ansiedade e sobre se sentir perdido... mas não parecia o processo comum de uma celebridade se preparando para um novo álbum.

•

Era como se
aquele fosse o começo.
O nosso começo.

— Jung Kook

RM sentiu algo similar:

— Se eu pensar nisso agora, talvez pudéssemos ter feito mais. Na época achei que não existiria nada do tipo depois de "Danger", mas não foi assim. E a presença de uma música como "I NEED U" foi algo grande. Acho que no início era uma sensação de "Ah, isso pode funcionar?" e depois começamos a querer criar o nosso "momento mais bonito da vida" que estava escondido em nossas emoções.

Jimin explica a importância que as emoções dos membros tiveram durante as gravações do MV de "I NEED U":

— Acho que me entreguei por completo ao conceito de "momento mais bonito da vida". E ter essa experiência junto dos outros membros foi muito bom, e eu ficava pensando como aquele momento era bonito, e como eu poderia dizer que era o melhor da minha vida. Como eu me joguei de cabeça no papel do MV, me disseram que funcionou bem no vídeo.

Os membros se identificaram com seus personagens no vídeo e isso permitiu que eles conseguissem se entregar ao papel mesmo quase não tendo experiência alguma em atuação. V ainda carrega o personagem que interpretou no coração. Segundo ele:

— Acredito que ele era uma pessoa que não tinha escolha a não ser se tornar "mau". Se existe bom e mau, ele era alguém que foi levado a mudar de bom para mau pelas circunstâncias. Então, quando penso nesse personagem, fico triste por ele.

Assim, mesmo antes do sucesso comercial da série THE MOST BEAUTIFUL MOMENT IN LIFE, os membros já tinham amadurecido no processo de produção do álbum.

Jimin fala sobre a gravação do MV de "I NEED U":

— Sempre tive um sonho, há muito tempo, e era por isso que eu estava fazendo esse trabalho. E era tão bom. Conversar, cantar, ensaiar as coreografias, gravar vídeos em que dizíamos “Nós somos a juventude!”... Também estávamos gravando como um só grupo, e eu estava tão feliz por estarmos juntos daquela maneira, fazendo a única coisa de que gostávamos, nada mais. E é por isso que sinto que quando for olhar para a minha vida, nunca vou conseguir explicá-la por completo se não incluir o que fiz com essas pessoas.

O trabalho na série THE MOST BEAUTIFUL MOMENT IN LIFE foi uma oportunidade para que Jimin crescesse como artista:

—— Pensando na forma como me apresentava no palco, antes e depois de THE MOST BEAUTIFUL MOMENT IN LIFE, era como se eu tivesse encontrado meu equilíbrio? Acho que fui, aos poucos, descobrindo meus pontos fortes.

Jin até se aproximou dos outros membros. Segundo ele:

—— Naquele período, minha conexão com os membros ficou mais forte. Eles eram mesmo minha família. E gravamos os MVs como filmes, certo? Quando fomos assistir, foi mesmo o que pareceu. Antes, éramos apenas idols, mas depois daquilo, quando penso nos membros, parece que estávamos no papel principal de um filme.

Uma aura una começou a emergir entre os membros. Jimin explica a sensação que o grupo teve no período:

—— Acho que começamos a pensar “Vamos conseguir” com muito mais força.

Expectativa

Assim como sugere o título, a música “SKIT : Expectation!”[*] discute a expectativa dos membros diante de um novo lançamento. Na verdade, era mais uma esperança de que tal expectativa fosse se tornar realidade. O que os membros diziam sem parar — que eles precisavam ser "número um" — era quase como um mantra para afastar a ansiedade. Segundo j-hope:

—— O trabalho era importante para mim, eu tinha um sonho e queria ser bem-sucedido, então ficava muito ansioso para me sair bem. Acho que na época ficava pensando, *Isso vai mesmo me fazer feliz?* Estava sempre gravitando em torno dessa dúvida.

Como diz j-hope, os membros queriam sair do ciclo de "doce, amargo, doce, amargo". E eles não estavam pedindo muito: ser o número um em um programa musical. Não necessariamente estar no pódio dos álbuns mais vendidos do ano ou em um prêmio, mas apenas em um dos programas musicais que iam ao ar várias vezes por semana na TV.

Conseguir o primeiro lugar em um desses programas é um rito de passagem para todo grupo de idols na Coreia. Os programas são exibidos uma vez por semana, e, levando em conta que toda emissora tem um, isso significa que, exceto segunda-feira, todos os outros dias têm um programa. Cada um deles calcula o ranking de forma diferente. Para alguns, bons números digitais levam a uma chance maior de colocação; para outros, o primeiro lugar vem de boas vendas físicas.

Só depois de conquistar o primeiro lugar em um desses programas é que se torna possível falar sobre popularidade ou sucesso. Se um grupo idol não consegue a primeira colocação em determinado período, é comum que desapareça dos programas para sempre. Sem contar os grupos de grandes empresas, idols que não conseguem o pódio acabam vendo as empresas se tornarem relutantes em continuar arcando com os custos de produção do grupo.

Entre *DARK&WILD* e *THE MOST BEAUTIFUL MOMENT IN LIFE PT.1*, era possível para o BTS conseguir figurar como número um.

Eles já tinham sido candidatos com "Boy In Luv" e com a apresentação no MAMA de 2014, o fandom crescia rapidamente. Contudo, os números de *DARK&WILD* não corresponderam às expectativas, e o álbum seguinte ainda não tinha saído. Nem o BTS nem a Big Hit Entertainment tinham como saber em que ponto estava a popularidade do grupo.

Quando conversou com a empresa sobre o assunto na época, V disse:

— Existem grupos mais e menos populares que nós, mas não acredito que existam grupos como o BTS. Estamos em uma posição única.

Assim, V apontou a condição necessária para o crescimento do grupo:

— A chamada "legend stage", precisamos de uma apresentação incrível.

Alguns meses depois, a tal apresentação aconteceu no MAMA de 2014. Mesmo assim, eles ainda não conseguiram um troféu de número um. Dentre todos os grupos que ainda não tinham conseguido tal façanha, o BTS era o que estava mais próximo. Mesmo assim, eles ainda não tinham conseguido. "SIKT : Expectation!" traz um retrato da expectativa e da ansiedade dos membros.

j-hope explica o sentimento da época:

— Queríamos conseguir, queríamos ser o número um... Pensamos muito sobre conquistar algo.

Um grito de alegria de madrugada

Em 29 de abril de 2015, meia-noite, *THE MOST BEAUTIFUL MOMENT IN LIFE PT.1* foi lançado nas plataformas de streaming. Na época, como o chart era contado de hora em hora, a maioria dos grupos lançava as músicas à meia-noite, e o fandom ouvia várias e várias vezes para aumentar a popularidade da música.[5]

Então, uma hora depois, o diretor da Big Hit Entertainment na época, Lenzo Yoon, gritou de surpresa ao ver os resultados. A música principal, "I NEED U", havia entrado como número dois no chart ao vivo da Melon, que era a empresa coreana de streaming que detinha o maior share de mercado no período.

Os membros também ficaram surpresos, e j-hope se lembra de quando viu o chart da Melon:

—— Acho que vimos o chart juntos no meio do ensaio. Foi tão impactante. Nunca tínhamos entrado em uma posição tão alta. Foi a primeira vez que senti que tantas pessoas estavam ouvindo nossas músicas, e foi demais. Também pensei, *é por isso que fazemos música.*

Logo depois do debut, um dos desejos de SUGA era conseguir o número um no chart da Melon. Para ele, aquilo era um exemplo de sucesso:

—— Na época, eu achava aquilo o máximo. Achava que era o topo. Acho que vi e pensei, *conseguir número um na Melon significa que você é bem-sucedido como cantor*. Eu olhava o chart quase todos os dias. Não era como se eu estivesse estudando as oscilações da bolsa, mas eu calculava e analisava coisas por ali.

Ainda que "I NEED U" não tornasse o sonho de SUGA realidade, na época o número dois tinha uma sensação muito parecida — se não maior — de dificuldade que o número um em um programa musical de TV.

---

5 Esse tipo de contagem não existe mais nas plataformas coreanas de streaming e agora as músicas normalmente são lançadas às seis da tarde.

Comparados a cantores conhecidos e populares entre as massas, para grupos de idols (que tinham o fandom como centro de suas atividades) era muito difícil conseguir bons resultados em plataformas de streaming utilizadas pelo público geral, ainda mais a Melon, que tinha o maior número de usuários. Charts com atualização em tempo real, que determinavam a posição de uma música baseada no número de ouvintes por hora, eram favoráveis a artistas com um fandom maior, mas conseguir uma boa colocação nesses charts não era fácil na época, como não é fácil hoje. Até mesmo "Danger", música principal do álbum anterior, não tinha conseguido uma posição considerável nos charts em tempo real. A importância dessa conquista do BTS era nítida: o número de fãs estava aumentando tanto que nem os funcionários da Big Hit Entertainment conseguiam acreditar.

Todos os números do grupo aumentaram. Com base nos critérios do GAON Chart, foram vendidas 203.664 cópias de *THE MOST BEAUTIFUL MOMENT IN LIFE PT.1*, mais que o dobro de *DARK&WILD* em 2014. E foi então que o grupo conquistou o primeiro lugar em um programa musical. Em 5 de maio de 2015, eles conseguiram pela primeira vez alcançar o topo no programa da SBS MTV chamado *The show* com "I NEED U". Três dias depois, em 8 de maio, eles repetiram o feito, atingindo o primeiro lugar no programa da KBS, o *Music Bank*, o primeiro em um canal nacional.

Jimin conta o que sentiu na época:

— Foi uma sensação forte de recompensa. Era como se tivéssemos feito alguma coisa certa enquanto grupo. Acho que fui capturado por essa sensação. Não importava o quanto nos preparamos, ou quão árduo trabalhamos. Estava muito grato por termos alcançado algo trabalhando juntos.

Os outros membros sentiam o mesmo. Para eles, o primeiro lugar do BTS significava que tanto o grupo quanto os indivíduos haviam sido reconhecidos, e isso trazia uma grande felicidade. Segundo j-hope:

—— Era como se nossa presença estivesse sendo reconhecida. Começamos com uma música, e agora o nome do álbum, o meu nome, nosso grupo... tudo isso estava se tornando "vivo".

Ele continua a pensar sobre a felicidade que nasce da popularidade:

—— Fazer com que, por meio do meu trabalho, as pessoas soubessem "Esse é quem eu sou" foi muito bom. Foi a primeira vez que percebi que eu era muito amado.

O efeito da vitória da juventude

Conforme o grupo começou a ter mais sucesso, o mundo começou a mudar. Isso pode ser visto em uma série de vídeos de participações deles em programas de música, que foi publicada no canal do BTS no YouTube sob a categoria "BANGTAN BOMB".[6]

Vídeos feitos do debut até o lançamento de *THE MOST BEAUTIFUL MOMENT IN LIFE PT.1* normalmente mostram os membros fazendo pegadinhas uns com os outros no camarim, se preparando para apresentações e assim por diante. Mas vídeos gravados depois do lançamento de *THE MOST BEAUTIFUL MOMENT IN LIFE PT.2* em geral mostram o BTS se preparando para aparecer como "MCs especiais" em programas musicais.

6 Subcategoria do canal oficinal do grupo, BANGTANTV. Esses vídeos são conhecidos por mostrar não apenas apresentações, mas filmagens dos membros no camarim, se preparando, e em outras localidades.

Isso dá uma ideia da dimensão que *THE MOST BEAUTIFUL MOMENT IN LIFE PT.1* teve na carreira do grupo. Um MC especial era uma pessoa escolhida entre vários artistas para apresentar o programa. Ser escolhido para tal posição significava que a pessoa havia "chegado lá". As gravações também incluem a reação dos membros depois de ter alcançado o primeiro lugar nos programas de TV.

Jimin explica as mudanças pelas quais os membros, inclusive ele, passaram no período:

—— Acho que foi naquele ponto que... começamos a realmente vislumbrar a existência de "fãs". Não tínhamos uma definição distinta disso antes. Os membros diziam, "Vamos dar o nosso melhor" e "Vamos fazer um bom trabalho". Mas depois que conseguimos o primeiro lugar, fiquei lembrando da nossa primeira participação na TV depois do debut. Naquele dia, tínhamos cerca de dez fãs, sabe? Sem essas pessoas, sem que elas nos encorajassem, não haveria uma demanda para a nossa existência, e sentíamos que precisávamos mesmo ser gratos àqueles fãs.

O sucesso fez com que o grupo tivesse muita consciência de tudo que tinha passado para conquistar aquilo, além de mostrar o que eles queriam daquele ponto em diante. O clima entre os membros após o lançamento de *THE MOST BEAUTIFUL MOMENT IN LIFE PT.1* foi descrito da seguinte forma por j-hope:

—— Acredito que todos os membros tinham ambições. Conquistamos um sonho, mas não estávamos satisfeitos, queríamos apresentar uma imagem ainda mais impressionante do grupo. Todos nós pensávamos, *Quero chegar ainda mais longe*. Talvez seja por isso que nosso grupo conseguiu tanto... Acredito que se qualquer um de nós tivesse pensado diferente, seria difícil ter conquistado tudo isso.

O sucesso permitiu que os membros expandissem seus objetivos, e foi uma grata coincidência que eles começassem a trabalhar em "Dope" logo depois de "I NEED U".

As duas músicas eram marcos exemplares para o grupo naquele período. "I NEED U" parecia demonstrar as dificuldades que o BTS tinha enfrentado antes de *DARK&WILD*, enquanto "Dope" mostrava como, apesar de tudo, eles tinham chegado longe.

Ah que fedor! Fedor! Fedor! Cheiro de suor no estúdio de dança
Olha! Mais alto! Mais alto! Mais alto! Responde minha dança

A música "Dope" tem o nome coreano 쩔어 (jjeoreo) que geralmente significa "vamos lá", "boa", algo parecido com a expressão "maneiro", mas na letra da música o grupo usa outro significado da palavra: cheirar a suor. Enquanto outros grupos que ganharam popularidade de repente por serem "maneiros", o BTS estava declarando que "ensaiava até cheirar a suor".

Com "I NEED U", o grupo teve um crescimento rápido, e a consecutiva "Dope" exemplificou o espírito do menos favorecido que estava tentando chegar ao topo. A abertura de "I NEED U" era de uma atmosfera lírica, e depois dela uma melancolia profunda se estabelece; entretanto, em "Dope", eles começam com o ponto alto e seguem assim até o final. Enquanto "I NEED U" maximiza a melancolia no refrão com a melodia complexa, "Dope" maximiza a atmosfera exalante por meio do duplo significado do "jjeoreo" e da batida.

Seja bem-vindo, é sua primeira vez vendo o BTS?

— Acho que foi naquele ponto que... começamos a realmente vislumbrar a existência de "fãs".

— Jimin

Os versos de RM para o começo de "Dope" se transformaram em um manifesto. Essas palavras não previram o grande sucesso de *THE MOST BEAUTIFUL MOMENT IN LIFE PT.1*, mas elas acabaram explicando a identidade do BTS para aqueles que estavam descobrindo o grupo.

Nesse sentido, "I NEED U" e "Dope" exemplificam o âmago do BTS no período. Lutando mesmo sem ter preferência, aguentando tudo que fosse possível imaginar, mas sem perder o desejo de seguir em frente. O espírito do grupo foi revelado em "I NEED U" e depois, disparou com "Dope". Isso não era um acontecimento apenas nos charts: todos do mercado musical de idols sentiram.

É comum que grupos de idols organizem pequenos encontros de fãs na frente da emissora de TV após as gravações de um programa. Nessas situações, eles se reúnem com fãs que estão esperando há horas, e é possível julgar o nível de entusiasmo de um fandom com base nesses encontros, nos fãs que foram até lá. Infelizmente, se o grupo não for muito popular, o número de fãs pode ser menor que o número de membros.

No dia 5 de julho de 2015, quando o BTS foi ao programa *Inkigayo*, da SBS, o encontro de fãs com o grupo (ainda vestindo o figurino de "Dope") estava tão cheio que, por uma questão de segurança, foi preciso impedir a entrada de muitos dos ARMY. Os fãs do BTS não se limitavam àqueles que Jimin tinha visto em uma fila única.

A era do conteúdo autoproduzido

Assim como em todos os mercados, a indústria de idols tem sua própria definição a respeito de certos papéis. Ainda que isso não seja explícito, uma vez que tal conceito seja aplicado por diversas empresas, ele acaba se tornando o padrão na indústria, aquilo que todos devem fazer para serem bem-sucedidos.

Por exemplo, para grupos e idols coreanos, não era preciso dizer que a música dançante do álbum seria escolhida como a principal, e que seria acompanhada por uma coreografia baseada no "kalgunmu". A SM Entertainment teve um papel importantíssimo no estabelecimento desse padrão. Com suas coreografias únicas, os grupos de idols da SM estavam redefinindo os padrões da música, e os consumidores de música não eram mais apenas ouvintes, se tornaram fãs devotados. Além disso, com BIGBANG e 2NE1, a YG Entertainment fundiu as tendências internacionais do hip-hop e pop com a estrutura melódica do K-pop. Eles também se aproveitaram da alta moda e da moda de rua — coisa raramente feita por outros idols antes — e assim a influência dos membros ultrapassou o fandom e chegou à indústria de massa da moda.

Depois de *THE MOST BEAUTIFUL MOMENT IN LIFE PT.1*, a Big Hit apresentou outro padrão, diferente daquele da SM e da YG. Além do conceito de álbuns ter sido expandido para uma série, e de ser realizado o planejamento do álbum para possibilitar diversas interpretações de cada história, a Big Hit também usou batidas que aumentavam a energia da música, como uma parte de "Dope" que diz "Trabalhei todas as noites, todos os dias / Enquanto você se divertia na boate", por exemplo. Essas técnicas foram usadas posteriormente por muitos grupos.

Além disso, ao focar mais nas plataformas digitais do que nos canais de TV, eles estavam se preparando para a nova geração. O BTS tem usado o YouTube desde o debut da mesma forma que os YouTubers de hoje. E por meio da plataforma V Live, o grupo aperfeiçoou seu ecossistema singular de atividades.

Em agosto de 2015, três meses depois do lançamento de *THE MOST BEAUTIFUL MOMENT IN LIFE PT.1*, a plataforma V Live estava em teste beta no Naver. Nessa plataforma, os artistas poderiam se comunicar instantaneamente com os fãs via transmissões on-line, que poderiam acontecer de maneira espontânea ou com hora marcada, além de permitir que os artistas respondessem aos comentários dos fãs. Foi o começo da era do conteúdo autoproduzido.

Com o surgimento da V Live veio o fim da geração de idols misteriosos fora do palco, com conteúdos restritos lançados pouco a pouco para os fãs. No período do debut do BTS, o mercado idol já era um *oceano vermelho* entre outros *oceanos vermelhos*.[7] Com a criação da V Live, os conteúdos produzidos pelos próprios idols e por seus representantes, os chamados "teasers", se tornaram muito mais importantes. Ao disponibilizar tais teasers, a empresa se certificava de que mesmo quando os idols não estavam trabalhando em um novo álbum, os fãs continuariam engajados.

Para o BTS, que estava produzindo uma ampla quantidade de conteúdo diferente no blog e no canal do YouTube desde antes do debut, a era do conteúdo autoproduzido era como um "antigo futuro". A experiência que eles tinham ao comunicar novidades para os fãs nos vlogs fez uma transição natural para a função de streaming da V Live, e a variedade de conteúdo autoproduzido funcionou como teasers contínuos para os fãs.

Run BTS!, o programa de variedades criado pelo BTS e pela Big Hit Entertainment na V Live, foi a peça final no ecossistema. Para

---

7 *Oceano vermelho* é uma expressão usada internacionalmente para designar uma estratégia de negócios que, em oposição ao *oceano azul*, foca em um mercado saturado, ultrapassa a concorrência, explora demandas existentes e foca em diferenciação, entre outras características. [N. da T.]

grupos de idols, a participação em programas de variedades não só possibilitava que os fãs vissem um lado dos membros para além da música, como também ressaltava os traços únicos da personalidade de cada um. Tanto antes quanto depois de 2000, a primeira geração de grupos masculinos de idols na Coreia ganhou muito de sua popularidade pela participação em programas de variedades. Entretanto, até a criação de *Run BTS!*, a produção desse tipo de conteúdo estava exclusivamente nas mãos das emissoras de TV. Grupos ligados a grandes empresas também teriam participação constante em programas de variedade e teriam seus nomes reconhecidos pelo público assim que debutassem. Mas as empresas de TV também tinham que levar a audiência em conta, então era comum que convidassem idols famosos.

Por meio do *Run BTS!*, a Big Hit levou a produção de programas de variedades de idols para o reino da autoprodução. Fazer o próprio programa era um risco grande para uma empresa pequena. Entretanto, no fim das contas, não seria exagero dizer que o *Run BTS!* foi mais bem-sucedido do que não apenas *Rookie King: Channel Bangtan* e *BTS American Hustle Life*, mas do que todos os programas de variedade da época.

Diferente de programas especiais com idols criados por empresas de TV, o *Run BTS!* poderia continuar a ser produzido indefinidamente, e como era criado pela empresa que gerenciava o grupo, os produtores também sabiam quais as condições físicas dos membros. Depois de ver os programas de ranking musical da TV com o BTS, o ARMY também poderia assistir às lives deles na V Live, quando os membros falavam sobre seus sentimentos, além de ter conteúdo de bastidores, como fotos e vídeos, no YouTube e no Twitter. Para além de tudo isso, os fãs também poderiam assistir ao *Run BTS!*. Se alguém tivesse se tornado ARMY depois do lançamento de *THE MOST BEAUTIFUL MOMENT IN LIFE PT.1*, era fácil passar a noite toda vendo o conteúdo dos últimos dois anos.

Entretanto, a era do conteúdo autoproduzido não transformaria apenas a maneira como os idols trabalhavam. Conforme eles compartilhavam conteúdo de bastidores, além do palco, e falavam diretamente com os fãs, a própria definição de "idol" começou a mudar. Enquanto no passado um idol mostraria apenas seu lado bom para os fãs, na era do conteúdo autoproduzido, idols começaram a mostrar outros aspectos de sua personalidade e seus pensamentos. Eles eram sinceros ao falar sobre decepções com o público ou a imprensa, e até mesmo fazer críticas diretas. Hoje, nos anos 2020, idols falam muito mais livremente sobre as dificuldades e os problemas que enfrentam, e às vezes, se estão passando por uma situação física ou psicológica mais complicada, chegam a desistir da carreira. Assim, idols coreanos começaram a ter uma identidade própria mais nítida, diferentemente dos idols no Japão e nos Estados Unidos.

Todas essas atividades deixaram os membros do BTS muito ocupados. Mesmo quando estavam se preparando para o lançamento de *THE MOST BEAUTIFUL MOMENT IN LIFE PT.2*, eles ainda precisavam continuar ativos na V Live e nas redes sociais. Como os membros reagiram a esse aumento de trabalho? Segundo V:

—— Só segui as decisões do grupo. Não via minhas decisões pessoais como importantes. Se eu era contra algo, mas todos os outros não eram, eu achava que eles tinham razão. Se os membros falassem "Quero fazer isso" ou "Temos que fazer isso", então eu concordava.

Ao ser perguntado sobre como isso era possível, ele responde:

—— Acho que "Porque nós somos o BTS".

Ele continua:

—— Eu coloquei minha vida nesse grupo, não posso decidir algo com base na minha opinião individual. É por isso, e todos nós somos assim, "Vamos nessa", para tudo. Minha resposta é concordar.

Sobre como se sentia na época, j-hope diz:

—— Acho que pensávamos, *O que temos a perder?*. Como também pensávamos, *Podemos nos sair melhor*, e continuávamos. Quando fazíamos alguma coisa, continuávamos naquilo, não diminuíamos.

Em meio a tudo isso, em 20 de maio de 2015, o canal do grupo no YouTube começou sua própria série de "mukbang"[8] com Jin, chamada "EAT JIN". Isso mostra não só a disponibilidade do grupo em tentar novos formatos, mas o impacto da nova geração. Jin, que começara a cozinhar no blog do BTS desde antes do debut, passou a fazer vídeos também comendo.

—— Na época, eu não tinha uma forma de me comunicar com os fãs, e como eu gostava de comer, pensei que poderia fazer esse tipo de conteúdo, então comecei a filmar. Queria que o ARMY pudesse ver meu rosto, e foi assim que comecei.

Quando Jin começou a produzir esse conteúdo, ficou preocupado em atrapalhar os outros membros, por isso gravou no menor espaço que encontrou, e no maior silêncio possível. Contudo, a boa resposta do público foi imediata, e Jin migrou do canal no YouTube para a V Live do BTS, onde passou a transmitir ao vivo. Segundo Jin:

8 Tipo de vídeo que ficou muito popular no final dos anos 2000 que consiste em uma pessoa comendo uma grande quantidade de alimentos. [N. da T.]

— Quando estava na V Live, a escala aumentou. No começo, era eu sozinho, e tudo que precisava fazer era colocar o celular na minha frente, comer e filmar, mas para a V Live, outras pessoas na empresa estavam envolvidas. Odiava atrapalhar os outros, então fiquei preocupado, mas eles disseram que não tinha problema nenhum, e que eu não precisava me preocupar. Era uma transmissão ao vivo e no começo eu pensei que não estava muito bom. Na época também existia essa ideia de que eu teria que estar de maquiagem, já que era considerada uma transmissão oficial.

No entanto, contrariando as preocupações de Jin, EAT JIN se tornou o principal conteúdo autoproduzido do BTS. Mesmo agora, Jin continua com a imagem de bom cozinheiro, e essa é uma de suas características mais citadas. Desde a época em que era um trainee anônimo até a superestrela que é hoje, ele tem mostrado consistentemente sua personalidade ao compartilhar vídeos cozinhando e comendo. E como aconteceu com o BTS, a era do conteúdo autoproduzido fez com que a conexão emocional entre os idols e os fãs fosse mais próxima e duradoura.

A relação do BTS com o ARMY, formada graças à internet, se transformou na salvação do grupo, mesmo que esse não tenha sido seu objetivo primário. E essa relação foi o principal apoio do grupo nos eventos posteriores ao lançamento de *THE MOST BEAUTIFUL MOMENT IN LIFE PT.1.*

O outro lado do *THE MOST BEAUTIFUL MOMENT IN LIFE*

Em entrevistas, SUGA sempre fala com um tom de voz calmo e baixo. Mesmo quando narra os períodos mais difíceis, ele o faz como se não fossem grande coisa. Entretanto, em uma ocasião, SUGA levantou a voz.

Foi em um vídeo compartilhado no canal do YouTube do grupo em 19 de março de 2015. O foco estava em SUGA, que comemorava seu aniversário, e o vídeo mostra os membros preparando presentes para os fãs.[•] Fazendo polaroids de si próprios e escrevendo cartas à mão para os fãs selecionados em um sorteio, SUGA fala sobre o que escrever para cada fã, e os membros embrulham os presentes com cuidado e carinho.

Quando perguntado sobre o motivo de tanto cuidado, SUGA responde, sem pensar, em voz alta:

— Acredito que essas pessoas são a razão da minha existência.

Ele continua:

— Falando desse jeito as pessoas podem dizer "Ah, nem vem", mas é assim que me sinto. Se você tirar os fãs da minha vida de idol, viro uma pessoa patética. Não sou nada. Sempre me sinto tão culpado em relação aos fãs... Responsabilidade, acho que tenho que assumir essa responsabilidade. Acredito que é uma das coisas que me motiva. Se não fosse por isso, não acho que conseguiria realizar esse trabalho. Preciso ser responsável, performar e satisfazer essas pessoas. Essa é a principal coisa.

O motivo de SUGA dizer isso é o seguinte:

— Antes disso, o meu mundo era, em uma só palavra, um inferno. Eu não esperava muito do futuro, éramos um grupo de caras com vinte e poucos anos e alguns ainda adolescentes... O que fizemos naquela época para que não gostassem da gente? Por que nos odiavam tanto?

Uma vez, RM admitiu em "ARMY Corner Store" que o período entre 2015 e 2017 foi muito difícil para o grupo. Ao trilhar o caminho para o sucesso, eles foram alvo de cyberbullying.

Nunca saberemos o real motivo disso, mas não é preciso. Talvez os primeiros comentários de ódio que apareceram no artigo que anunciava o debut do grupo tenham sido um exemplo do futuro. O BTS foi xingado por ser de uma empresa pequena, e foram criticados publicamente por serem idols tentando fazer hip-hop. A primeira onda de cyberbullying em grande escala aconteceu porque o grupo tinha "vendido muitos discos".

Quando as músicas de *THE MOST BEAUTIFUL MOMENT IN LIFE PT.1* tiveram um impacto muito maior nos rankings do que as do álbum anterior, era lógico imaginar que as vendas de álbuns físicos também aumentariam drasticamente. O fato de que um grupo como o BTS, focado no fandom, estava conseguindo fama nos charts de música (o público em geral escuta muito mais música digitalmente, enquanto poucas pessoas compram álbum físicos) significava que a base de fãs estava crescendo com rapidez.

Contudo, tal resultado não recebeu aplausos como resposta, mas fake news produzidas sob a justificativa de que algo "suspeito" estava acontecendo. *THE MOST BEAUTIFUL MOMENT IN LIFE PT.1* vendeu muito mais que *DARK&WILD*, e as pessoas diziam que o motivo era que os fãs estavam comprando e guardando muitas cópias do mesmo álbum. E o fato de que as vendas aumentaram na casa dos milhares foi usado como prova dessa suspeita.

Na Coreia, o número de álbuns comprados diretamente pelos consumidores é anunciado pelo Hanteo Chart,[9] que reflete o número total

9 O chart recebe e apresenta as vendas de canais on-line e off-line que se registram com eles.

de vendas. O Hanteo também é avisado pelas lojas sobre as pré-vendas e compras adiantadas efetuadas em sessões de autógrafos organizadas para comemorar o lançamento do álbum, que normalmente acontecem nos finais de semana. Com todos esses números, o Hanteo Chart monta o número que vai à público. Isso significa que se um grupo aumenta muito o número de vendas no Hanteo Chart, os fãs dizem que as "vendas explodiram".

Naquele período, a formação dos números não era um fato tão conhecido. Contudo, só era preciso enviar uma pergunta para a Hanteo para descobrir como esses cálculos funcionavam. Na verdade, uma ARMY enviou uma pergunta para a Hanteo e a empresa respondeu afirmando que não havia compras massivas para estoque. Um funcionário da Big Hit Entertainment, em lágrimas, também respondeu a essa ARMY que a notícia não era verdadeira.

Comparado a *DARK&WILD*, que vendeu cerca de 16.700 unidades na semana de lançamento, *THE MOST BEAUTIFUL MOMENT IN LIFE PT.1* vendeu quase três vezes mais, por volta de 55.500 cópias, resultando em uma diferença de quase 38 mil cópias. Três vezes mais parece um grande número, mas um aumento de 38 mil cópias não é uma diferença tão difícil assim de se ver.

Os cyberbullies não enxergavam nada disso. Eles não acreditavam que a popularidade do BTS tinha aumentado de repente. Não é possível saber o porquê de eles não acreditarem. Contudo, essa suspeita, mesmo que natural, foi crescendo até se transformar em ataques de ódio direcionados ao grupo. As palavras e ações dos membros do grupo eram tiradas de contexto e transformadas em fake news que se espalhavam pela internet e pelas redes sociais.

O BTS era visto como "vilão" na indústria idol, e os ataques continuaram. Quando o álbum *WINGS* foi lançado, em outubro de 2016, por exemplo, a hashtag #BREAKWINGS foi amplamente utilizada nas redes sociais. Ainda que ela não tivesse muita influência, demonstra como o público que ataca o BTS tinha alcançado o mercado internacional. Linguagem inapropriada era usada pelo simples fato de alguém não gostar de como os membros eram, e isso foi normalizado, quase se tornando uma tendência. Pessoas tiravam as palavras dos membros de contexto e retuítavam com a legenda "Morra" como se não fosse nada.

Depois do cyberbullying direcionado ao grupo, pessoas se especializavam em atacar idols na internet. Documentos sensacionalistas eram editados e postados nas redes sociais, e indivíduos que concordavam com tais conteúdos os propagavam; sem a oportunidade de conferir a veracidade dos fatos, aquilo se tornava verdade. Como forma de resposta, o fandom de tais idols se prontificava a explicar a situação e reduzir os danos.

É por isso que o termo "check"[10] é usado regularmente na comunidade de fandoms da Coreia. Quando algum idol começa a se tornar popular, ou está para fazer um *comeback*, anti-fãs encontram diversos motivos para criticar o idol ou criar uma atmosfera em que parece aceitável fazer isso, e realizam o "check". Se não existir nada recente para falar, eles trazem acontecimentos que foram resolvidos há anos, o chamado "BUMP" (acrônimo da expressão em inglês Bring Up My Post, que significa "Traga de volta minha postagem"), e tentam aumentar a publicidade negativa. Tais atitudes criam uma situação em que os idols

10 견제 em coreano. [N. da T.]

não podem sair minimamente da linha, pois mesmo o menor erro é material para que as pessoas façam críticas desproporcionais.

O cyberbullying sofrido pelo BTS foi uma prévia das mudanças pelas quais o mercado coreano passaria, com o advento das redes sociais e com a personalidade do fandom. O cyberbullying motivado pelo ódio a determinado idol ou para fazer os checks começou a ser praticado com mais frequência entre os consumidores da cultura de idol que no passado.

Idols e fãs

A "guerra" que seguia o BTS teve um grande impacto não apenas nos membros, mas também no fandom. Em 2015, junto do lançamento de *THE MOST BEAUTIFUL MOMENT IN LIFE PT.1*, o ARMY cresceu muito. Não era certo dizer que o fandom ainda era pequeno, mas também era difícil dizer que ele era grande e coeso. Como era de se esperar de um grupo que começava a ganhar mais popularidade, o fandom era formado basicamente por adolescentes. Em outras palavras, faltava número de pessoas e expertise para vencer uma guerra.

Um dos objetivos daqueles que praticavam cyberbullying era que os fãs abandonassem o fandom. Não é fácil para adolescentes sob pressão lidar com a comunidade on-line e às vezes até mesmo os amigos criticando seus idols favoritos.

Ironicamente, foi exatamente isso que transformou a relação do BTS com o ARMY em algo especial entre 2015 e 2017. Quando o grupo estabelecia alguma meta, o ARMY a abraçava com toda a empolgação, muitas vezes superando em muito o proposto. O fandom colocou todo seu esforço no apoio ao BTS para que sobrevivesse no mercado idol, até os transformar em superestrelas internacionais — e hoje, muitos ARMY contribuem para a sociedade em diversas iniciativas de caridade. Para o BTS, o ARMY não é apenas um grupo de fãs, mas apoiadores poderosos, e isso faz deles um nome forte. Não é definido o que veio antes, as características únicas do ARMY enquanto fandom ou a incrível conexão que eles mantêm com os membros do grupo. Talvez tudo tenha começado quando os fãs, assim como o BTS, estavam esperando que sua presença fosse reconhecida. Ao serem atacados de todas as formas possíveis, até provarem que estavam com a razão o tempo todo, o fandom precisou aumentar sua influência no mercado. Talvez outro motivo tenha sido que, com o cyberbullying, membros e fãs tiveram que estreitar sua relação via Twitter, YouTube, V Live etc.

Independentemente do motivo, no final, o relacionamento com o ARMY desempenhou um papel decisivo no caminho do grupo. A fala de j-hope confirma isso:

— Quando ouvi "Continuo vivendo graças a vocês", pensei, *Ah, acho que estou dando forças a alguém.* E eu também recebia forças deles. É bem interessante, os dois lados dando forças um ao outro. E por isso é mais difícil que eu me sinta cansado ou triste. Pensei que, por aquelas pessoas, eu não podia desistir.

Eles passaram por todo o imaginável para chegar ao sucesso, mas depois de uma semana do lançamento do álbum, as críticas abafaram os gritos de alegria. RM explica como se sentiu na época:

— Naquele período, fizemos o teste de personalidade MBTI. E, por alguma razão, eu não queria que saísse um resultado "extrovertido". Acho que queria ser introvertido.

Ainda hoje é difícil que as celebridades consigam lidar com o cyberbullying. Qualquer declaração pode gerar um problema enorme, de uma maneira que até então acontecia apenas em certos círculos, e isso podia impactar negativamente a imagem do artista.

O BTS não respondeu diretamente ao cyberbullying. Eles escolheram continuar trabalhando. Mesmo com os incansáveis ataques e fake news, eles continuaram trabalhando. A letra de "Born Singer", lançada logo após o debut, "O sangue e o suor que derramamos, consigo sentir me envolvendo / Minhas lágrimas brotam depois da apresentação" foi ressignificada. Por todo o trabalho que tiveram, eles esperavam chegar muito longe, mas o único lugar onde conseguiam se sentir bem era no palco, com os fãs.

E foi assim que a história do BTS e seu fandom, que se desenrolaria por meio dos álbuns, começou.

RUN

A produção de *THE MOST BEAUTIFUL MOMENT IN LIFE PT.2* aconteceu em meio a toda empolgação e apoio, mas também a toda negatividade. Segundo RM:

— O ano de 2015 foi um desafio para mim. Se estivéssemos compondo uma música ou gravando um clipe, eu ficava "Ah, droga!" e "Argh!". Não percebi na época, mas recentemente assisti a alguns vídeos da época de "RUN" e todos os membros, inclusive eu, pareciam estar no papel principal. Estávamos correndo mesmo com todo esse sentimento, e agora percebo que era a reação natural... E estávamos correndo só porque estávamos gravando e era preciso.

THE MOST BEAUTIFUL MOMENT IN LIFE PT.2

THE 4TH MINI ALBUM
2015. 11. 30

Assim como RM se lembra, seja conscientemente ou não, os sentimentos dos membros foram capturados no álbum *THE MOST BEAUTIFUL MOMENT IN LIFE PT.2*.

Ainda não consigo acreditar
Parece um sonho
Não tente desaparecer
...
Eu pararia o tempo
Depois desse momento
E se se transformar em algo que jamais aconteceu ou se eu perder você
Estou com medo, medo, medo

Como na letra de "Butterfly",[•] tudo parecia um sonho, e os membros temiam que nada do que tivessem feito importasse. Segundo SUGA:

—— Nossa música "INTRO : Never Mind"[••] diz: "Se você acha que vai bater, pise no acelerador mais forte ainda", certo? Eu machuquei meu ombro em um acidente de moto, mas ainda assim andei de moto depois disso. E mesmo assim eu pensava, *E se eu tivesse acelerado um pouco mais na hora do acidente?*, e é sobre isso que a música fala. Hoje eu não ando mais de moto, ela está guardada.

A letra da música de abertura de *THE MOST BEAUTIFUL MOMENT IN LIFE PT.2* conta a história de SUGA, mas também reflete a situação na qual o BTS se encontrava. Em "Intro : The most beautiful moment in life", do álbum anterior, SUGA está sozinho na quadra de basquete, e em "INTRO: Never Mind", ele está no estádio em um show, com aplausos ressoando. O grupo passou por dificuldades no lançamento de quatro álbuns, e com *THE MOST BEAUTIFUL MOMENT IN LIFE PT.1* eles estavam na trilha do sucesso. Contudo, por mais que o amor a eles tenha aumentado, eles também foram vítimas de hostilidade virtual, passaram por uma espécie de guerra e viram seu fandom interceder em sua defesa, quase como em uma guerra. Se o BTS pretendia sair dessa conjuntura, eles precisavam tomar uma posição e "pisar no acelerador".

*Não importa quanto eu me esforce para chegar em você, **é** apenas um sonho vazio*
Não importa o quanto eu corra como louco, continuo no mesmo lugar
...
Vamos correr correr correr de novo! Está tudo bem se cairmos
Vamos correr correr correr de novo! Está tudo bem se nos machucarmos

"RUN" foi a música principal de *THE MOST BEAUTIFUL MOMENT IN LIFE PT.2*, e mesmo que eles tivessem medo de que tudo fosse um "sonho vazio", continuavam gritando "Vamos correr de novo!". Essa música reflete o que o grupo sentia na época. Na música seguinte, "Butterfly", eles temem que "Você possa voar para longe e se desfazer com um toque", mas ainda assim precisam seguir em frente. Até a música final, "OUTRO : House Of Cards", o grupo expressa a sensação de instabilidade pela qual estava passando — a sensação de que o menor toque poderia colocar tudo a perder. E "RUN" mostra que, ainda assim, eles estavam dispostos a continuar correndo.

O álbum como um todo, e em especial a música principal, foi concebido em um processo mais cansativo do que o de seus predecessores.

Contudo, desde o começo foi decidido que a música principal seria "RUN". A música era tão boa que Bang Si-Hyuk e outros produtores da Big Hit disseram "É esta!". Eles só precisavam colocar a parte do rap e a melodia.

Isso também foi um problema, já que a previsão de lançamento de *THE MOST BEAUTIFUL MOMENT IN LIFE PT.2* era setembro, mas o álbum só foi de fato lançado em 30 de novembro de 2015.

Sorte de não principiante

A parte principal do refrão de "RUN" é formada por dois trechos que se repetem: "Vamos correr correr correr de novo! Não posso parar de correr" e "A única coisa que posso fazer é correr". Isso pode parecer simples para ouvintes acostumados ao refrão mais complexo de "I NEED U", contudo, para o *topliner*[11] Bang Si-Hyuk, que escreveu o refrão de "RUN", a melodia era bem importante e foi o motivo do bom desempenho da música. Não é exagero dizer que essa breve melodia foi o fator decisivo que cimentou o caminho do BTS para um futuro mais grandioso, em vez de permanecer no que já haviam feito em *THE MOST BEAUTIFUL MOMENT IN LIFE PT.1*.

Basicamente, *THE MOST BEAUTIFUL MOMENT IN LIFE PT.1* foi o segundo álbum do grupo, e é comum que artistas que tenham um primeiro álbum bem-sucedido não consigam o mesmo feito no segundo. No mundo ideal, elementos que funcionaram na primeira obra seriam incorporados a um estilo novo na segunda.

11 Pessoa que desenvolve a parte central da melodia e das letras.

Contudo, se isso fosse fácil, Bang Si-Hyuk (que já produzira diversos hits) não teria passado mais de dois meses debruçado sobre essa simples melodia.

É possível que uma música parecida com "I NEED U" tivesse uma resposta positiva. Contudo, como faixa principal, "I NEED U" se destacou entre as músicas do grupo, e ao repetir esse estilo, seria difícil capturar a assinatura dinâmica e energética do BTS. Por outro lado, um estilo semelhante ao de "Dope" não capturaria os aspectos profundos, sombrios e melancólicos de "I NEED U". Qualquer que fosse a decisão tomada, o BTS estava arriscado a limitar seu potencial e poderia ter facilmente ficado preso ao estilo de *THE MOST BEAUTIFUL MOMENT IN LIFE PT.1*.

Isso não dizia respeito apenas às vendas do álbum. Para o grupo, que tinha gritado, "Se você acha que vai bater, pise no acelerador ainda mais forte", a situação se apresentava como um misto de dificuldades e expectativas, tristezas e esperanças. Com a melodia de "RUN", eles precisavam capturar tal complexidade de emoções, além de continuar com a verve de seguir em frente.

Um refrão capaz de dar conta de todos esses elementos precisava de uma melodia melhor que "boa". A "RUN" que ouvimos hoje tem muitas melodias boas para além do refrão. Contudo, em 2015, eles estavam com dificuldades para encontrar a melodia perfeita que encerraria o trabalho começado em *THE MOST BEAUTIFUL MOMENT IN LIFE PT.1*. Eles continuaram fazendo melodias e descartando-as, e houve até sugestões de que mudassem a música principal de vez.

Uma melodia conseguiu passar por esse crivo, e é ela que dá forma ao refrão de "RUN". Assim como na letra, "Vamos correr correr correr de novo!", a melodia foca apenas na sensação de correr, sem utilizar um tempo rápido ou uma grande quantidade de energia. E de novo, com a letra, "A única coisa que posso fazer é correr", a melodia aumenta um pouco a emoção, contribuindo ainda mais para a imagem de uma corrida que deixa a pessoa sem ar. Essa era a imagem do BTS: eles precisavam continuar correndo, não importando qual fosse a situação, não importando o que outras pessoas dissessem.

E assim a música "RUN" foi terminada. Na primeira metade de *THE MOST BEAUTIFUL MOMENT IN LIFE PT.2*, enquanto "INTRO : Never Mind" lida com a resposta do grupo às novas circunstâncias, "RUN" fala como tais respostas seriam colocadas em prática, e "Butterfly" trata da tristeza e ansiedade que existem tanto no mundo real quanto no mundo dos MVs. O álbum continua indo mais a fundo no mundo interno dos membros, e com "Whalien 52",• o grupo começa a falar diretamente sobre como se sentiram depois do lançamento de *THE MOST BEAUTIFUL MOMENT IN LIFE PT.1*.

No meio deste vasto oceano
Uma única baleia fala sozinha em voz baixa
Não importa o quanto grite, não consegue alcançar outras
Se sente tão sozinha que para de falar
...
Palavras simples ditas em minha direção se transformam em um muro
Até minha solidão parece falsa refletida em seus olhos
...
O mundo nunca vai saber
O quanto estou triste
Minha dor não se mistura, como água e óleo

Em "Whalien 52" os membros são a "baleia... no meio deste vasto oceano", e se sentem tão isolados das outras pessoas que falam "até minha solidão parece falsa refletida em seus olhos". O mundo não tem ideia do "quanto estou triste", e a dor que eles sentem não pode ser misturada à de mais ninguém, "como água e óleo".

O grupo tinha conseguido certa parcela de sucesso. Contudo, tirando a relação deles com o ARMY, os membros se sentiam ainda mais isolados do que antes. Foi só após terem mergulhado fundo nos próprios sentimentos e conseguido compreendê-los que eles puderam cantar encarando o mundo exterior, como em "Ma City" e "Baepsae/ Silver Spoon".

RM explica como se sentiu durante a produção de *THE MOST BEAUTIFUL MOMENT IN LIFE PT.2*:

—— Muitas coisas estavam acontecendo, e isso tudo enquanto estávamos tentando nos firmar. Acho que acabei tentando me esconder dentro da minha concha.

Mesmo depois do lançamento de *THE MOST BEAUTIFUL MOMENT IN LIFE PT.2*, o grupo era o centro de diversas questões, e durante esse período, RM encontrou uma maneira de refletir sobre as próprias ações:

—— Ficava andando muito sozinho e depois de muito tempo, ia para Ttukseom.[12] Me sentia mais calmo quando ia para lá, e isso acontecia porque de noite as pessoas andavam por lá em grupos, mas eu estava sozinho. Ninguém falava comigo, e as pessoas ao redor de mim comiam, falavam sobre a escola, sobre os namorados... Eu ficava sentado no parque, tomando cerveja

12 Parque de Seul localizado próximo ao rio Han. [N. da T.]

sozinho e era como se aquilo me reconfortasse. *Um lugar assim existe. Existe um lugar onde me sinto em paz.* O BTS estava se saindo bem, mas ao mesmo tempo as coisas que eu fazia enquanto indivíduo não era levadas em conta, e eu sentia com extrema força que, de algum jeito, as coisas que eu havia feito até aquele momento não valiam nada. Quando penso nessa época, me pergunto como consegui suportar.

Crescimento

As preocupações de RM e dos outros membros foram a cola que solidificou a série THE MOST BEAUTIFUL MOMENT IN LIFE. Se enquanto produziam o primeiro álbum da série eles eram jovens que tentavam provar seu valor, no segundo eles enfrentavam o mundo de cabeça erguida, enquanto todos os observavam. Em meio a esse sucesso e às dificuldades, os membros passaram por experiências novas.

Enquanto trabalhava em "Ma City",• j-hope começou a observar a relação dele com a sociedade. Na música, ele fala sobre sua cidade natal, Gwangju, da seguinte maneira:

Todo mundo disca 062-518

"62" é o DDD de Gwangju, e "518" faz referência ao Movimento Democrático de Gwangju, já que o protesto começou dia 18 de maio de 1980.[13] Ainda que existam algumas pessoas que tentem desconside-

13 Em 18 de maio de 1980, estudantes e moradores da cidade se reuniram para protestar contra a ditadura de Chun Doo-Hwan. O protesto foi fortemente combatido pelas forças armadas e até hoje não existe um número oficial de vítimas na tragédia, mas estima-se que cerca de 2 mil estudantes e moradores foram mortos. [N. da T.]

rar o movimento e o chamem de regionalista, j-hope se orgulha de sua cidade natal. Ao estudar a história da cidade em que nasceu, ele pôde refletir sobre si mesmo:

—— Eu não sabia muito sobre a ideia de regionalismo. Para começo de conversa, eu mesmo nunca tinha sentido isso... Mas, quando me mudei para Seul, percebi que existia, e foi a primeira vez que senti. *O que é isso? O que é esse sentimento? Por que estou ouvindo essas coisas sobre o lugar em que nasci? E por que estou me sentindo assim?* Então fui estudar história. Sinceramente, ainda não sei muitas coisas, mas na época aprendi muito. Enquanto estudava, pensei em como expressar tudo isso em meu trabalho. Tudo era muito interessante. Era como se eu sentisse pela primeira vez: *Uau, é essa a sensação de contar a minha história e colocar meus sentimentos em uma música.*

Essa oportunidade de autorreflexão ajudou j-hope a crescer enquanto artista:

—— Naquele período, mais da metade do meu cérebro estava tomada pelas perguntas *Quem sou eu? Que tipo de pessoa eu sou?*. Como a coreografia de "I NEED U" era muito diferente do que eu estava acostumado a fazer, acabei me perguntando qual exatamente era o meu estilo de dança. Foi assim que acabei começando "Hope on the street".* O tempo que passava dançando de frente para o espelho do estúdio acabou se transformando em um tempo que eu refletia sobre mim.

— Eu ficava sentado no parque, tomando cerveja sozinho e era como se aquilo me reconfortasse.

Um lugar assim existe.

Existe um lugar onde me sinto em paz.

— RM

"Hope on the street" é uma série de vídeos que foram postados sem regularidade no YouTube, bem como transmitidos ao vivo em streaming na V Live, que mostram j-hope praticando. Foi uma oportunidade para que ele se comunicasse com os fãs por meio da dança. As dúvidas que ele estava tendo sobre si próprio acabaram se transformando em uma nova compreensão de seu trabalho, e outro experimento se tornou possível. Segundo ele:

—— Para mim, desde *DARK&WILD* era como se... eu conseguisse ouvir minha própria voz no álbum. Por isso sempre tive vontade de melhorar logo, de estabelecer meu lugar.

Para Jimin, as preocupações e os esforços envolvendo tudo que aconteceu depois de *DARK&WILD* começaram a dar seus frutos depois da série THE MOST BEAUTIFUL MOMENT IN LIFE. Segundo ele:

—— Descobri de quais partes de mim as pessoas gostavam, e como elas gostavam quando eu expressava algumas coisas de determinadas maneiras e com certos movimentos corporais, então acabei focando em manter assim. Quando canto, às vezes percebo até o movimento dos meus dedos ficando mais lentos e mais rápidos... Acho que mudei muito em relação a isso. Mas tive que me esforçar para manter a calma.

Por outro lado, ao construir uma relação entre ele e os outros, e entre ele e o restante do mundo, V conseguiu definir melhor sua maneira de se expressar. Quando atuava nos videoclipes e nas apresentações relacionadas à série THE MOST BEAUTIFUL MOMENT IN LIFE, ele encarnava o Colin Firth:

—— Na época, Colin Firth era meu exemplo. Gostava tanto da vibe dele, queria ter uma igual.

A relação de V com o trabalho era próxima à sua relação com os outros membros:

—— Para mim era fácil olhar e perceber que eles estavam se tornando cada vez mais incríveis. Se eu não tivesse essa comparação, me desenvolveria mais devagar. Por exemplo, eu preciso de um modelo específico. Se existe um cantor de quem eu gosto, penso, *Quero ser como ele*, ou, *Quero me apresentar no palco como naquele dia*, e só assim consigo dar o meu melhor. Se eu não tiver isso, acabo sendo muito lento. E é por isso que os outros membros são os alvos da minha ambição.

V continua a falar sobre os outros membros:

—— Eu costumava chorar muito e me sentir muito culpado porque eu "não queria ser um fardo para o BTS". Ficava preocupado que, por minha causa, rachaduras começariam a aparecer na base estável do grupo. Não queria ficar para trás em meio a essas pessoas maravilhosas.

Jin e Jung Kook, o mais velho e o mais novo, estavam passando por pequenas mas significativas mudanças de vida. Jin, que valoriza muito o equilíbrio entre trabalho e vida particular, teve que fazer ajustes em seu cotidiano depois da mudança de apartamento em 2015:

—— Até aquela mudança, eu não tinha muito tempo para sair. Meus amigos da faculdade me perguntavam por que eu não me envolvia na vida universitária e me convidavam. Eu queria, mesmo (risadas). Então aos poucos comecei a sair mais, me inscrevi em um hagwon de boxe e comecei a ter aulas na parte da tarde, e às vezes eu saia no meio da noite para malhar...

Jung Kook fala sobre seus novos interesses:

— Comecei a gostar de fazer compras. Até aquela época, eu me vestia do jeito que queria. *Vou me vestir no meu próprio estilo*, pensava. Mas, depois de um tempo, fiquei entediado, e também alguns membros me flagraram fazendo compras sozinho (risadas).

Isso também fez parte do processo de encontrar uma maneira de se expressar. Segundo Jung Kook:

— Até então, eu só fazia o que diziam, eu achava que isso era tudo que eu precisava fazer. Eu não tinha meus próprios valores. Então comecei a pensar no que eu deveria fazer e como poderia fazer, como deveria responder às coisas, como deveria cantar no palco. Acho que posso dizer que era uma *skill tree*,[14] como nos video games, sabe? É parecido. Quando você consegue uma coisa, ela se divide em dois galhos, e depois em mais galhos, e assim por diante. Parecia que eu estava conquistando um nível de cada vez.

A *skill tree* de Jung Kook o levou a mergulhar na produção musical:

— Eu não tinha medo algum de aprender. E isso acontecia porque os hyungs já faziam música, enquanto no começo eu não sabia dançar, cantar nem tocar bem qualquer instrumento.

Então, SUGA fala sobre a música que fez no período:

— Versos sobre minhas esperanças e meus sonhos sempre apareciam nas minhas músicas. "Tomorrow", que eu tinha escrito um tempo antes, era assim. Metade das minhas músicas são sobre minhas esperanças e meus sonhos. Quem vai contar essas histórias se não a música? E essa música, pensando agora, é como se falasse comigo. Depois de alguns anos, me sinto reconfortado

14 Representação visual e hierárquica de um personagem. [N. da T.]

ao ouvir as músicas que fazia na época. Elas são uma carta para o meu eu do futuro.

A partir disso, ele fala sobre as muitas pessoas que escutam as músicas do grupo:

— Na época, eu não sabia por que as pessoas ouviam as nossas músicas. Não sabia se era porque elas eram bem-feitas, ou porque as pessoas entendiam o sentido escondido naquilo e se identificavam. Mas agora eu acho que entendo.

O nome, BTS

THE MOST BEAUTIFUL MOMENT IN LIFE PT.2 chegou à 5ª posição no ranking de 2015 do GAON, com 274.135 cópias vendidas. *THE MOST BEAUTIFUL MOMENT IN LIFE PT.1* estava em 6º lugar, e do primeiro ao quarto lugar havia álbuns do EXO. Era a primeira vez na década que um grupo idol que não era das "três grandes" empresas ocupava dois lugares na lista dos top 10. Além disso, esse resultado tinha sido alcançado apenas um mês após o lançamento, e em 2016 *THE MOST BEAUTIFUL MOMENT IN LIFE PT.2* vendeu mais 105.784 cópias, ficando 21º lugar no ranking.

Contudo, o valor da série THE MOST BEAUTIFUL MOMENT IN LIFE não pode ser reduzido à posição do BTS no ranking. Durante a produção da série, os membros conversaram sobre o que estavam passando, e cresceram no processo. Todos eles estavam entre a adolescência e a vida adulta, do aluno do ensino médio ao jovem com vinte e poucos anos, e os membros passaram por preocupações, alegrias, experiências que misturavam alegria e tristeza antes de finalmente encararem o mundo.

Foi nesse período que o BTS e o ARMY (e em termos mais amplos, a juventude coreana) estavam em sincronia. Ainda que a vida dos membros fosse muito diferente da dos fãs e de outros jovens da mesma idade, idols ainda vivem em sociedade, e também passam por momentos conturbados. A geração do BTS não tem o mesmo número de pessoas que a geração anterior e, além disso, a crise financeira asiática de 1997 fez com que o desnível entre ricos e pobres se tornasse ainda mais proeminente no país, fazendo com que as pessoas se tornassem extremamente competitivas e a frase "cada um por si" fosse ouvida com frequência. As grandes empresas e os idols populares já tinham um lugar garantido, e o BTS tinha que conseguir seu próprio espaço naquele cenário.

Para essa geração, ainda que seja exaustivo e sufocante, você não pode se entregar por completo ao mundo, se pretende sobreviver na sociedade. Ainda que seja possível se rebelar, é difícil resistir. O BTS conseguiu retratar essa geração de jovens e os trouxe para o mundo idol: aqui, eles definiram a geração por meio do hip-hop.

Eles me chamam de baepsae[15]
A gente entendeu, a nossa geração
...
Mudem as regras, mudem mudem
Hwangsae quer quer manter
Ah não, você não BANG BANG

15 Existe um ditado coreano que diz: "Um baepsae que segue um hwangsae acabará quebrando as pernas", significando que quando você tenta fazer algo além das suas possibilidades, você provavelmente vai se dar mal, já que o baepsae é um pássaro de pernas curtas, enquanto os hwangsae são como cegonhas. Aqui, o hwangsae simboliza as gerações mais velhas, as grandes empresas, enquanto o baepsae representa a nova geração. [N. da T.]

Isso não é normal
Isso não é normal

Essa parte de "Baepasae/Silver Spoon"[•] faz referência à geração do BTS e como eles veem o mundo. A série THE MOST BEAUTIFUL MOMENT IN LIFE também foi uma resposta ao mundo, que via o papel do BTS no mercado idol coreano como "baepsae", ou o "impostor". Mesmo que outros os vejam como "baepasae", eles continuaram correndo e tentando transpor os muros diante deles. Nessa série, o grupo manteve a promessa feita pelo seu nome. Eles falaram sobre os preconceitos e as dificuldades enfrentadas pelos adolescentes e jovens de vinte e poucos anos, que sobreviviam mesmo estando sob fogo cruzado. O nome do grupo, que foi alvo de zombaria pelos anônimos on-line, foi o começo do BTS e, três anos após o debut, eles puderam provar que estavam falando sério.

Sobre a oportunidade que a série deu a ele para rever os próprios sentimentos e pensamentos, RM diz:

— Mais do que isso... ela me deu a sensação de "agora posso respirar". Porque conquistamos o primeiro lugar (risadas). E mesmo nas premiações e em todos os outros lugares, como posso explicar...? Parecia que finalmente éramos "convidados". Antes disso, me sentia solitário naqueles lugares. Éramos convidados, mas não parecia de verdade. Nossa equipe ficava sentada longe, e nós sete ficávamos juntos, e eu pensava *Não tem ninguém do nosso lado.*

Na verdade, a série THE MOST BEAUTIFUL MOMENT IN LIFE refletiu apenas os problemas que o grupo (e o ARMY) enfrentou nos três primeiros anos, de 2015 a 2017. Outros desafios e situações inesperadas ainda aguardavam os membros. Contudo, depois dessa série, o mundo se abriu para que o BTS pudesse crescer e mostrar seu valor.

Foi por volta desse período que RM e os outros começaram a organizar suas ideias em relação a alguns aspectos não desejáveis que poderiam estar presentes em suas letras. Como o grupo atingiu o sucesso, receberam críticas relativas a partes misóginas em algumas de suas canções. RM, que desde jovem teve contato com o hip-hop, via os elementos misóginos como característica do gênero. Quando a controvérsia surgiu, ele, SUGA e os outros membros precisaram estudar o conceito e a formação da misoginia.

—— Posso falar sobre isso porque, olhando agora, acho que era algo pelo qual eu precisava passar.

Essa foi a resposta de RM ao ser perguntado se poderia falar sobre seu posicionamento nessa controvérsia. Ele continua:

—— Vivendo nos anos 2020, acho que todas as pessoas acabam deparando com isso pelo menos uma vez. Como fui criticado por isso muito jovem, pude reconhecer cedo o problema.

Eles precisaram pensar nas mudanças que teriam de fazer para tratar da questão da misoginia. Segundo RM:

—— Isso aconteceu porque recebi críticas diretas sobre os raps que tinha escrito e sobre minhas visões de mundo. O assassinato na estação Gangnam[16] tinha acontecido naquela época, por isso acredito que, do ponto de vista de uma mulher, não havia escolha a não ser falar ainda mais sobre o assunto. Alguém que conheço diz que se uma situação de igualdade é o mesmo que 0, e as injustiças do mundo são +10, então aqueles que sofrem

16 Referência ao assassinato de uma mulher em um banheiro próximo à estação Gangnam em Seul, no dia 17 de maio de 2016. O assassino, homem, não conhecia a mulher.

injustiças não têm escolha a não ser enfatizar não 0 vezes, mas –10, para conseguir alcançar igualdade. Sempre penso nisso.

Em julho de 2016, o BTS e a Big Hit Entertainment fizeram um pronunciamento oficial referente à questão da misoginia, dizendo: "Aprendemos que a criação musical não está livre de falácias e preconceitos sociais" e "além disso, aprendemos que não é desejável definir o valor de uma mulher e seu papel na sociedade a partir de uma perspectiva masculina". Agora, sensibilidade de gênero é um curso obrigatório para todos os artistas da HYBE antes do debut.

Assim, por meio da série THE MOST BEAUTIFUL MOMENT IN LIFE, tanto o BTS quanto seus membros, e por consequência o ARMY, passaram por "um período de juventude". Contudo, tais eventos seriam muito menores se comparados aos que enfrentariam no futuro — mas eles tinham percorrido uma longa estrada desde o debut. E depois do lançamento da série, finalmente chegaram a uma parada onde puderam descansar um pouco.

Antes de irem para a próxima estação, eles tinham mais uma coisa a fazer.

Vamos queimar tudo.[17]

FIRE!

Depois dos dois miniálbuns *THE MOST BEAUTIFUL MOMENT IN LIFE PT.1* e *THE MOST BEAUTIFUL MOMENT IN LIFE*

17 Parte do refrão de "Burning Up (FIRE)", do álbum *THE MOST BEAUTIFUL MOMENT IN LIFE : YOUNG FOREVER*.

PT.2, o grupo lançou o álbum especial *THE MOST BEAUTIFUL MOMENT IN LIFE : YOUNG FOREVER* em 2 de maio de 2016; o episódio final que aumentaria as interpretações possíveis da série e a levaria a uma conclusão perfeita. A conclusão não era necessária apenas para coincidir com o período da vida do grupo, que caminhava junto da série, mas em termos de mercado musical, eles precisavam exibir seu crescimento explosivo e chegar ao topo com esse álbum. Em vez de se debruçar sobre diversas situações que o grupo enfrentou, como fizeram em "I NEED U" e "RUN", esse era o momento de o BTS mostrar sua energia inesgotável em uma coreografia. Eles finalmente poderiam exibir as coreografias "insanas" que já tinham aparecido em "Attack on Bangtan" e "Dope", mas agora isso aconteceria em uma música principal.

Foi sorte, e necessário, que na época a Big Hit estivesse pronta para apresentar isso. O ponto principal da coreografia de "Burning up (FIRE)"[*] é o número de dança em grande escala que acontece na segunda metade da música, executada pelos membros e por outros dançarinos. Tais bailarinos aparecem quando os membros já estão dançando, e integram a performance explosiva que, como a letra diz, "coloca fogo em tudo". Nesse momento, o BTS mostrou ao público sua energia única e inesgotável.

Uma coreografia como essa precisa de um investimento considerável, além de bastante força de vontade, tempo e dinheiro. Foi preciso contratar dezenas de dançarinos para acompanhar o grupo, além de exigir um lugar amplo para os ensaios. Ainda que a apresentação variasse de acordo com o tamanho do palco, o vídeo do ensaio da coreografia[**] mostra, nessa parte, a câmera seguindo V. Ele então a pega, vira para o lado contrário e vai se juntar aos outros membros, que rapidamente se posicionaram entre os dançarinos. Por isso a sala de ensaios precisava ser bastante grande.

A Big Hit conseguira o capital necessário para isso. Para Bang Si-Hyuk, *THE MOST BEAUTIFUL MOMENT IN LIFE : YOUNG FOREVER* era apenas o começo de uma era em que ele poderia, enfim, dar forma a suas aspirações. Graças ao sucesso do BTS, a empresa cresceu em capital financeiro, e Bang Si-Hyuk pôde implementar várias mudanças para que a empresa se aproximasse de seu ideal. Nesse quesito, "Burning up (FIRE)" era uma nítida declaração. Assim como os membros do BTS, a Big Hit Entertainment não ficou sentada, relaxando, e estava determinada a seguir em frente.

Por isso, com *THE MOST BEAUTIFUL MOMENT IN LIFE : YOUNG FOREVER*, a série estava completa, uma junção da energia do BTS e da Big Hit Entertainment que apontava para o futuro. Não era apenas o "repackage"[18] de um álbum, e sim um epílogo que traria a conclusão da obra. Músicas presentes nos dois outros álbuns foram reposicionadas, e as músicas novas "Burning Up (FIRE)", "Save ME" e "EPILOGUE : Young Forever" foram acrescentadas, transmitindo a narrativa e mensagem do álbum.

Depois da "trilogia escolar", a estrutura mais bem planejada dos dois primeiros álbuns desta série foi aperfeiçoada em *THE MOST BEAUTIFUL MOMENT IN LIFE : YOUNG FOREVER*. Isso só foi possível porque o grupo se tornou bem-sucedido o suficiente para lançar um álbum especial, e porque eles eram bem-sucedidos o suficiente para que a empresa investisse um capital considerável nisso.

---

18 Conceito utilizado para descrever a prática de se relançar um álbum anterior com outra capa e a inclusão de algumas músicas e/ou um novo conceito. [N. da T.]

A divulgação para o lançamento de *THE MOST BEAUTIFUL MOMENT IN LIFE : YOUNG FOREVER* é um bom exemplo do que pode ser alcançado quando a ambição de Bang Si-Hyuk é apoiada por investimento financeiro. A Big Hit Entertainment lançou o MV de "Burning Up (FIRE)" e os vídeos de "EPILOGUE : Young Forever"• e "Save ME".••

Somos eternamente jovens
Mesmo se cairmos e nos machucarmos
Vamos para sempre correr em direção aos nossos sonhos

Se "Burning Up (FIRE)" mostrava a energia explosiva do grupo, então "EPILOGUE : Young Forever" era uma ode à juventude: tanto para o grupo, que tinha sobrevivido à série THE MOST BEAUTIFUL MOMENT IN LIFE, quanto para o ARMY, que apoiou os membros durante todo o caminho.

Ao mesmo tempo que "Save ME" continuava a narrativa dos personagens da série THE MOST BEAUTIFUL MOMENT IN LIFE, ela também era uma mensagem do grupo para o mundo.

Obrigado por me deixar ser eu mesmo
Por me deixar voar
Por dar asas a alguém como eu

Eles fizeram três músicas novas, fizeram clipes para todas, ensaiaram as coreografias de "Burning Up (FIRE)" e "Save ME", além de se prepararem para os shows... Tudo estava correndo bem. Segundo RM:

—— Durante "Burning Up (FIRE)" realmente estávamos a toda.

•

••

THE MOST BEAUTIFUL MOMENT IN LIFE : YOUNG FOREVER

THE 1ST SPECIAL ALBUM
2016. 5. 2

TRACK

CD1

01 INTRO : The most beautiful moment in life
02 I NEED U
03 Hold Me Tight
04 Autumn Leaves
05 Butterfly prologue mix
06 RUN
07 Ma city
08 Silver Spoon

CD2

01 Converse High
02 Moving On
03 Whalien 52
04 Butterfly
05 House Of Cards (full length edition)
06 Love is not over (full length edition)
07 I NEED U urban mix

RM explica em termos simples a diferença entre os dois primeiros álbuns da série THE MOST BEAUTIFUL MOMENT IN LIFE e o especial. Segundo ele:

—— Era como se tivéssemos voltado para onde deveríamos estar. Como quando comecei no hip-hop depois de ouvir "Whitout Me" do Eminem. Nós sete somos bobos. E nós sete tínhamos tanto talento. Eu poderia desmaiar no palco, de tão animado. E gravar essa música foi tão divertido. Era uma sensação de *Ah, agora eu posso viver*. Até aquele momento, a sensação era de *Eu realmente vou morrer, morrer, argh!* e coisas assim. Mas aquilo acabou, e eu senti como se estivesse em uma festa.

Tal experiência foi um ponto de mudança para eles. Para Jin, "Burning Up (FIRE)" foi uma oportunidade para que mudasse consideravelmente sua atitude no trabalho:

—— "Burning Up (FIRE)" é minha música favorita de todos os tempos. Antes disso, eu estava vivendo sem muita confiança, mas assim como fiz na coreografia da música, eu mandava beijos quando via o ARMY, e como eu estava fazendo isso na vida real e não só no palco, eles gostaram. Então procurei outras ações que eles gostassem, e acabei encontrando várias, assim consegui recuperar minha autoconfiança. E isso acabou se tornando parte da minha personalidade, e eu passei a fazer esses gestos mais descaradamente (risadas).

Tal atitude de Jin acabou se tornando sua marca, e ele faria tais gestos não só no palco, mas onde quer que encontrasse o ARMY, em apresentações oficiais etc. Mais tarde, quando a fama do BTS chegou aos Estados Unidos, sua sociabilidade e suas boas maneiras criariam uma atmosfera agradável a seu redor, não importando onde ele estivesse.

Não tente muito
Está tudo bem ser um perdedor

Olhando para a história do grupo até agora, essa parte de "Burning Up (FIRE)" também era um manifesto. No começo da música, eles não tiveram escolha a não ser dizer "Eu sou apenas um ninguém", mas eles também falaram para "não tentar muito". Dessa forma, eles se tornaram mais tranquilos, e só mostravam seu frenesi no palco. E em relação ao mercado idol na Coreia, o BTS realmente "colocou fogo" em tudo. E por fim, na Arena de Ginástica Olímpica.[19]

Mais um começo

Quando o grupo debutou, as definições de sucesso eram simples para RM:

—— Para mim, coisas como a situação do mercado e não sei qual indicador entravam por um ouvido e saíam pelo outro. Se parecia que as coisas estavam indo bem, eu ficava satisfeito. Na época, se éramos o "número um na Melon", isso era suficiente. Além disso, dizer que "meus amigos conhecem a música do BTS" era tudo que eu queria.

Um show na Arena de Ginástica Olímpica era outro marcador de sucesso para artistas. Até que o Gocheok Sky Dome fosse inaugurado no final de 2015, a Arena de Ginástica Olímpica era a maior arena

19 Em julho de 2018 o nome do local foi oficialmente alterado para KSPO Dome devido à reforma do ginásio principal do Parque Olímpico de Seul. Sua capacidade é de 15 mil pessoas.

coberta da Coreia. Até hoje, se apresentar lá é uma prova de sucesso na carreira de um artista, e não é fácil de conseguir. Em termos simples, o tempo transcorrido entre o debut do BTS e sua primeira apresentação na Arena de Ginástica Olímpica foi maior do que o tempo entre tal apresentação e a primeira turnê mundial em estádios, quando eles esgotaram os 100 mil ingressos do Estádio Olímpico Jamsil.

O show do BTS chamado 2016 BTS LIVE THE MOST BEAUTIFUL MOMENT IN LIFE ON STAGE : EPILOGUE• — que aconteceu em maio de 2016 na antiga Arena de Ginástica Olímpica na época do lançamento do álbum *THE MOST BEAUTIFUL MOMENT IN LIFE : YOUNG FOREVER* — foi, por assim dizer, o "epílogo do epílogo" da série. Finalmente, a maior conquista que eles poderiam imaginar na época se tornava realidade. A ressoante "EPILOGUE : Young Forever", acompanhada pelo canto do ARMY, encheu o estádio, e os membros não conseguiram segurar as lágrimas.

SUGA ainda se lembra do que sentiu:

—— O show foi no dia dos pais.[20] Quando olhei o estádio e vi meus pais lá, fiz uma reverência profunda e comecei a chorar. Eu estava em prantos.

Contudo, esse elaborado epílogo trouxe novas tarefas. Já que tudo com o que eles haviam sonhado se tornara realidade, RM percebeu que estava diante de outra meta, uma na qual ele não havia pensado:

—— Quando ficamos sabendo que o álbum estava vendendo muito, comecei a pensar mais em termos de "grandes prêmios" do que de números de venda de álbuns.

20 Na Coreia do Sul, o dia das mães e dos pais se comemora na mesma data. [N. da E.]

Naquele momento, para os membros, o grande prêmio anual da música estava além do que se poderia imaginar. Contudo, as coisas estavam se encaminhando para que ele se tornasse realidade, e até mesmo mais coisas grandiosas aguardavam por eles.

V explica a sensação dele em relação ao sucesso do BTS naquele momento:

—— Meu objetivo tinha sido debutar. Mas, após debutar, quando alguém me perguntava qual era meu objetivo, eu dizia que era ficar em primeiro lugar. Depois disso, conseguimos o primeiro lugar, e quando alguém me fazia a mesma pergunta, eu dizia: "Meu objetivo é conseguir três primeiros lugares". Quando também conseguimos isso, dizia que queria receber o prêmio principal de alguma premiação. E então ganhamos o prêmio principal (risadas). E quando passamos a ganhar muitos prêmios assim... começou a ficar ridículo. Porque estávamos falando só coisas que achávamos que não conseguiríamos alcançar, mas acabávamos alcançando.

V balança a cabeça com suavidade e diz:

—— Acho isso estranho (risadas).

CAPÍTULO 4

WINGS

YOU NEVER WALK ALONE

INSIDE
OUT

DE DENTRO PARA FORA

BUS STOP
Route 59
59th-61st
Operates Between
59 th-Cicero(4800W)
&
60th Stony island(1600E)
Via 59th-State -61st-Blackstone-Midway
Owl Service Between Pulaski(4000W) & Stony island
24 Hour Operation 30 Minute Owl Service

INSIDE OUT

Friends

O "incidente do dumpling", que aconteceu entre V e Jimin, é uma das anedotas mais conhecidas do grupo, praticamente todos os fãs a conhecem. Ambos até fazem referência ao acontecido na música "Friends", do álbum *MAP OF THE SOUL : 7*, lançado em fevereiro de 2020, quando dizem "o incidente do dumpling é uma comédia".

Na verdade, a palavra "incidente" parece séria demais. Como V e Jimin já explicaram várias vezes para os fãs, eles discutiram sobre o momento em que comeriam os bolinhos coreanos conhecidos como mandu (V queria comer durante o ensaio, e Jimin queria comer depois), mas foi uma discussão breve que só aumentou a amizade entre os dois. Contudo, no contexto maior do BTS, esse pequeno e anedótico incidente é mais do que uma memória engraçada, é um reflexo da situação do grupo em 2016.

V queria comer durante o ensaio porque havia passado o dia todo gravando o seriado *Hwarang* e não tivera tempo de se alimentar. O papel dele na série foi apenas uma das oportunidades oferecidas ao grupo em 2016 graças ao sucesso da série THE MOST BEAUTIFUL MOMENT IN LIFE. *Hwarang* estreou em 19 de dezembro de 2016, no horário nobre de segunda e terça-feira no canal KBS, emissora de alcance nacional da Coreia do Sul, e também contava com a participação da estrela em ascensão Park Seo-Joon. Era evidente para V, para o BTS, e para todas as outras pessoas que a série traria ainda mais popularidade para o grupo.

O problema era a agenda. Ao contrário de muitas séries coreanas, a produção de *Hwarang* foi toda finalizada antes da estreia, com as filmagens começando em março de 2016 e terminando em setembro.

Tais datas quase coincidiam com a preparação do segundo álbum completo do grupo, *WINGS*. Não era incomum que idols tivessem agendas pessoais diferentes das do grupo, mas entre 2015 e 2016, o BTS atingiu um novo nível de popularidade, e não apenas na Coreia.

Para explicar o crescimento meteórico, o lançamento do álbum *THE MOST BEAUTIFUL MOMENT IN LIFE PT.2*, em novembro de 2015, coincidiu com a turnê *THE MOST BEAUTIFUL MOMENT IN LIFE ON STAGE*, que levou o grupo para três cidades da Coreia e do Japão. Depois disso, *THE MOST BEAUTIFUL MOMENT IN LIFE ON STAGE : EPILOGUE*, turnê subsequente ao lançamento do álbum *THE MOST BEAUTIFUL MOMENT IN LIFE : YOUNG FOREVER*, levou o grupo a sete cidades da Ásia entre maio e agosto de 2016, com apenas uma semana entre as datas para que pudessem se deslocar. Comparado ao ano anterior, a agenda estava lotada.

V se lembra do período:

—— Eu estava em turnê e gravando *Hwarang*, então quando voltávamos para a Coreia, mesmo que por pouco tempo, eu tinha que ir correndo para o set. A ideia era que tivéssemos um pequeno descanso em casa, mas eu precisava gravar. Quando os outros perguntavam, "Você está bem?", eu respondia, "Preciso fazer isso", e ia para as gravações. E quando alguém no set perguntava, "Você vai conseguir fazer isso estando em turnê?", eu respondia, "Eu estou bem", e ia para a frente da câmera... e depois voltava para a turnê.

O trabalho dobrado na turnê e na série foi excruciante para V. Ele foi levado ao limite físico, mas o mais difícil foi lidar com dois tipos de trabalho completamente diferentes. No palco, como idol, ele era livre para se expressar, usando o apoio da plateia para mostrar um lado inteiramente novo em cada show. Contudo, filmar uma série exigia que ele fizesse vários takes quase idênticos das mesmas cenas, com os mesmos atores. Segundo V:

—— Na atuação, é muito importante reproduzir a mesma performance. Precisava fazer exatamente a mesma coisa da vez anterior, e me perguntava, *O que eu vou fazer? Isso está horrível.* Quando eu me movia de forma muito precisa, parecia artificial. Quando falamos em performances, eu sou sempre o tipo que experimenta e pensa, *Como posso fazer isso de um jeito novo?*, então essa parte da atuação foi muito difícil.

Outro peso emocional que recaiu sobre V foi ser o representante do BTS.

—— Um dia, tive uma cena ruim. Os hyungs que atuavam comigo me ensinaram muito, mas não consegui me sair bem. Achei que tinha estragado uma cena em que deveria demonstrar mais emoção. E eu fiquei preocupado com a possibilidade de que, por conta dessa cena, eu ouvisse as pessoas falando "o BTS é péssimo". Era a primeira vez que um membro do grupo estava atuando, e se eu me saísse mal, as pessoas poderiam comentar. Por isso disse a mim mesmo que daria o meu melhor, mas eu me saí bem mal naquela cena, ninguém reclamou de nada, mas eu sabia. Fiquei muito deprimido.

Nenhum artista consegue se acostumar com os anti-fãs que esperam cada segundo para encontrar algo a ser criticado. E como mencionado antes, o aumento da popularidade do BTS veio junto do aumento do cyberbullying. Mas V não deixou que seu tormento ficasse à mostra:

—— Tenho certeza de que os outros membros estavam frustrados. Eles me disseram que eu poderia falar com eles caso as coisas ficassem difíceis, mas eu não contei nada disso para eles. Eu sou assim, não sou bom em falar dessas coisas. Não consigo ter essa coragem.

Esse foi o contexto do "incidente do dumpling". Segundo V:

—— Eu estava justamente nessa época, tentando fazer a série e a turnê darem certo, e naquele dia eu terminei as gravações e tive que ir direto para a empresa... mas eu estava com tanta fome. Não tive tempo de comer nada. Por isso pedi que encomendassem alguns mandus, e eu estava comendo durante o ensaio. Mas o Jimin não sabia disso, então ele disse que seria melhor comermos depois do ensaio, e nós discutimos. Os hyungs disseram que deveríamos resolver isso entre nós dois, então fomos para fora do prédio e conversamos, mas como falávamos só a partir das nossas próprias perspectivas, ficamos repetindo as mesmas coisas várias vezes.

A briga terminou dias depois, quando eles estavam bebendo. Segundo V:

—— Jimin me disse, "Não tem nada que eu possa fazer por você agora, mas eu quero que você escute. Sei que tem algo acontecendo, e quando isso acontecer, quero que você converse comigo. Quero ajudar você." Isso fortaleceu ainda mais a nossa amizade.

V define a amizade com Jimin da seguinte maneira:

—— No começo, brigávamos muito... mas, por isso mesmo, ele se tornou alguém que não consigo viver sem (risadas). Dá uma sensação de vazio quando a pessoa com quem você discute não está presente.

A conexão forte que V desenvolveu com os amigos foi a fonte de força para ele terminar as gravações da série e lançar o próximo álbum, *WINGS*.

— Na época, o que me ajudou mesmo foram as pessoas maravilhosas dos meus dois núcleos. Sobrevivi à turnê porque eu amava os membros do grupo, todos eles, e sobrevivi à série porque amei trabalhar com aquelas pessoas. Elas me ensinaram muito e cuidaram de mim. Antes de começar a filmar *Hwarang*, minha preocupação era nunca ter atuado, mas justamente por não saber nada de atuação, as pessoas se esforçaram muito para me ensinar e foram muito bondosas comigo.

V agradece a essas pessoas e continua:

— Quando eu estava muito deprimido, os membros do BTS e os hyungs da série eram minha força. Bebíamos juntos e conversávamos muito. Eu estava passando por um momento difícil, então eles conversaram comigo e me deram forças. Por isso consegui organizar minha cabeça e sair daquele estado.

Nova onda

As dificuldades de V foram um prelúdio para o lançamento de *WINGS*. O grupo tinha alcançado o sucesso e entrado em um mundo completamente novo. Nesse novo ambiente, os membros enfrentaram problemas maiores e mais complicados do que antes.

O álbum *WINGS* foi lançado em 10 de outubro de 2016. Os membros ficaram emocionados com a venda dos 15 mil ingressos da Arena de Ginástica Olímpica em maio, e menos de um ano depois, os dois dias da turnê 2017 BTS LIVE TRILOGY EPISODE III: THE WINGS TOUR* no Gocheok Sky Dome vendeu todos os ingressos, totalizando 25 mil pessoas. Mais tarde em 2017, o grupo faria uma série de três shows nesse mesmo lugar.

Enquanto isso, o Twitter e o YouTube oficiais do grupo aumentaram tanto entre fãs anglófonos quanto de outros países fora da Ásia. O número do ARMY ao redor do mundo cresceu muito, e o cyberbullying sofrido pelo BTS também aumentou.

Tal acontecimento não tinha precedentes, não só para o BTS, mas para o mercado de idols coreanos no geral. Em dezembro de 2015, *THE MOST BEAUTIFUL MOMENT IN LIFE PT.2* ficou em 171º lugar no top 200 da Billboard americana. O álbum seguinte, *THE MOST BEAUTIFUL MOMENT IN LIFE : YOUNG FOREVER* ficou em 107º lugar em maio. Olhando assim, não parecem números significativos, mas o fato de dois álbuns consecutivos entrarem no top 200 da Billboard logo depois do lançamento, e acabarem ficando em posições ainda melhores no ranking após um tempo, era muito significativo para o BTS.

Qual foi o motivo para tal crescimento em popularidade? Pessoas começaram a comentar em inglês em vários canais do YouTube, pedindo mais conteúdo relacionado ao BTS, e não apenas nos canais que reagiam a MVs de K-pop (que cresciam na época). O BTS estava se transformando em uma grande sensação, e qualquer conteúdo relacionado ao grupo logo se destacava nas redes sociais. Mesmo antes de a mídia tradicional prestar atenção, mesmo antes da entrada no top 200 da Billboard, algo sem precedentes aconteceu.

Assim como V enfrentava dificuldades para conciliar a produção do álbum com a turnê e as gravações de *Hwarang*, o sucesso repentino arremessou o grupo em um ambiente inteiramente novo. Devido ao sucesso, eles encontraram uma forma de mudar de vida, e nesse novo mundo, os membros tinham que pensar em tais mudanças ao mesmo tempo em que repensavam sua própria identidade.

A letra do começo de “Burning Up (FIRE)”, a música principal do álbum *THE MOST BEAUTIFUL MOMENT IN LIFE : YOUNG FOREVER*, seria uma premonição do futuro:

BOYS MEET WHAT

Conceito

—— Para ser sincero, eu estava com medo no começo.

“Intro : Boy Meets Evil”,[•] primeira música de *WINGS* (que foi o trailer para esse *comeback*) foi motivo de muita pressão para j-hope, e não só porque RM e SUGA haviam sido, até então, os únicos a terem feito as músicas introdutórias dos álbuns anteriores. Segundo j-hope:

—— Quando terminei o rascunho da coreografia, pensei, *Eu consigo fazer isso*. Mas quando comecei a treinar, não foi bem assim. Fiquei na dúvida se conseguiria mesmo. E, na época, eu praticamente morava na sala de ensaios. Gravei e assisti ao trailer do *comeback* mais de cem vezes, e fui procurar especialistas que me ajudassem no que eu não conseguia fazer. Também machuquei meu punho. Quase perdi o juízo.

O “what” de “Boy Meets What” era “evil”, e para o grupo isso simbolizou a confusão e a agonia de encontrar algo completamente novo, como j-hope disse. O trailer do *comeback* para “Intro : Boy Meets Evil” começa com RM recitando um trecho de *Demian*, e diferente dos trailers para os *comebacks* da série THE MOST BEAUTIFUL MO-

MENT IN LIFE, essa era uma gravação com um dos membros do BTS em pessoa.

No MV, j-hope não está com roupas que eram moda na cena hip--hop, mas sim com uma combinação de camisa branca e jeans skinny preto, e mistura elementos de dança contemporânea ao seu estilo próprio. A dificuldade de integrar elementos novos a seu estilo foi só uma parte da metamorfose, j-hope explica, sorrindo:

> — Realmente foi a parte "evil" [maldosa] com a qual tive que lidar (risadas). A pressão para me sair bem era muito grande, e eu me joguei de cabeça nessa coreografia. E tinham algumas partes que eu conseguia fazer, outras em que eu não era tão bom, e algumas que eu não conseguia. E de alguma forma, tive que lidar com todas elas.

Manchas de sangue causadas pela dura realidade
Não conseguia imaginar
Que a ambição se transformaria em um chamado do inferno
...
É ruim, mas é tão doce
É tão doce, tão doce

"Intro : Boy Meets Evil" era diferente das músicas anteriores de muitas maneiras. Desde antes do debut até a série THE MOST BEAUTIFUL MOMENT IN LIFE, o grupo expressara sua própria realidade nas músicas. Mas com o lançamento de *WINGS*, eles adentravam o terreno do simbolismo e da literatura abstrata.

V descreve sua atuação no MV da música principal, "Blood Sweat & Tears":

— Nos outros MVs, de “I NEED U” e “RUN”, eu tinha que manter o personagem. Mas em “Blood Sweat & Tears” é diferente. É um personagem totalmente diferente. Então quis fazer de um jeito que, quando as pessoas o vissem, não saberiam se ele é bom ou mau. Ser muito maléfico deixaria tudo muito óbvio; o personagem parece maldoso, mas é só em um breve sorriso... Acho que essa era a “dica” para as pessoas.

A mudança da abordagem direta da série THE MOST BEAUTIFUL MOMENT IN LIFE para a nova abordagem do MV de “Blood Sweat & Tears” não se ateve a apenas uma música, ela abarcou todo o álbum novo. As músicas de *WINGS* eram repletas de expressões ambíguas sem sentido exato, e a citação de *Demian* no começo no trailer, além das obras de arte presentes no MV de “Blood Sweat & Tears”, apontavam para uma espécie de mensagem secreta. As obras de arte presentes no MV levaram as pessoas a, pouco a pouco, desenvolverem suas próprias interpretações, assim como acontece em uma galeria de arte.

Do ponto de vista comercial, foi uma atitude ousada. Pedir uma interpretação e análise pessoal, segundo algumas pessoas, poderia ser uma barreira grande demais para os ouvintes do BTS. Ninguém esperava que o suor derramado durante os ensaios de “Dope” fosse ter sua vingança em “Blood Sweat & Tears”, sob uma luz completamente diferente.

Contudo, *WINGS* foi um passo necessário para o BTS. Eles entravam em um novo momento da carreira, e ninguém teria as respostas certas para suas perguntas. *WINGS* refletiu o caminho de desenvolvimento do BTS enquanto os membros cresciam, continuavam avançando na carreira e se tornavam adultos: um álbum conceitual cheio de histórias de amadurecimento dos membros; inclusive todas as tentações e dores de tais ações. Segundo j-hope:

WINGS

THE 2ND FULL-LENGTH ALBUM
2016. 10. 10

TRACK

01 Intro : Boy Meets Evil
02 Blood Sweat & Tears
03 Begin
04 Lie
05 Stigma
06 First Love
07 Reflection
08 MAMA
09 Awake
10 Lost
11 BTS Cypher 4
12 Am I Wrong
13 21st Century Girl
14 2! 3!
15 Interlude : Wings

VIDEO

Short Film 1 "Begin"

Short Film 2 "Lie"

Short Film 3 "Stigma"

Short Film 4 "First Love"

Short Film 5 "Reflection"

Short Film 6 "MAMA"

Short Film 7 "Awake"

COMEBACK TRAILER : Boy Meets Evil

"Blood Sweat & Tears" MV TEASER

"Blood Sweat & Tears" MV

— Quando penso a respeito, não sei como conseguimos. O conceito era muito diferente de tudo que já tínhamos feito. Foi um pouco estranho, e precisei pensar em como encaixaria o conceito ao meu estilo. Mas, ironicamente, foi por isso que gostei ainda mais do trabalho. Não tive tempo de descansar. É como se... a cada álbum novo, desafios e novidades aparecessem. *Uau, tem tanta coisa que eu não sei, tanto que eu ainda posso aprender.* E vou continuar fazendo isso no futuro.

Essas conclusões foram apenas alguns frutos do *WINGS*. Enquanto o mundo dispendia atenção ilimitada ao BTS, os membros usavam esse novo álbum, e a incomum experiência pela qual passavam, como uma forma de autoavaliação.

Sete dramas, uma batida

As sete músicas solo eram o coração do álbum, e cada uma delas contava um pedaço da jornada de cada membro. Jung Kook, que fez dezenove anos durante o período de produção do álbum, relembra seu primeiro encontro com os membros na música "Begin":*

Eu tinha 15 anos e mais nada
O mundo era tão grande e eu, tão pequeno

Jung Kook relembra o período:

— O "eu" daquela época era muito jovem. Eu não sabia tanta coisa, então, quando sentia algo específico, eu pensava, *É certo me sentir assim?*

Não consigo mais imaginar
Esse eu vazio e sem cheiro, eu
Eu rezo
Amo você, meu irmão, obrigado a todos vocês
Agora eu tenho sentimentos, realmente me transformei em mim

A letra continua para mostrar como Jung Kook foi transformado pelos outros membros. Ele diz:

— É óbvio, eu sentia coisas mesmo sendo jovem. Mas eu não sabia ao certo o que era aquilo e, conforme fui amadurecendo, aprendi mais... então acho que literalmente me tornei capaz de soltar essas emoções.

"Begin" começa narrando os sentimentos de Jung Kook em relação aos outros membros e a Bang Si-Hyuk ao longo dos anos. Durante a produção, Jung Kook reexaminou os relacionamentos citados e percebeu o quanto tinha amadurecido. Segundo ele:

— Estando perto dos hyungs, comecei a aprender aos poucos. Por exemplo... o que significa estar no palco, o que significa amar, esse tipo de coisas. Acho que amadureci muito, de diversas maneiras. Os membros não me ensinavam coisas específicas, mas consigo ver partes deles na minha fala e nas minhas ações. Via eles fazerem música, como gesticulavam nas entrevistas, e percebi que aprendi coisas. As ideias de SUGA, as palavras de RM, as ações de Jimin, o estilo único de V, a alegria de Jin, o otimismo de j-hope... Coisas assim acabaram me formando.

— É como se... a cada álbum novo,
desafios e novidades aparecessem.
Uau, tem tanta coisa que eu não sei,
tanto que eu ainda posso aprender.
E vou continuar fazendo isso no futuro.

— j-hope

Da perspectiva de um álbum conceitual, "Begin" era ainda mais significativa no contexto de *WINGS*. Se "Intro : Boy Meets Evil" era a porta de entrada para o álbum e "Blood Sweat & Tears" mostrava o caráter único das novas músicas, "Begin" assinalava o começo das músicas solo, em que os membros exibiriam suas próprias interpretações do tema do álbum. Foi apenas após todos os rapazes se ajustarem a esse novo estágio da carreira que as músicas de units[1] tiveram início: "Lost" (dos vocalistas) e "BTS Cypher 4" (dos rappers), que são seguidas de "Am I Wrong", que traz todos os membros juntos.

Como um todo, *WINGS* foi uma jornada ao longo da qual o grupo passeou pela ideia de ser um time, indivíduos e units, tudo dentro do mesmo conceito, além de conter, em um único tom, as sete narrativas dramáticas de cada um dos membros. Enquanto "Intro : Boy Meets Evil" leva a "Blood Sweat & Tears", que leva às sete músicas solo, as histórias dos membros e a música deles constituem um flow constante que amplifica a mensagem do álbum.

"Begin" é seguida por "Lie",[*] música solo de Jimin, que detém a paisagem sonora sombria das músicas anteriores, mantendo o tom constante do álbum. Jimin, contudo, enfrentou um desafio bem diferente de j-hope em "Intro : Boy Meets Evil".

Me acorde desse inferno
Não consigo me livrar dessa dor
Me salve dessa punição

1 Units são sub-grupos formados dentro do grupo prinicipal. Elas podem ter dois, três ou mais componentes que possuem alguma característica comum. [N. da T.]

O desespero e a angústia presentes em "Lie" marcam a primeira vez que Jimin expressou suas emoções mais profundas em uma música. Segundo ele:

— Tive reuniões com Bang Si-Hyuk para conversarmos sobre a direção que tomaríamos, e acabei contando a ele coisas guardadas no meu coração. E foi Bang Si-Hyuk quem puxou a palavra "lie" [mentira] para mim, como um reflexo de sentimentos que tinha quando era mais novo, uma criança que fazia de conta que sabia de tudo... e continuamos conversando até que a letra apareceu.

Não foi fácil para Jimin embarcar em seu turbilhão pessoal de emoções logo em sua primeira música solo. Segundo ele:

— Para ser honesto, quando a música foi produzida... não queria cantar. Porque ela lida com temas muito profundos. Na época, eu estava pensando em uma música mais pop e mainstream, então entreguei para Pdogg uma música em que minha voz era ouvida com nitidez. E essa música era muito diferente de "Lie" (risadas).

Mas Jimin também explica que foi por isso que ele conseguiu aperfeiçoar a canção.

— Mas é exatamente por isso que "Lie" nasceu. Eu só consegui cantar aquela música porque fui uma criança estranha que não entendia muito bem as emoções.

"Lie" apresentou múltiplos desafios. Jimin não só teve de trazer à tona sentimentos que manteve em segredo, como também precisou apresentar publicamente música e composição próprias pela primeira vez, além de descobrir um novo método de autoexpressão. Segundo ele:

— Demorei muito na produção. Só a gravação levou mais de duas semanas. Gravei tudo, depois joguei fora e comecei de novo, mudei o tom... e continuei, demorou muito, muito tempo.

Contudo, apesar das dificuldades, embarcar em "Lie" permitiu que Jimin descobrisse um novo potencial em si próprio.

— Conversamos sobre a letra, e no começo eu não estava satisfeito, mas... não significa que eu não tenha aprendido a gostar dela, porque enquanto eu ensaiava a música e aprendia a coreografia, senti uma emoção curiosa. Acabei me apaixonando pela música e gostei de apresentá-la.

A performance de "Lie",* divulgada depois do anúncio de *WINGS*, trazia uma faceta nova de Jimin. Incorporando muitos elementos da dança contemporânea que ele havia estudado durante o ensino médio, os movimentos de Jimin refletiam a letra da música e se mesclaram para expressar coesão, intensificada com as expressões faciais. Apenas dois anos antes disso, Jimin tinha feito a apresentação marcante em que rasgava a camisa no palco do MAMA 2014. Em "Lie", ele usou a dança para expressar as emoções de uma pessoa devastada pela escuridão em seu coração.

O estilo vocal de Jimin se desenvolveu nesse processo de evidenciar emoções mais complexas e logo influenciou todo o grupo. Ao projetar sua voz fina e frágil sob os holofotes, e adicionar uma camada sombria, Jimin desenvolveu uma nova voz única com um charme arrebatador — que ele usou para conseguir o efeito poderoso da primeira parte de "Blood Sweat & Tears", ditando instantaneamente o tom da música. Segundo ele:

— Gravar "Lie" foi tão difícil que lembro de ter aprendido "Blood Sweat & Tears" no meio das sessões de "Lie".

Jimin resume o que aprendeu do período:

— O tempo foi passando e não gostei de cantar apenas com aquele estilo de voz. Até fiquei nervoso pensando, *É só isso que vou poder mostrar?*

Os desafios que o assustavam a princípio fizeram com que, aos poucos, Jimin se tornasse mais ambicioso, determinado a enfrentá-los.

V se viu diante de obstáculos diferentes dos colegas. Lançar a música solo já era desafiador, e ele ainda estava em jornada dupla com as gravações de *Hwarang* e do novo álbum. A pressão de uma música solo era imensa, segundo ele:

—— A responsabilidade era muito maior do que eu imaginava. Se eu não gostasse da música, achei que ficaria nítido nas apresentações. Por isso me esforcei muito para amar "Stigma". Durante a produção, ouvi com atenção e me preparei. Porque eu tinha essa sensação forte de que eu não era bom o suficiente e precisava trabalhar mais. Principalmente se eu quisesse que a música se destacasse nas apresentações.

O esforço de V para "Stigma" deu resultados.• A música trouxe um vocal com estilo de jazz que ele sempre amou, e permitiu que ele mostrasse uma voz mais grave e pesada do que normalmente fazia. Essa abordagem ajudou a unificar o álbum sob um tema maior, e a melodia mais solta da música se mesclou bem com a faixa seguinte ("First Love", de SUGA). O falsete de V no refrão impactou os ouvintes, adicionando mais uma camada de complexidade no álbum, com sua influência lânguida do jazz. Segundo V:

—— O falsete foi *ad lib*, improvisado. A música não precisava daquilo, mas não importava quantas vezes eu a ouvisse, eu a achava chata... A empresa disse que a última gravação estava boa, mas não parecia se destacar, por isso em perguntei: "Pensei em um *ad lib*, posso tentar?" e fiz, a resposta foi positiva, então acabou ficando na versão final. Fiquei feliz de conseguir fazer pelo menos aquela parte se destacar (risadas).

•

— (...) enquanto eu ensaiava a música e aprendia a coreografia, senti uma emoção curiosa. Acabei me apaixonando pela música e gostei de apresentá-la.

— Jimin

Durante a produção de "Stigma", V aprendeu a apresentar melhor sua voz e suas preferências musicais, e isso se desenvolveria ainda mais nos trabalhos futuros como "Intro : Singularity" e "Blue & Grey". Assim como em "Stigma", V continuaria a vislumbrar ideias para seu trabalho e a deixar que a ambição o levasse. Ele explica:

—— Eu... acho que sou ganancioso pelo palco. Algumas pessoas podem pensar que "ganância" não é uma palavra legal, mas, para um artista, ser ganancioso pelo palco é a melhor coisa possível. É essa ganância que me leva a fazer música.

Enquanto V aprendeu a se definir como artista, SUGA encontrou um problema oposto: falar sobre uma relação de amor e ódio com a música. Ele relembra:

—— Enquanto eu estava trabalhando em "First Love",[•] também estava trabalhando na minha primeira mixtape. Então, "First Love" e "So Far Away" (Feat. SURAN)[••] são músicas que funcionam juntas. Para ser sincero, enquanto trabalhava pensei, *Ah, não quero fazer música* (risadas). *No fim, eu nem gosto de música. Eu detesto música.* Eu estava fazendo aquilo porque música era a única coisa que eu conhecia, mas eu achei mesmo que não queria fazer aquilo.

As preocupações de SUGA estavam diretamente ligadas ao motivo de *WINGS* ser crucial para o BTS: ele foi a busca por uma direção depois do sucesso da série THE MOST BEAUTIFUL MOMENT IN LIFE. SUGA continua:

—— Foi um desgaste emocional muito grande. Uma hora minhas emoções chegavam ao fundo do poço, e depois, de repente, subiam loucamente... Achei que eu não tinha sido muito afetado pela pressão, mas olhando agora, tudo isso aconteceu por conta

•

••

> da pressão. Enfim, eu tinha feito um grande sucesso, e tinha que continuar me saindo bem. Eram essas as questões que me afligiam na época. Porque se eu tropeçasse, eu achava que cairia.

A obra-prima de SUGA, a série THE MOST BEAUTIFUL MOMENT IN LIFE, tinha sido um enorme sucesso. A primeira mixtape, *Agust D*,[2] foi lançada dois meses antes de *WINGS*, em agosto de 2016, e foi uma chance para que ele confrontasse as emoções que haviam se acumulado em seu coração desde que começara a carreira na música.

Naquele momento, SUGA já poderia dizer que havia conquistado tudo o que desejara como trainee. Mas a música, assim como a vida, era uma viagem sem fim. Por causa de "First Love", ele teve a chance de refletir sobre o que o levou ao caminho da música: o piano que ele tocava na infância. Olhando para seu próprio passado, ele pensaria sobre a música e tudo que deu forças para ele durante os anos.

Segurando aquele ombro destroçado e dizendo,
"Eu não consigo mais fazer isso"
Toda vez que eu tentava desistir, você estava ao meu lado dizendo
"Ei, cara, você consegue. Não tenho dúvidas"

Ainda que ele tenha conseguido um sucesso enorme, o triunfo foi diminuído pelo medo. SUGA escolheu enfrentar o medo ao expor a música que o formou, e assim foi capaz de colocar em palavras seus sentimentos.

2 Na época, as mixtapes dos membros do grupo eram lançadas no SoundCloud. Algumas dessas mixtapes estão disponíveis hoje como álbuns solo nas plataformas de streaming.

— Foi quando comecei a chamar música de "trabalho". Antes disso, eu dizia que a música era muito preciosa, e eu acreditava mesmo nisso. Então como eu poderia me aproximar dela casualmente, sabe? Foi então que comecei a pensar nela como trabalho, de propósito. E eu achei que odiava música. Por um tempo, não ouvi muita coisa. Mas ao mesmo tempo, não queria que meu espectro musical diminuísse, então eu ouvia um monte de uma vez...

SUGA faz uma leve pausa antes de continuar:

— Mas recentemente, conversando com algumas pessoas, percebi que eu só falava de música (risadas). Encontrei alguém bem mais velho que eu, do ramo da música, e essa pessoa disse que parecia que eu amava música.

Uma das questões mais intrincadas para SUGA durante a composição de "First Love" era onde colocá-la no álbum. Ele queria se certificar de que a música continuaria o tom sombrio e melancólico das faixas anteriores, mas que também mudasse o flow do álbum. A solução foi começar mais sombrio, com uma melodia serena de piano como fundo para um rap quase narrado, e adicionar aos poucos instrumentos de cordas, como violino e violoncelo, em um final explosivo.

A tentativa de SUGA de ver a música como profissão foi sua forma de honrar tal arte. Dedicado a esse processo, ele aprendeu a se expressar de maneira ainda mais profunda e diversa.

Enquanto "First Love" revelava o fluxo mais dramático do álbum, a música seguinte, "Reflection",• de RM, era a contribuição mais tranquila e reflexiva do disco. Bem no meio das 15 faixas, a direção criativa de RM seguiu para um momento necessário de reflexão, tanto para ele quanto para o BTS. RM fala sobre o timing do álbum:

— Por causa de tudo o que aconteceu a partir do final de 2015, aquele foi o momento em que a minha confusão atingiu o auge.

RM se refere tanto ao aumento da popularidade do grupo quanto ao aumento das críticas e do cyberbullying. Essa era a razão de RM, por um tempo, gostar de dias nublados, principalmente os chuvosos.

— Era bom quando chovia. Amava como eu podia ficar perto das pessoas, como o guarda-chuva cobria meu rosto, elas não me viam. Naquela época eu queria ter a sensação de "fazer parte do mundo".

"Reflection" começa com o som ambiente de uma rua movimentada, e a voz de RM é um farol límpido e solitário naquela paisagem sonora. A sensação é de estar cercado de pessoas, mas ainda assim isolado.

— É como se eu estivesse com elas, mas também sozinho, me perguntando, *O que é isso?* Estávamos nos saindo realmente bem, e eu ainda estava trabalhando, mas é como se cavasse o chão sozinho... Era muito paradoxal. Mas estar com os outros membros me fazia rir. Então eu podia deixar esses sentimentos de lado e rir com eles.

As pessoas parecem mais felizes no escuro do que na luz do dia
Todos sabem onde precisam estar
Só eu estou andando por aí
Mas me sinto mais confortável quando me misturo
Ttukseom engole a noite, me entrega um mundo completamente novo

"Reflection" resume os sentimentos conflitantes de RM. E apesar da confusão entre solidão e a busca por pertencimento, ele sempre contava com sua amizade com os outros membros. Ao enfrentar suas emoções e mergulhar em seus pensamentos, RM começou a se entender melhor e a colocar a si em sua música.

"Reflection" foi a primeira peça de uma série contemplativa. Sua primeira mixtape, *RM*,[•] lançada em março de 2015, foi sucedida por *mono.*,[••] que estava repleta de músicas que contrastavam com as primeiras. Segundo RM:

— A maioria das músicas de *mono.* foram feitas entre 2016 e começo de 2017. Lapidei elas e lancei depois. Então, quando lancei a mixtape, em outubro de 2018, até cheguei a pensar, *Preciso lançar isso agora?* Mas, apesar dessa sensação, pensei, *Preciso encarar a pessoa que eu era, não posso fugir do meu passado.*

Assim como os outros membros passaram por suas jornadas pessoais, RM também aprendeu mais sobre si próprio nesse período turbulento.

— Olhando para trás... de algum jeito, foi naquela época que eu me descobri como profissional. Pela primeira vez, essa ideia de um adulto com uma carreira própria estava começando a aparecer.

Enquanto isso, em algum momento, RM começou a não gostar de dias chuvosos e parou de visitar o parque Ttukseom.

Quando inserida no contexto das faixas solo, de "Begin" de Jung Kook a "Reflection" de RM (isso é, a série de músicas que começa com uma pessoa contemplando o passado e termina com uma pessoa contemplando o presente), "MAMA"[•••] de j-hope parece completamente diferente do que quando ouvida sozinha.

Viajando no tempo para 2006, aquele ano
Doido pela dança, minha mãe teve que segurar as pontas

Assim como as outras músicas solo, "MAMA" lidava com a relação de j-hope com a mãe e com a dança, e relatava sua trajetória. Mas no contexto do álbum como um todo, "MAMA" também aponta para as raízes de uma pessoa que atingiu a maturidade. Segundo j-hope:

—— Na época, tanto eu quanto a empresa pensamos que era aquilo que eu deveria falar. Era um momento em que era necessário.

A decisão de j-hope de falar de sua mãe estava ligada às circunstâncias do BTS na época. Ele continua:

—— Esse grupo chamado BTS começava a receber atenção internacional, então comecei a procurar os motivos pelos quais eu tinha chegado tão longe. Dei graças a minha família, e pela minha família; minha mãe me ajudou muito, então queria falar sobre ela. Era uma coisa que só eu poderia expressar naquele momento, só aquela versão de mim conseguiria.

A ponderação de j-hope a respeito da família e do papel dela em si próprio enquanto membro do BTS refletia a jornada do grupo como um todo. Mas, ao mesmo tempo, "MAMA" foi um ponto de virada no álbum, mudando de uma reflexão sobre os medos e as preocupações dos membros para um tom mais alegre e otimista. Saindo do tom sombrio e confuso de "Intro : Boy Meets Evil" para a batida alegre de "MAMA", j-hope criou o raio de esperança no teor melancólico do álbum. Na turnê de 2017, BTS LIVE TRILOGY EPISODE III: THE WINGS TOUR, que aconteceu após o lançamento do álbum, "MAMA" injetava a dose certa de energia, sinalizando a transição para batidas mais alegres. Segundo j-hope:

—— Queria que parecesse um musical. É a história da minha mãe, e para a performance, queria ser puro e deixar que a coreografia expressasse a música. Eu teria que executá-la nos shows, então levei isso em consideração enquanto estava fazendo a música.

Enquanto as músicas solo permitiram que cada membro do BTS explorasse suas perspectivas pessoais com mais profundidade, elas também desempenharam um papel importante no conjunto do álbum. A música solo de Jin, "Awake",* foi a que mais mostrou a ideia de servir a um propósito maior.

Espécie de epílogo para as músicas solo, "Awake" começa com um prelúdio sereno de orquestra, que combina os diferentes estilos das músicas solo anteriores. O verso "Estou apenas andando e andando nessa escuridão" foi um resumo dos obstáculos enfrentados e superados pelos membros em suas músicas solo.

Ao mesmo tempo, "Awake" foi um prólogo pessoal para Jin, que levou ao novo estágio de sua vida. Assim como com os outros membros, a produção do álbum aconteceu simultaneamente a questões pessoais.

— A música "Awake" se encaixava perfeitamente à minha vida. Sendo sincero, andava um pouco deprimido na época. Foi um momento em que me questionei, *Eu consigo mesmo fazer bem esse trabalho?* Todas as minhas outras preocupações desapareceram, então estava agoniado com essa.

Não acredito nisso
Só estou tentando me segurar
A única coisa
Que eu posso fazer

Segundo Jin:

— Eu precisava melhorar, mas ainda não tinha a habilidade. Mesmo assim, queria fazer alguma coisa... Era o que se passava na minha cabeça na época. Olhar para os outros membros me deixava com inveja. Eles conseguiam fazer melodias, e também escreviam as letras.

As preocupações de Jin se deviam a suas circunstâncias. Ele ainda não tinha feito uma música própria, e entrar na composição de repente não era uma tarefa fácil.

— Até aquele período, eu não tinha visto os outros membros compondo. Dá um pouco de vergonha, sabe? Quando você quer gravar com a batida tocando, você precisa cantar alto... Os outros sempre diziam que não conseguiam produzir nada se estivessem trabalhando no espaço comum.

"Awake" representa as circunstâncias radicalmente diferentes que o BTS viveu depois da série THE MOST BEAUTIFUL MOMENT IN LIFE, e as ansiedades também diferentes que enfrentaram. Ao alcançarem sucesso comercial, as preocupações de Jin começaram a se fixar em seu papel criativo no time. E, assim, as coisas melhoraram:

— Foi quando compus pela primeira vez. Havia um estúdio vazio, então acabei tentando.

Jin começou inserindo uma melodia na batida.

— Não sei como as outras pessoas fazem, mas me disseram para começar ouvindo a batida e depois cantando a melodia que eu queria, então segui esse conselho.

Foi nesse processo que criou "Awake". Segundo Jin:

— O segundo andar do prédio Cheonggu foi todo transformado em estúdios, então me sentei lá com a batida que eu tinha recebido, ela tocava de fundo e eu cantarolava junto... Naquele dia, tínhamos combinado de comer fora, e a melodia que veio na minha cabeça dez minutos depois me fez pensar, *Uhm... isso não parece ruim*. Então gravei no meu telefone e mostrei para RM e para outro hyung compositor, e eles me disseram que estava boa.

Ainda que Jin estivesse nervoso no começo, a resposta positiva o deixou mais confiante.

—— O hyung compositor trouxe uma melodia diferente para o refrão, mas era minha primeira música, e minha confiança aumentou, então falei com um monte de gente, inclusive com o Pdogg, e acabei conseguindo manter minha melodia. Convenci todo mundo assim: "Seria ótimo se eu pudesse cantar a melodia que eu fiz" e "Se não for uma melodia horrível, eu quero mesmo usá-la".

Quando a melodia de "Awake" foi decidida, Jin começou a experimentar. Foi esse processo de inseguranças que o levou à letra, uma reflexão sobre o que acontecia no período.

—— Eu estava compondo com base nas discussões que andava tendo com Bang Si-Hyuk sobre minha música solo, e depois pedi ajuda ao RM. Mostrei a ele o que tinha escrito e disse: "Quero uma letra que traga essa sensação, não quero ficar tentando achar outra coisa".

Ao trabalhar em sua faixa solo, Jin realmente chegou ao ponto de se sentir desperto [*awake*]. Os olhos dele se abriram.

—— Continuei ensaiando "Awake" por uma ou duas horas por dia sozinho no estúdio. Depois cantei a música na turnê, e ela tinha melhorado muito.

Por fim, na turnê de 2017, Jin cantou sua música solo ao vivo, para seus fãs, e sentiu uma emoção completamente nova.

——— No primeiro dia de show, foi maravilhoso cantar "Awake". Era a primeira vez que eu cantava uma melodia própria, e era minha primeira música solo. Era como se eu estivesse no palco e tudo tivesse sido preparado por mim. Foi aí que entendi como os outros membros se sentiam. Como era bom cantar sua própria música para o público.

As experiências de Jin também refletiam a jornada do BTS durante a produção de *WINGS*. Cada membro enfrentou suas próprias lutas e, no processo, aprendeu mais a respeito de si mesmo. Essa passagem do livro *Demian*, de Herman Hesse, resume o período da carreira deles:

A ave sai do ovo.
O ovo é o mundo.
Quem quiser nascer tem que destruir um mundo.

Outro nível

Bang Si-Hyuk gostava da expressão "outro nível", e ele a usava para descrever o BTS para seus amigos antes do debut, para descrever as performances incríveis, e também para descrever o futuro do grupo.

— Era a primeira vez que eu cantava uma
melodia própria, e era minha primeira música solo.
Era como se eu estivesse no palco
e tudo tivesse sido preparado por mim.
Foi aí que entendi como os outros
membros se sentiam. Como era bom
cantar sua própria música para o público.

— Jin

Ainda que não fique muito nítido como ele previra que esse novo grupo de idols vindo de uma empresa minúscula chegaria a outro nível, é provável que o sucesso explosivo tenha ido além das previsões iniciais de Bang, já que o sucesso incrível do BTS depois do debut só poderia ter sido previsto por um exímio profeta. Mas o que ficou bem nítido era que Bang esperava que *WINGS* levasse o BTS a um nível ainda maior, porque nada mais poderia explicar o que ele fez antes do lançamento do álbum.

Enquanto os membros começavam a se preparar para o lançamento, a Big Hit Entertainment também começou a trabalhar em *WINGS Concept Book*, uma publicação impressa que registraria o making-of. Publicado em junho de 2017, o livro contém reflexões genuínas dos membros e suas emoções durante os preparativos para o lançamento do álbum, além de um registro de todo o processo de produção, desde as primeiras reuniões de planejamento até os shows de Seul em 2017. O livro contém até fotos de todos os figurinos usados pelos rapazes.

Essa era uma atitude arriscada para os padrões do K-pop, ainda mais porque o álbum *WINGS* ainda não tinha sido lançado quando o livro começou a ser produzido. Seria muito mais lógico que eles reservassem alguns dias da agenda dos idols para uma sessão de fotos. Não havia um bom motivo para que uma empresa lançasse um livro tão grande e volumoso (acompanhado de uma caixa) que retratava metade do ano de um grupo de K-pop, da produção do álbum a turnê.

O mesmo pode ser dito da série documental *Burn the Stage*,• idealizada junto do livro e disponibilizada no YouTube no ano seguinte.[3] A Big

3 *Burn the Stage* foi lançada em março de 2018 como uma série documental de oito episódios no YouTube, e depois foi compilada no filme *Burn the Stage: The Movie* (com cenas inéditas), que foi lançado simultaneamente em mais de 70 países em novembro do mesmo ano. Essa série deu origem a outros documentários similares que acompanhavam a turnê do grupo e outras atividades, como *Bring the Soul* (2019), *Break the Silence* (2020) e *BTS Monuments: Beyond the Star* (2023).

Hit Entertainment seguiu de perto a turnê internacional do grupo, capturando tudo o que acontecia nas apresentações. O documentário não tentou esconder os membros colapsando de exaustão, ou suas discussões uns com os outros sobre a performance. Essa era outra ruptura do padrão do K-pop, cuja química dos membros — o quão próximos eles eram — era considerada, tanto pelos fãs quanto pelas empresas, um elemento fundamental para o sucesso. Por que investir tanto tempo e dinheiro para mostrar os artistas passando por dificuldades e conflitos internos?

No fim das contas, existia um método na aparente loucura da Big Hit. O lançamento do álbum *WINGS* foi seguido pela publicação de *WINGS Concept Book*, que coincidiu com a produção da série documental e do filme. Foi nesse ponto que o nome BTS ganhou mais um significado além de "Bulletproof Boy Scouts", "Beyond the Scene" [para além da cena]. Essa nova identidade foi revelada em 5 de julho de 2017,* fazendo com que o nome do grupo ficasse mais fácil de ser lembrado tanto para fãs coreanos como internacionais, expandindo assim o escopo do grupo.

Esse era o futuro que a Big Hit Entertainment tinha em mente para o BTS: um fenômeno internacional que qualquer pessoa no planeta reconheceria. Artistas de tamanha magnitude que valeria a pena registrar sua carreira em livros grandes e volumosos, com caixa.

A popularidade do BTS cresceu vertiginosamente após a série THE MOST BEAUTIFUL MOMENT IN LIFE. Mas fãs apaixonados e bons números no Twitter e no YouTube não necessariamente levariam a um sucesso tangível. Idols coreanos já haviam desbravado o mercado internacional, e o nicho continuava a se expandir no YouTube. Mas esses sucessos eram muito calcados no mercado asiático, e as tentativas do K-pop de atravessar tal barreira não ganhavam muita tração.

Entretanto, a Big Hit Entertainment se movimentava como se soubesse que os “garotos à prova de balas” logo seriam chamados para premiações internacionais sob o nome BTS.

“Blood Sweat & Tears”* era um forte indício do intuito da empresa, já que continha elementos de apelo aos fãs do grupo e a novos ouvintes. Assim como em “Dope”, “Blood Sweat & Tears” começava com o ponto alto da música, para logo fisgar a atenção do ouvinte, e usava a batida *moombahton* que era tendência internacional.

Os vocais, entretanto, marcavam o contraste: os membros mantiveram a delicadeza da abertura de Jimin durante toda a canção, e suas vozes foram acentuadas por uma mixagem e um reverb de bom gosto que adicionaram um tom ainda mais sombrio à faixa. A batida parecia trazer empolgação, mas os rapazes realizando as performances no palco pareciam tremer frente à tentação. “Blood Sweat & Tears” oferecia algo para todo tipo de ouvinte, desde o ARMY antigo que se apaixonara pelo aspecto sombrio e dinâmico do BTS, até ouvintes sul-americanos que nunca tinham visto nada do grupo.

Quando percebeu que tudo isso estava contido na palavra “tentação”, Bang Si-Hyuk começou a pensar no que constituía “Blood Sweat & Tears”. Assim como o BTS chegou ao sucesso e adentrava um novo mundo, alguém jovem iniciando a vida adulta enfrentava diversas escolhas, muitas das quais seriam tentações que o deixaria mais longe de seus objetivos. Expressar tamanha confusão entre prazer e dor, entendê-la como tentação, foi a peça que faltava para aperfeiçoar “Blood Sweat & Tears”.

Enquanto “Dope” mostrava os rapazes sempre em movimento, com coreografias dramáticas que não deixavam tempo para respirar, “Blood Sweat & Tears” os mostrava quase parados, a performance focava em seus rostos, ou nas mãos que percorriam o corpo deles, e nos gestos que lembravam um enforcamento. O motivo para o estilo dessa performance pode não ser visível para quem não conhecesse as outras músicas do álbum nem a narrativa do grupo, mas o tom da performance seria nítida até mesmo para os novos espectadores. Essa performance trabalhava com o sex appeal.

Ao juntar uma gama de elementos complexos, "Blood Sweat & Tear" era uma mistura intuitiva de mensagens múltiplas. Não havia dúvidas de que o sex appeal era o principal tempero da performance, mas em uma reversão das tendências do K-pop, os membros não eram a tentação, eram os que sofriam com ela. E quando os fãs mergulhavam nos significados escondidos, um por um, tanto na letra quanto na simbologia do MV, eles não precisavam mais escrever "방탄소년단", "Bangtan Boys" ou "Bulletproof Boy Scouts" nos mecanismos de busca. Agora só era preciso digitar BTS.

Os fãs coreanos não eram os únicos digitando "BTS" nos mecanismos de busca. O álbum *WINGS* registrou uma venda líquida de 751.301 unidades em 2016, sendo o principal álbum do Gaon Chart naquele ano e triplicando o desempenho de *THE MOST BEAUTIFUL MOMENT IN LIFE PT.2*, que já tinha se saído muito melhor do que o álbum anterior. *WINGS* também entrou em 26º lugar no top 200 da Billboard (a maior colocação já conseguida por um artista coreano até então) e foi o único álbum coreano a ficar na lista por duas semanas consecutivas.

Mas mesmo tais fenômenos inacreditáveis não explicam por completo o que aconteceu depois do lançamento do álbum. A turnê de 2017, BTS LIVE TRILOGY EPISODE III: THE WINGS TOUR, que começou quatro meses após o lançamento do álbum, levou o BTS a doze localidades do mundo e foi, na realidade, uma turnê mundial. Enquanto a turnê anterior, 2016 BTS LIVE THE MOST BEAUTIFUL MOMENT IN LIFE ON STAGE : EPILOGUE, tinha sido exclusivamente asiática, a turnê de 2017 incluiu Chile, Brasil, Austrália e três cidades dos Estados Unidos.

Levando em conta o início das duas turnês, essa mudança exponencial acontecera em seis meses. O BTS já havia se apresentado nesses países em 2015, com a turnê BTS LIVE TRILOGY EPISODE II: THE RED BULLET, mas os locais dos shows tinham sido minúsculos em comparação aos milhares de ingressos das outras turnês. Em 2017, o BTS se apresentou em estádios nos Estados Unidos, país que não contava com nenhum tipo oficial de marketing do grupo. Quando o BTS chegou no país para os shows, eles eram um fenômeno. A revista *Billboard* acompanhou o show de Newark e começou a matéria da seguinte maneira:

> *Com os leais ARMY animados do início ao fim, a boy band de sete integrantes começou a parte americana da turnê mundial, BTS Live Trilogy Episode III: The Wings Tour, com um show de quase três horas que incorporou os hits mais conhecidos do grupo às músicas introspectivas do fenômeno WINGS.*

Tudo apontava para uma nova era. Mesmo com *WINGS*, o BTS não tinha lançado nenhuma música em inglês nem investido pesado em marketing nos Estados Unidos. Eles também não tinham a influência internacional necessária para que os canais da mídia tradicional levassem seu nome ao público apesar da barreira do idioma, como acontecia com artistas americanos e britânicos.

Apesar disso, cada vez mais pessoas passavam a conhecer o BTS, e a procurar o grupo no Twitter e no YouTube. Em janeiro de 2017, dois meses antes do trecho da turnê no Chile, a emissora nacional TVN fez uma reportagem com fãs chilenos que passaram a noite na fila para conseguir ingressos para o show. O ARMY do mundo inteiro parecia se espelhar em seus colegas sul-coreanos, se dedicando cada vez mais ao BTS e crescendo exponencialmente.

Tudo o que queremos é amor

Por ironia, o aumento da popularidade não pareceu afetar o BTS; ou melhor, eles não deixaram que essa mudança os afetasse. De acordo com j-hope, o BTS já sabia de sua fama internacional depois de *WINGS*:

—— Os resultados que obtivemos lá, bem, foram um pouco diferentes. A resposta internacional que tivemos foi... foi coisa de outro mundo.

Mas não importava quanto o mundo mudasse, o mundo dos membros continuava o mesmo. Segundo Jung Kook:

—— Bem... da minha parte, eu fazia as mesmas coisas de sempre. E eu tinha que continuar melhorando, e eu me esforçava muito para continuar lançando tantos álbuns, então, sendo sincero, a popularidade não parecia real para mim. Mas foi então que nossos resultados continuaram melhorando, e acabamos vendo os números, e como eles aumentavam, comecei a sentir que eu estava meio atordoado, foi fascinante. Então eu sentia que, *Bem, acho que estou indo bem*. Não queria focar nos números, só queria continuar a fazer o que eu fazia.

V tem uma lembrança semelhante:

—— Eu demorei a perceber quão populares nos tornamos. Só estava feliz em ter um bom momento com os outros membros.

De acordo com Jimin, a atitude era fruto do estilo próprio que o grupo tinha desenvolvido.

—— Pode me chamar de convencido, mas não passei muito tempo pensando em quão populares éramos. Uma vez me perguntaram sobre popularidade e respondi, “Neste momento, seria rude com nossos fãs dizer que não sabemos o quanto somos populares”.[4] Mas antes disso, nunca trabalhamos com a mentalidade de “Epa! Estamos ficando mais populares”. Nosso mundo era limitado ao nosso grupo e aos fãs. E ainda é. Percebemos que os locais dos shows estavam ficando cada vez maiores, mas não tivemos uma ideia real de crescimento de popularidade.

Entretanto, o aumento de popularidade teve um efeito sombrio em SUGA. Ele explica:

—— Tentamos não ver os comentários sobre o nosso trabalho. Ainda mais naquela época. Acho que meu maior receio era, *E se eu ficar convencido e começar a ficar desleixado?*

Levando em consideração tudo pelo que eles tinham lutado até o lançamento de *WINGS*, a atitude de SUGA era inevitável. As letras das músicas das units e do grupo depois das faixas solo falavam isso:

É tão difícil, não sei se é o caminho certo
Estou tão confuso, nunca me deixe sozinho
— *“Lost”*•

4 Durante a coletiva de imprensa para o lançamento do álbum *LOVE YOURSELF 承 'Her'* em 18 de setembro de 2017.

O que estou dizendo, meu bem
Parece bobagem para algumas pessoas, meu bem
Pode mudar seus insultos, meu bem
— "BTS Cypher 4"[•]

Por todos os lugares HELL YEAH
On-line e off-line HELL YEAH
— "Am I Wrong"[••]

—— Algumas pessoas zombavam de nós quando subíamos no palco. Então sabíamos que muitas pessoas ainda eram hostis a nós.

A declaração de SUGA se aplica a diversos momentos, incluindo o MAMA de 2016, um dos maiores prêmios musicais da Coreia. No dia 19 de novembro, duas semanas antes, o BTS tinha recebido um dos três maiores prêmios do MMA (Melon Music Awards), o prêmio de Álbum do Ano: o primeiro grande prêmio do grupo.[•••] No MAMA, eles receberiam o prêmio de Artista do Ano. Mas quando subiram ao palco para receber o prêmio principal como os maiores do ano, eles ainda foram alvos de ódio. Alguns usuários organizavam ataques de cyberbullying quando o grupo tinha um show marcado ou recebia um prêmio.

Jimin conta como se sentiu durante a performance do MAMA:

—— Nos apresentamos com muito orgulho por sermos capazes de mostrar nosso esforço. Acho que muitas pessoas que assistiam pensaram: "Olha só!"

Na verdade, o BTS precisava mesmo de uma apresentação que capturasse a audiência no MAMA. Dois anos antes, na primeira participação do grupo no evento, eles estavam exaustos, desesperados, raivosos e determinados a contra-atacar os olhares frios que recebiam de todos que não pertencessem ao ARMY. Mas agora não havia mais necessidade disso. Ninguém olharia para eles de cima. Eles começaram dividindo uma performance com o Block B, e agora tinham onze minutos só para eles.

Contudo, isso também significava que eles tinham algo a provar: que eles mereciam o prêmio de Artista do Ano, alcançado com o apoio do ARMY ao redor do mundo. Eles precisavam silenciar aqueles que continuavam atacando o grupo, e para isso a apresentação teria que ser mais do que "boa". Eles tinham que criar algo excepcional.

E o BTS conseguiu atingir tal objetivo. A performance[•] chamou a atenção de todos desde o princípio, era impossível tirar os olhos deles. Jung Kook estava pendurado no ar. Antes que a plateia conseguisse processar esse choque, eles foram impactados por uma poderosa coreografia solo de j-hope, que foi engolido pela escuridão e substituído por Jimin, dançando sozinho com os olhos vendados por um tecido vermelho. E então, j-hope apareceu de novo, dançando em paralelo a Jimin, do outro lado do palco. Quando a música acabou, os sete foram juntos até o centro do palco e apresentaram "Blood Sweat & Tears". Nessa apresentação,[••] V cai no chão e puxa a camisa, expondo as costas, nas quais vemos as feridas de um par de asas arrancadas.

Ao reencenar trechos espetaculares do MV de "Blood Sweat & Tears" no palco, o grupo encantou todo o público no MAMA. Mas "Blood Sweat & Tears" era apenas a peça central de uma apresentação de onze minutos, cheia de visuais e sons impressionantes. A performance inicial de j-hope e Jimin para "Intro : Boy Meets Evil" começou como um par de movimentos isolados que se transformou em uma dança dramática, e a tensão dessa apresentação foi mantida durante "Blood Sweat & Tears" para depois explodir na eletrizante "FIRE", com um grupo de dançarinos. Segundo Jimin:

—— De certa forma, a coreografia daquela apresentação era perfeita para o meu estilo. Tanto nos direcionamentos quanto na energia da música. Então tive a sensação de que eu estava mesmo me esforçando para me expressar com essa música. E fazer isso foi muito bom para mim como performer.

A sensação de realização de Jimin se aplica a todos os membros do BTS. Olhos do mundo inteiro estavam voltados para eles, e o figurino incrível, a composição narrativa impecável e a apresentação cativante fizeram história no MAMA. Eles tinham mostrado ao ARMY e ao não ARMY que eles tinham o que era necessário para encantar a plateia de um evento grande como o MAMA.

Sobre o recebimento do primeiro grande prêmio em 2016, V diz:

—— Era como... Parecia um milagre. Para ser sincero, só ter sido indicado já era incrível. Mas quando recebemos o prêmio, pensei, *Sabia que o Bangtan ia ganhar. Não importa o que as outras pessoas falem, Bangtan vai ganhar.*

E o grupo saiu vencedor do MAMA daquele ano: não só por terem recebido o prêmio principal, mas por se mostrarem dignos de tal prêmio.

—— Fazendo isso, sempre pensei, *Um dia vamos ganhar um prêmio.* Me coloquei nesse grupo chamado BTS, e estava confiante que o grupo ganharia. Era como se estar com essas pessoas permitisse o sucesso.

A confiança inabalável de V nos demais membros foi o que permitiu que o grupo passasse pela onda de ódio.

— Assim como os outros membros, a Big Hit foi minha primeira empresa, e eu debutei nessa primeira empresa. Nunca tinha ouvido falar do que acontece em outras empresas. E é por isso que, quando eu olhava para meus colegas, eu... eu me sentia invencível. Por exemplo, eles eram o tipo de pessoa sobre quem eu podia me gabar na escola, dizendo: "Esses são os meus hyungs". Desde o começo, eles eram como celebridades para mim.

Juntos, eles eram invencíveis. Foi esse senso de solidariedade que uniu o grupo — não só os sete membros do BTS, mas eles e o ARMY. Nesse contexto, *WINGS* era a expressão musical dessa conexão crescente. As músicas solo permitiram que cada um deles confessasse seu medo mais profundo, e as músicas de unit e em grupo, de "Lost" a "21st Century Girl", eram as mensagens do grupo para o mundo, enquanto "2! 3!"* era a mensagem deles para o ARMY.

Como mensagem oficial para o ARMY, "2! 3!" começa com a letra "Vamos andar apenas por caminhos floridos / Não posso dizer essas palavras". Ainda que eles estivessem sozinhos e desconectados no começo, o BTS cantaria junto, para o mundo, sobre sua dor, e assim encontrariam outras pessoas que entenderiam sua música. Mas mesmo cientes de tudo que os fãs fizeram por eles, o grupo não podia prometer que tudo ficaria bem. Apesar disso, a música termina em um tom otimista: "Apague todas as memórias ruins / peguem as mãos uns dos outros e sorriam".

— Era como... Parecia um milagre. Para ser sincero, só ter sido indicado já era incrível. Mas quando recebemos o prêmio, pensei, *Sabia que o Bangtan ia ganhar. Não importa o que as outras pessoas falem, Bangtan vai ganhar.*

— V

WINGS encapsulava a jornada do grupo até o momento em que eles pisaram no palco e fundaram uma comunidade, o ARMY. Parafraseando a letra de "2! 3!", eles não estavam mais lutando sozinhos: eles estavam seguindo em frente, juntos.

Por dias melhores
Porque estamos juntos

Isso marcou o momento em que o BTS e o ARMY se tornaram intrinsecamente conectados. A ligação deles foi além da tradicional entre artista e fandom, eles se tornaram uma unidade muito próxima, que desafiava as definições existentes.

É por isso que a jornada de dois anos entre a série THE MOST BEAUTIFUL MOMENT IN LIFE e o álbum *WINGS* se resume em uma palavra: amor. Quando o BTS recebeu seu primeiro grande prêmio, a emoção que prevaleceu em j-hope não foi triunfo ou realização, segundo ele:

— Foi ali que a sensação de sermos amados chegou ao auge. Por conta daquele prêmio, pensamos, *Passamos por muita coisa,* e, *Trabalhamos muito pesado por isso.*

Jung Kook, que, como os demais membros do grupo, chorou ao receber o prêmio de Artista do Ano no MAMA, olhou para seus colegas e para os fãs na plateia.

— Cara, passamos por muita coisa. Tudo que havíamos feito até aquele momento passou como um flash pela minha cabeça. Essa foi a primeira coisa que me veio à mente, porque os outros estavam do meu lado, e o ARMY nos apoiava da plateia, e tudo aconteceu ao mesmo tempo.

SUGA diz que entendeu exatamente o que o amor dos fãs significava para ele:

—— Agora eu olho a resposta dos fãs ocasionalmente. Na verdade, várias vezes (risadas). Para aumentar minha confiança. Porque tenho a sensação de que preciso saber que sou amado.

O BTS queria o sucesso. Mas quando ele enfim se transformou em realidade, o que eles passaram a desejar foi, ironicamente, amor. Isso é, o amor vindo do ARMY.

Em 2016, Jimin celebrou o aniversário na gravação de um programa musical. Os integrantes do ARMY que compareceram ao local cantaram "Parabéns" e Jimin, pela primeira vez na vida, passou a gostar de seu aniversário.[*] Quando perguntado sobre o assunto, ele diz:

—— Antes disso, meu aniversário era só um dia para receber felicitações, nada além disso. Era uma desculpa para ver os amigos e talvez receber mais atenção (risadas). Era só disso que eu gostava, não tinha muito significado. Mas então, bem diante de mim, vi aquelas pessoas que eu amava, pelas quais eu queria trabalhar bastante, mas eram elas que estavam celebrando o meu dia. Aquela sensação... é difícil de descrever.

E os amigos

Depois do sucesso de 2016, marcado pelas palavras "vitória" e "amor", o BTS começou o ano novo mais uma vez sob os holofotes, e, dessa vez, de forma inesperada: a mídia noticiou que em janeiro de 2017, o

BTS doou 100 milhões de wons[5] para a organização de familiares das vítimas do naufrágio da balsa Sewol.[6]

Por conta desse ato de caridade, as pessoas começaram a cantar "Spring Day"[*] do álbum especial *YOU NEVER WALK ALONE* (spin-off de *WINGS*) em referência à tragédia de 2014. A letra da música começa com a expressão, "Sinto sua falta", e o MV mostra montanhas de roupas, que simbolizariam as mais de 300 vítimas da tragédia — representação que ganhou ainda mais força pelo fato de a maioria das vítimas ser estudantes do ensino médio em uma excursão. O programa investigativo da emissora de TV SBS, *Unanswered Questions*, inclusive usou a música em seu episódio de 2017 que comentava os três anos do acidente.

O BTS nunca forneceu uma explicação oficial para o significado de "Spring Day", a não ser por breves comentários feitos nas coletivas de imprensa do início da turnê 2017 BTS LIVE TRILOGY EPISODE III: THE WINGS TOUR, dizendo que gostariam que os ouvintes interpretassem de sua própria maneira.

De acordo com RM, "Spring Day" começou como uma mensagem para os amigos:

—— Quando compus essa música, lembro de tentar escrever para os meus amigos. Amigos que não estavam mais ao meu lado, ou que eu só via de vez em quando, presenças tão distantes que é quase como se estivéssemos em lugares diferentes, mesmo que sob o mesmo céu.

SUGA, outro compositor de "Spring Day", é mais específico:

—— Eu me ressentia muito dos meus amigos.

5 Aproximadamente meio milhão de reais na cotação de maio de 2023. [N. da T.]

6 O acidente aconteceu em 16 de abril de 2014. A balsa transportava, em sua maioria, estudantes e professores que iam de Incheon para a ilha de Jeju, tradicional destino de férias entre os coreanos. [N. da T.]

YOU NEVER WALK ALONE

THE 2ND SPECIAL ALBUM
2017. 2. 13

TRACK

01 Intro : Boy Meets Evil
02 Blood Sweat & Tears
03 Begin
04 Lie
05 Stigma
06 First Love
07 Reflection
08 MAMA
09 Awake
10 Lost
11 BTS Cypher 4
12 Am I Wrong
13 21st Century Girl
14 2! 3!
15 Spring Day
16 Not Today
17 Outro : Wings
18 A Supplementary Story : You Never Walk Alone

VIDEO

"Spring Day"
MV TEASER

"Spring Day"
MV

"Not Today"
MV TEASER

"Not Today"
MV

Ele continua:

—— Porque eu não podia vê-los, mesmo que eu quisesse muito.

Depois, SUGA citaria a letra de "Spring Day" em "Dear My Friend" (Feat. Kim Jong-wan of NELL),[•] que faz parte de sua mixtape de 2020 chamada *D-2*, dando a entender que as duas músicas seriam sobre o mesmo amigo. De acordo com ele, o amigo era "alguém que eu considerava demais". Mas muitas coisas aconteceram entre eles, e os dois acabaram se distanciando para nunca mais se encontrar. Em certo momento, quando a saudade apertou demais, ele chegou a falar com conhecidos para se reaproximar do amigo. Infelizmente, o encontro não aconteceu.

—— Quando eu estava passando por um momento difícil, aquele amigo era o único em quem eu podia confiar... Quando eu era trainee, conversávamos e eu perguntava, chorando: "Você acha que eu vou mesmo debutar?", e depois fazíamos promessas como: "Vamos conquistar o mundo juntos!". E agora me pergunto o que esse amigo está fazendo... É por isso que tenho ressentimentos.

SUGA sofreu bastante antes de "Spring Day", mas o sofrimento o levou longe. Infelizmente, seu velho amigo não estava mais ao seu lado. Para ele, "Spring Day" era um jeito de lidar com as emoções que queimavam em seu coração por todos aqueles anos. A música que veio disso se tornou um conforto para ele.

—— Naquela época, não me lembro qual tinha sido a última vez que tinha me sentido daquele jeito com uma canção... Na época eu não sabia, mas agora eu sei.

Você sabe tudo
Você é meu melhor amigo

A manhã vai chegar
Nenhuma escuridão dura para sempre

SUGA não foi o único a se sentir reconfortado por "Spring Day". O desastre da balsa Sewol deixou uma marca irreparável no país, e a primavera já não era mais apenas um momento de calor e descanso. O mês de abril se tornou o "mês mais cruel" para aqueles traumatizados pelo acidente. Segundo RM:

—— Ao estudar arte, descobri que muitos escritores falam sobre a primavera como uma estação cruel. No poema "A terra devastada", T. S. Elliot diz: "Abril é o mais cruel dos meses". Ao ler essas palavras, pensei, *Por que a ideia de a primavera ser cruel nunca passou pela minha cabeça?* Mas a primavera também pode ser encarada como algo que acontece no fim do inverno. E "Spring Day" é sobre sentir saudade de alguém... É por isso que as pessoas gostam dela.

De fato, "Spring Day" se tornou um símbolo da estação para os coreanos. Até hoje, a música continua na playlist de Top 100 da Melon, e sempre conquista posições mais elevadas no começo de cada primavera — um exemplo de sua popularidade duradoura. A esperança que RM incutiu na música floresceu lindamente:

—— Queria fazer uma música que tivesse uma longa duração no país.

As lembranças de RM sobre o processo de produção mostram o destino agindo em cada aspecto de "Spring Day". Segundo ele:

—— Até hoje, é uma experiência única, mas quando eu escrevi a melodia, eu já sabia, *É isso*. Músicos experientes dizem que algumas músicas surgem do nada em cinco minutos, e, para mim, "Spring Day" foi exatamente assim.

O período entre a doação aos familiares do desastre da Sewol e o lançamento de *YOU NEVER WALK ALONE* foi um ponto de virada na carreira do grupo. "Spring Day" não fazia referência direta ao acidente, mas era — e continua sendo — uma música universal para consolo e apoio para quem passou por incidentes como aquele. Ao mesmo tempo, a doação demonstrou a determinação do grupo em cumprir seu papel como membros da sociedade.

"Not Today",* outra música inédita do álbum, enviava uma mensagem de apoio a todos os "perdedores do mundo".

Até o dia da vitória (lute!)
Nunca se ajoelhe Nunca se desfaça

Da série THE MOST BEAUTIFUL MOMENT IN LIFE até os álbuns *WINGS* e *YOU NEVER WALK ALONE*, o BTS cantou sobre indivíduos que se sentiam desconectados e sem um senso de comunidade. Era uma jornada de crescimento, durante a qual adolescentes aprendiam a olhar para além de si mesmos e ver a vida de outras pessoas. Na verdade, o BTS encontraria ainda mais maneiras de contribuir com o planeta.

Parte dessas ações nasceram do desejo de devolver ao ARMY um pouco do amor e do apoio recebidos, para mostrar aos maiores fãs do BTS que agora o grupo poderia liderar. Eles não apenas andavam juntos — agora eram pioneiros, forjando um novo caminho. O BTS passara da fase de contar suas próprias histórias e ouvir suas próprias vozes, e agora procuravam causas significativas nas quais se empenhar.

RM fala sobre como o grupo percebia o mundo a sua volta:

— Seja pelas pessoas que ouviam nossas músicas ou por mim mesmo, eu me cobrava a "ter algo para dizer ao mundo". Afinal de contas, comecei ouvindo Nas e Eminem. De certa maneira, era possível dizer que nos encontrávamos em uma posição confortável e éramos hipócritas, mas sempre existe algo a ser dito...

Quando eles se esforçaram para sair de sua bolha, encontraram um mundo infinito repleto de coisas a serem exploradas — mesmo após serem nomeados Artista do Ano.

CAPÍTULO 5

LOVE YOURSELF 承 'Her'

LOVE YOURSELF 轉 'Tear'

LOVE YOURSELF 結 'Answer'

A FLIGHT THAT NEVER LANDS

UM VOO QUE NUNCA POUSA

LOVE YOURSELF 承 'Her' THE 5TH MINI ALBUM

A FLIGHT THAT NEVER LANDS

20 de maio de 2018

No dia 20 de maio de 2018 (horário local), o BTS subiu ao palco do Billboard Music Awards (BBMAs), que aconteceu em Las Vegas, na MGM Grand Garden Arena. Eles apresentariam pela primeira vez a música "FAKE LOVE", a principal do novo álbum, *LOVE YOURSELF* 轉 *'Tear'*, lançado alguns dias antes.

Participar do BBMAs significava muito para o grupo; no ano anterior eles compareceram pela primeira vez à premiação, onde receberam o prêmio de Top Social Artist,[•] e agora finalmente fariam uma apresentação.[••] Pelo segundo ano consecutivo eles receberam o prêmio de Top Social Artist, e *LOVE YOURSELF* 轉 *'Tear'* se tornou o primeiro álbum do grupo a alcançar a primeira posição no top 200 da Billboard. Contudo, foi durante esse período de extrema glória que o BTS também passou por sua maior crise até hoje. Que só veio a público sete meses depois do BBMAs de 2018, na premiação do MAMA em 14 de dezembro.

Naquele dia, o BTS recebeu o prêmio de Artista do Ano pela terceira vez seguida e, no meio do discurso, j-hope disse, com os olhos marejados:

— Eu... Eu acho que ganhando ou não, eu teria chorado. Pelo ano. Por passarmos por tanta coisa, por recebermos tanto amor de todos vocês, gostaria de retribuir de alguma maneira, de verdade... muito obrigado, quero dizer isso neste momento em que estamos todos aqui juntos, para os membros: "muito obrigado.

Jin, que já estava chorando enquanto ouvia os outros membros, disse, com a voz trêmula:

•

••

— Ah, sério… este ano… eu me lembro do começo. No começo do ano, passamos por um período emocionalmente muito, muito difícil. Então… conversamos entre nós sobre se iríamos ou não nos separar… mas acabamos aguentando firme e conseguindo bons resultados… Acho que isso é um alívio… Sou tão grato aos outros membros por termos aguentado firme, e quero dizer o quanto sou grato ao ARMY por nos amar.

"Separação". Essa é a última palavra que vem à mente quando se pensa no BTS hoje, e no começo de 2018 não era diferente. Antes de *LOVE YOURSELF* 轉 *'Tear'*, o álbum lançado em setembro de 2017 (*LOVE YOURSELF* 承 *'Her'*) tinha sido o primeiro a vender mais de um milhão de cópias, e também tinha chegado ao 7º lugar no top 200 da Billboard, posição mais alta já alcançada pelo grupo. Contudo, enquanto o BTS mirava o mais alto possível no céu, os heróis dessa história também se debatiam no fundo do oceano, sem vislumbrar uma saída. SUGA resume o clima do grupo na época:

— Todos nós queríamos dizer "Vamos parar", mas ninguém conseguia, de fato, falar isso.

Bohemian Rhapsody

Ao final de 2018, quando o grupo já tinha superado a crise, RM assistiu ao filme *Bohemian Rhapsody* (2018), que narra a trajetória do lendário grupo britânico Queen. RM conta que muitas das coisas pelas quais o BTS passou vieram a sua mente ao ver o filme:

— Em uma briga com os outros integrantes do Queen, o Freddie Mercury fala que repetir o ciclo "álbum, turnê, álbum, turnê" é exaustivo, sabe? E o Brian May faz um comentário. Quando vi aquela cena, muitas coisas passaram pela minha cabeça.

Na cena, Freddie Mercury é retratado em uma espécie de encruzilhada psicológica. Ele está exausto; devido à enorme popularidade do Queen, a agenda deles é errática, a imprensa continua a escarafunchar a vida pessoal dos integrantes e, como resultado, eles se veem no meio de um grande número de mal-entendidos e críticas. Quando Freddie Mercury diz que não quer mais ter uma vida que só repita o ciclo álbum-turnê, Brian May responde:

É o que as bandas fazem. Álbum, turnê, álbum, turnê.

Tal qual o Queen, o BTS não conseguiria escapar do que "as bandas fazem". Voltando um pouco no tempo, para o período entre o lançamento de *YOU NEVER WALK ALONE* em fevereiro de 2017 e *LOVE YOURSELF 承 'Her'* em setembro do mesmo ano, o BTS tinha feito 32 shows em 10 países como parte da turnê 2017 BTS LIVE TRILOGY EPISODE III: THE WINGS TOUR.

Então, apenas um mês após o lançamento de *LOVE YOURSELF 承 'Her'*, o grupo apresentou os cinco shows restantes no Japão, em Taiwan e em Macau. O show no Japão, no Kyocera Dome Osaka, foi o primeiro a ser realizado em um *dome* desde o debut.

Ainda que isso seja discutido mais à frente, cerca de duas semanas depois, em 19 de novembro (horário local), o BTS se tornou o primeiro artista coreano a fazer uma apresentação solo no palco do American Music Awards (AMAs),[*] um dos três principais prêmios musicais dos Estados Unidos. A premiação aconteceu no Microsoft Theater em Los Angeles, onde o grupo também se apresentou. Além disso, eles participaram de programas de entrevistas nas três principais emissoras dos Estados Unidos, NBC, CBS e ABC.[1] Depois de voltar para a Coreia, o grupo se preparou para diversas apresentações em premiações diferentes, dentre eles o MAMA e o MMA. Eles também fizeram três shows da turnê 2017 BTS LIVE TRILOGY EPISODE III: THE WINGS TOUR, que finalizaria esse período de turnês mundiais. Eles celebraram a chegada de 2018 tendo percorrido toda a preparação e as apresentações especiais de fim de ano das emissoras coreanas, além das premiações, e imediatamente iniciaram os trabalhos do novo álbum, *LOVE YOURSELF* 轉 *'Tear'*.

Quando perguntado sobre as suas impressões da época, Jin levanta um pouco a voz para explicar a pressão e a exaustão que sentia:

—— Quase não tínhamos dias de folga. Então, naquela época, me perguntava se era correto que uma pessoa vivesse tão exausta.

Produção e divulgação de álbuns, depois turnês, incontáveis premiações e apresentações, produzir mais um álbum... Assim como tinha acontecido com o Queen em *Bohemian Rhapsody*, a rotina cobrava um alto preço psicológico ao grupo. Para ser mais exato, o BTS encarava uma dor diferente da do Queen no filme. Porque o BTS vivia uma situação pela qual nenhuma banda britânica ou grupo de idols coreanos havia enfrentado.

Como já mencionado, grupos de idols coreanos já haviam se tornado populares no mercado ocidental antes do BTS. Vídeos de K-pop já eram bastante vistos no YouTube. Contudo, ser convidado para o BBMAs e vencer, ou figurar entre os dez primeiros no top 200 da Billboard com um álbum em coreano: essas conquistas estavam em um

1 O grupo foi convidado para *The Ellen Degeneres Show* na NBC, *The Late Show with James Corden* na CBS e *Jimmy Kimmel Live* na ABC, entre outros programas.

novo patamar. A popularidade do BTS já não tinha paralelos no mercado asiático e agora experimentava a explosão também no ocidente, inclusive nos Estados Unidos.

Durante a turnê, Jin levava o computador para o quarto para jogar. Segundo ele:

— Com os jogos, não parecia que eu estava apenas jogando, mas que aquela era uma oportunidade para conversar pelo chat. Precisava de um tempo fazendo algo que me ajudasse a dormir. Quando estamos fora do país, não tenho muito o que fazer.

Por conta do interesse no grupo, era difícil que eles conseguissem sair do hotel. Jin continua:

— Quando o show acabava, eu comia alguma coisa e depois logava no jogo para conversar com meus amigos, e isso era tudo. Isso porque tínhamos que passar a maior parte do nosso tempo no hotel.

Só quando eles voltavam para a Coreia depois da turnê é que a nova rotina diária começava. Segundo V:

— Era bem estressante. Antes, eu conseguia ir aonde queria se me mantivesse abaixo do radar. Mas daquele ponto em diante, ao mesmo tempo que eu começava a sentir que, *Ah... Acho que somos mesmo muito famosos*, comecei a pensar, *Acho que não vai ser fácil ter esse tipo de privacidade agora.*

Não era por culpa da atenção do ARMY ao BTS que V se sentia assim. Nenhum artista coreano conquistou tanto sucesso no exterior, e eles despertavam um interesse enorme. Não apenas no mercado idol, o BTS se tornou assunto em toda a indústria musical coreana, bem como do público geral.

Como afirma SUGA, era como tentar resolver um problema que não tinha solução:

— Se os livros de história carregam as respostas para o presente, então nossos *sunbaes*[2] que faziam música antes de nós são a nossa resposta, certo? Contudo, no nosso caso, tínhamos que lidar com um adicional.

Depois do debut do BTS, SUGA traçou objetivos factíveis como artista. Segundo ele:

— Até mesmo em 2016, quando nos apresentamos na Arena de Ginástica Olímpica e recebemos um grande prêmio e, financeiramente, consegui a casa e o carro que eu queria... se eu tivesse essas quatro coisas, teria atingido todas as minhas metas de vida.

A maioria dos artistas tem sonhos parecidos. E, na verdade, SUGA estava entre uma minoria que *conseguia* receber um prêmio significativo em uma cerimônia na Coreia, e que *conseguia* se apresentar na Arena de Ginástica Olímpica. Contudo, a partir de 2017, a realidade de SUGA começou a ultrapassar tudo com o que ele havia sonhado:

— Para dar um exemplo: era como se, de repente, eu tivesse me tornado o protagonista de um livro de ficção sobre artes marciais, e então encontrava um adversário forte, e eu pensava, *Ah, que seja*, e batia nele, mas, de algum jeito, eu ganhava a luta com um só golpe. Eu me sentia assim: *Espera, desde quando eu sou tão forte? Não era isso que eu imaginava que aconteceria.*

SUGA resume seu modo de pensar da época:

— Ou seja, podemos fazer ainda mais do que estamos fazendo agora...?

2 Sunbae é uma expressão coreana utilizada para se referir a uma pessoa mais velha e mais experiente, um "veterano". [N. da E.]

Hesitation & Fear

A ansiedade de SUGA na época fica evidente em "Skit : Hesitation & Fear" (Hidden Track), presente apenas na versão física do álbum *LOVE YOURSELF 承 'Her'*. A faixa é uma gravação dos membros do grupo enquanto reassistiam ao anúncio do prêmio de Top Social Artist do BBMAs de 2017, ao se prepararem para *LOVE YOURSELF 承 'Her'*.

Ao ver o nome do grupo ser chamado novamente, os integrantes do BTS comentam sobre como ficaram felizes, e logo começam a falar como se sentiram com o sucesso inesperado. RM expressa sua preocupação ao dizer: "Quanto mais longe temos que ir", "Quanto teremos que descer se for preciso", enquanto SUGA diz: "Quando cairmos, bem... Na época eu estava preocupado em ser mais rápido do que a subida".

O centro do mundo dos negócios (bang bang)
Número 1 favorito para casting (clap clap) esgotado

Os versos anteriores fazem parte de "MIC Drop",* do álbum *LOVE YOURSELF 承 'Her'*. A música aparece logo depois de "Skit : Billboard Music Awards Speech", uma gravação do discurso de recebimento do prêmio de Top Social Artist no BBMAs de 2017, com o barulho de fundo mantido. Como dito em "MIC Drop", o grupo ficou orgulhoso com o novo grau de sucesso que tinham alcançado. Contudo, como mencionado em "Skit : Hesitation & Fear" (Hidden Track) — que poderia ser chamado de epílogo do período —, com um grande sucesso, vem uma grande ansiedade. Assim que eles debutaram, o BTS passou por um batismo de comentários maliciosos na internet, e até foram insultados cara a cara em público. Ainda que a popularidade deles tenha aumentado, eles estavam sendo “arrasados”. Os elogios e o interesse que de repente surgiram em suas vidas os deixaram confusos e felizes.

SUGA se lembra de como se sentiu:

—— Além daqueles que nos amavam e apoiavam, todos os outros pareciam inimigos. Nos preocupávamos de verdade com a quantidade de críticas que enfrentaríamos se pisássemos um pouco que fosse para fora da linha.

As palavras de SUGA mostram explicitamente a “hesitação e o medo” que o grupo estava sentindo na época. Depois do lançamento de *LOVE YOURSELF* 承 *‘Her’*, alcançar a primeira posição do top 200 da Billboard não era mais um objetivo impossível. Contudo, quando eles atingiram a meta, o fato de que ninguém poderia prever o que o futuro traria os encheu de medo.

Naquela época, como sempre, o BTS estava dando o seu melhor para corresponder a todo amor recebido do ARMY até o momento. Em 1º de novembro de 2017, o grupo começou a iniciativa “LOVE MYSELF”[3] com a UNICEF. A campanha, que ainda está ativa, nasceu após o grupo perceber que sua influência era do tamanho do amor que o ARMY transmitia a eles. O apoio deles a crianças e jovens, ainda mais os expostos a violência, também se conectava à mensagem do grupo, que desde o início despontou para mostrar a realidade dos adolescentes. Por isso eles não apenas doaram parte dos lucros de cada álbum, mas também promoveram ativamente a campanha. Por meio de suas atividades promocionais, eles esperavam chamar a atenção para os problemas enfrentados por crianças e jovens.

---

3 A campanha apoiava o projeto global #ENDviolence, desenvolvido pela UNICEF em 2013, que tinha como objetivo criar um mundo seguro, livre de violência contra crianças e jovens. As doações recebidas por meio da campanha “LOVE MYSELF” eram destinadas a ajudar crianças e jovens vítimas de violência, e também eram usadas para estimular a supervisão regional para prevenção da violência.

LOVE YOURSELF 承 'Her'

THE 5TH MINI ALBUM
2017. 9. 18

TRACK

01 Intro : Serendipity
02 DNA
03 Best Of Me
04 Dimple
05 Pied Piper
06 Skit : Billboard Music Awards Speech
07 MIC Drop
08 Go Go
09 Outro : Her
10 Skit : Hesitation & Fear (Hidden Track)
11 Sea (Hidden Track)

VIDEO

COMEBACK TRAILER : Serendipity

"DNA" MV TEASER 1

"DNA" MV TEASER 2

"DNA" MV

"MIC Drop" (Steve Aoki Remix) MV TEASER

"MIC Drop" (Steve Aoki Remix) MV

Contudo, foi durante as preparações dessa campanha, do começo de 2017 em diante, que o BTS foi convidado para o BBMAs pela primeira vez. Além disso, os recordes que o grupo tinha quebrado com *WINGS* por serem "os primeiros artistas coreanos a [preencha a lacuna conforme quiser]" estavam sendo quebrados mais uma vez (e por uma boa margem) com *LOVE YOURSELF* 承 *'Her'*. A popularidade do BTS, que poderia facilmente ser descrita como "fora de controle", não apenas permeava cada ação deles com uma influência tremenda como também as carregava de grandes responsabilidades. Até a campanha "LOVE MYSELF", que começou a partir de um desejo genuíno e puro, se tornou mais uma razão para que eles se preocupassem com suas ações e palavras.

SUGA diz que se sentiu muito pressionado com o grande interesse pelo grupo e com a procura de sentido em tudo o que faziam:

—— Era assim naquela época, e até agora, na verdade, os adjetivos que nos davam tinham um peso grande. Coisas como "boa influência", e as reações ao impacto econômico que causávamos... Porque não foi nossa intenção crescer tanto, e a gente também pode cair de uma vez, sem querer. Foi naquela época que fiquei mais preocupado e impressionado.

SUGA continua:

—— Era como se eu estivesse fazendo uma dança perfeitamente sincronizada em frente às pessoas.

Por outro lado, no começo da campanha "LOVE MYSELF", Jimin também se perguntou qual seria seu impacto no mundo:

—— Acho que você poderia chamar de "poder de mudar o mundo". Na verdade, uma vez eu fui procurar RM e perguntei o que ele achava de trabalhar naquela campanha. Eu fiquei muito curioso de repente, e por isso fui procurá-lo. Fazemos doações sabendo que são coisas boas, mas achei que a mentalidade por trás era importante.

A conversa entre Jimin e RM solidificou as ideias do primeiro sobre a campanha:

— RM disse: "Se com o dinheiro da doação, ou com minhas músicas, eu conseguir melhorar a vida de uma pessoa, não algumas pessoas, mas só uma, então eu quero continuar fazendo este trabalho". Depois que eu ouvi isso, acho que comecei a ver as coisas sob outra ótica. Eu sempre quis me apresentar para as pessoas, e se, para elas, dividir suas emoções comigo as faz feliz, e se o que nós fazemos gera nelas a sensação de "Hoje foi divertido" ou "Graças a isso, estou de bom humor", então é algo que podemos fazer.

Como diz Jimin, para o BTS, a troca emocional com o ARMY e seus demais ouvintes era uma força motora importante que permitia que eles continuassem a trabalhar na série LOVE YOURSELF.

Nesse aspecto, *LOVE YOURSELF 承 'Her'* e o subsequente *LOVE YOURSELF 轉 'Tear'* eram como o "exterior" e "interior", a "luz" que os guiou e a "escuridão" que os amedrontou. "Pied Piper", do álbum *LOVE YOURSELF 承 'Her'* mostra o que os fãs do BTS (ou seja, o ARMY) poderiam estar enfrentando, e demonstra que os membros sabem como eles se sentem. A música principal, "DNA", descreve o encontro entre BTS e ARMY como "mandamentos de uma religião" e "providência do universo".

j-hope reflete sobre seus sentimentos naquele período:

— Na verdade, eu não queria que eles soubessem que estávamos passando por um período emocional difícil. Só queria apresentar o lado bom para eles, só coisas boas, não queria mostrar as sombras.

Assim como j-hope desejava, com *LOVE YOURSELF* 承 *'Her'* o BTS fez o melhor que pôde para apresentar uma imagem divertida e positiva para o ARMY. Por mais que estivessem enfrentando dificuldades, eles também estavam embarcando em uma nova era de dias gloriosos, mais gloriosos ainda do que os do passado. O ARMY estava pronto para se deliciar com *LOVE YOURSELF* 承 *'Her'*, o primeiro álbum da história do BTS a ter uma atmosfera iluminada.

j-hope explica como, mesmo com os problemas do grupo ficando cada vez mais sérios, eles conseguiram continuar a trabalhar no álbum:

—— Não sei. É... Não tínhamos pensado muito nisso antes. (risadas) Na verdade, não acho que éramos o tipo de pessoa que vive pensando nessas coisas. Para ser sincero, se tivéssemos pensado muito, teria sido mais difícil. Éramos apenas sete pessoas bem simples, e talvez isso tenha tornado tudo possível. E é interessante que, mesmo que todos estivéssemos passando por dificuldades, todos ainda tinham uma postura profissional. É muito engraçado. Até nas dificuldades, dizíamos: "Droga...!" e depois: "Ah, que seja! A gente tem que fazer isso".

j-hope continua:

—— Até em situações em que seria normal que ao menos um de nós não comparecesse, todos chegavam para os ensaios e para as gravações. Às vezes não estávamos tão apresentáveis, mas fazíamos o que precisava ser feito.

É difícil de entender como exatamente, não importando a situação, o BTS conseguiu fazer seu trabalho, enquanto ainda demonstrava seu amor intenso pelo ARMY e sua lealdade. Talvez porque o BTS e o ARMY tenham encarado tudo juntos, ou talvez seja a natureza intrínseca dos membros, ou porque eles, com naturalidade, conversavam e dividiam suas emoções com os fãs desde o começo.

Contudo, fica nítido que foi a força de vontade que possibilitou que eles ensaiassem e criassem músicas e apresentações apesar de tudo, e foi isso que levou a série LOVE YOURSELF para um novo território.

A alegria do amor

Apesar de tudo pelo que os membros passavam, a série LOVE YOURSELF tinha um significado importante para eles.

A popularidade do grupo, que tinha explodido entre 2015 e 2017, transformara todos os sonhos do BTS e da Big Hit Entertainment em realidade. Por exemplo: para a produção da série LOVE YOURSELF, o produtor musical Pdogg, da Big Hit Entertainment, conseguiu comprar e instalar em seu estúdio o mesmo equipamento usado pelos engenheiros de som dos Estados Unidos. Com isso, o BTS poderia seguir a direção que quisesse para a sonoridade do álbum, além de conseguir diferenciar cada música.

Ainda que "DNA",[*] música principal de *LOVE YOURSELF 承 'Her'*, seja uma faixa dançante que foi acompanhada por uma coreografia intensa, ela descreve o amor entre o narrador e sua outra metade como uma relação cósmica. A sonoridade de "DNA" está alinhada a isso e mantém a intensidade da batida enquanto ainda cria um senso de espaço pelo reverb. As proporções ocupadas por cada som são então reduzidas, e uma variedade de barulhos toma conta, se movimenta, e se espalha em todas as direções, criando um espaço que quase consegue expressar o mistério do cosmos.

Seria possível dizer que essa direção sonora é o que conta, pela música, as histórias que flutuam ao longo do álbum, quase como a trilha sonora de um filme. Enquanto "Intro : The most beautiful moment in life" e "INTRO : Never Mind", de *THE MOST BEAUTIFUL MOMENT IN LIFE PT.1* e *PT.2*, capturam sons diretamente do cenário espacial (a bola de basquete que quica na quadra, um estádio lotado de fãs gritando), na série LOVE YOURSELF, o BTS foi capaz de expressar um conceito mais abstrato de espaço por meio da sonoridade que desejavam.

As músicas de abertura de *LOVE YOURSELF* 承 *'Her'* e *LOVE YOURSELF* 轉 *'Tear'*, respectivamente "Intro : Serendipity"[*] e "Intro : Singularity",[**] evidenciam imagens opostas do amor, e os sons delas criam atmosferas espaciais completamente diferentes.

É Jimin quem canta "Intro : Serendipity", e ele expressa seu amor por alguém como uma "providência do universo", referindo-se a si mesmo como "sua flor": aqui, sons iluminados e leves como a letra são arranjados para todas as partes do espaço, e a batida lenta faz com que quase seja possível ver Jimin dançando em uma cama de flores.

"Intro : Singularity", por outro lado, é uma música que fala da dor do amor, e está centrada em uma batida lenta e pesada, que cria uma sensação espacial sombria e tumultuada. V, que canta a música, emana os dois polos opostos da emoção e cria a atmosfera de uma peça teatral de uma só pessoa.

Além das capacidades técnicas que permitiram que eles criassem tudo o que queriam, a popularidade do BTS nos Estados Unidos — que teve início com a série THE MOST BEAUTIFUL MOMENT IN LIFE e que continuava a aumentar até o BBMAs de 2017 —

permitiu que eles colaborassem com diversos artistas. Em "Best of Me", do álbum *LOVE YOURSELF* 承 *'Her'*, o grupo colaborou com Andrew Taggart do Chainsmokers, que ocupara a primeira posição no top 100 da Billboard por 12 semanas consecutivas com a música "Closer" (Feat. Halsey); enquanto Steve Aoki, que remixou "MIC Drop", produziu "The Truth Untold" (Feat. Steve Aoki).

A popularidade do grupo nos Estados Unidos permitiu que eles colaborassem com artistas que criavam tendências na música pop americana, e o BTS aproveitou a oportunidade para incluir em seus álbuns uma maior variedade sonora por meio de métodos mais complexos. O BTS, que criara a música coreana de idols com sonoridade de hip-hop, agora era capaz de capturar as tendências contemporâneas da música pop americana. Por meio de uma mistura sonora de vários gêneros, "DNA" apresenta o pop com uma batida alegre — se poderia dizer que é fácil de ser ouvida, outro marco mostrando que o BTS tinha chegado a um lugar novo.

O jeito de agir singular do grupo permitiu que eles trabalhassem em *LOVE YOURSELF* 承 *'Her'* e *LOVE YOURSELF* 轉 *'Tear'* independentemente da situação em que se encontravam. Por exemplo, a coreografia de "DNA"[*] acompanha o desenho do som, não existem apenas movimentos para a esquerda e direita pelo palco, mas assim que a batida faz o drop, para mencionar um caso específico, acontece uma retirada brusca para trás, e isso cria um movimento tridimensional. A coreografia desenvolve essa sensação de tridimensionalidade, não apenas graças ao espaço do palco, mas pelo movimento contínuo em todas as direções. Esse era um novo estilo de performance, diferente de "Burning Up (FIRE)" que mobilizava uma grande quantidade de dançarinos, e também de "Spring Day", que misturava dança contemporânea com o estilo de dança de idols.

A coreografia era difícil, o que não surpreende a ninguém agora, e mesmo que os problemas pelos quais o grupo passava estivessem vindo à tona, eles ainda conseguiram entregar o melhor resultado. j-hope fala do que o grupo era capaz naquele momento:

—— Quando debutamos, praticamos por muito tempo. E ao treinar o passo a passo, aprendemos o que era preciso ajustar e o que precisávamos fazer. Na época de LOVE YOURSELF, só podíamos ensaiar por determinado período, e estávamos concentrados. Três ou quatro horas? Se desse um pouco mais, conseguíamos treinar cinco ou seis. Trabalhávamos em conjunto.

Os membros tinham passado por um período de inquietações particulares depois do sucesso de *WINGS*, e ainda assim conseguiram demostrar em *LOVE YOURSELF* 承 *'Her'* suas capacidades expandidas por vários métodos.

Depois de "Lie", do álbum *WINGS*, Jimin continuou a ampliar sua presença como cantor solo em "Intro : Serendipity".[*] Ele diz:

—— Antes de tudo, quando estávamos decidindo o tom, conversei com Slow Rabbit, que trabalhou comigo na música, por dois dias. "Será que devemos subir um pouco o tom? Descer?" Debatemos como poderíamos fazer com que a música passasse a sensação de ar e leveza.

Além disso, durante a apresentação da música em shows, Jimin também utilizou elementos da dança contemporânea que aprendeu.

Enquanto isso, RM vê um tema geral nas letras do álbum *LOVE YOURSELF* 承 *'Her'*. Segundo ele:

—— Pensei nesse álbum como aquele momento em que você encontra alguém pela primeira vez, assim como pensei em explorar os limites da fantasia. Nesse aspecto, é um assunto recorrente na música popular, e conta a história de uma pessoa que se apaixona de um jeito que é possível chamar de sagrado. Foi muito bom criar o álbum. Era como pintar um quadro de cor-de-rosa e desenhar por cima. Na verdade, enquanto produzíamos o álbum, fomos ao BBMAs pela primeira vez, e foi muito divertido.

Óbvio, assim como aconteceu com todos os álbuns anteriores, o caminho para esse álbum não foi apenas flores. Em sua humildade, Jimin também se preocupava em como cantar a letra de "Intro : Serendipity". Ele sorri e diz:

—— Eu não entendia "Eu sou seu gato tricolor"[4] ou "Você é meu *penicillium*", então perguntei para RM: "Imagine que você tenha uma namorada e ela te chame de 'mofo', você ia gostar?" (risadas). Mas aprendi que a penicilina foi descoberta por acidente e que ela poderia vir do *penicillium*, esse tipo de mofo, então achei que a letra fazia sentido. E foi assim que fiquei confortável de cantá-la.

Depois de "Intro : Serendipity", um problema difícil aguardava os membros na música seguinte, "DNA", como era de se esperar de uma música principal. Assim que eles encontraram a sonoridade de "DNA" — em que um assobio e um violão trazem uma atmosfera refrescante para a batida com elementos de música eletrônica — ficou nítido que aquele era o melhor caminho. Aquela era a atmosfera iluminada do BTS, que enfim cantava sobre as alegrias do amor, mas, ainda assim, mantendo seu toque único. Contudo, encontrar uma melodia que combinasse com o arranjo maravilhoso acabou sendo demasiadamente difícil. Segundo Jimin:

4 O gato tricolocor (calico) carrega muito de sua carga genética de pelagem no cromossomo X, fazendo com que a maior parte de sua população seja constituída por fêmeas. Por isso, um gato tricolor macho é muitíssimo raro. [N. da T.]

— "DNA"? Lembro de ser um momento curioso. Estávamos no auge das preparações para o álbum, e Bang Si-Hyuk escreveu a melodia, mas era muito ruim (risadas).

Jimin continua, e, por alguma razão, ele parece estar se divertindo bastante:

— Quando ouvimos, pensei, *Ah não, isso não está nada bom*. A gente tinha que falar para Bang Si-Hyuk, não é? Fui o primeiro a dizer de cara: "Não gostei". No dia, nos preparávamos para filmar um MV, estava fazendo cabelo e maquiagem, e todos os membros estavam juntos na sala de ensaios. Entre nós, comentamos: "O que foi isso? É muito ruim", "Isso é inacreditável", "A gente precisa falar para ele que não vamos usar" (risadas). Então RM falou para a empresa, e como eu tinha uma gravação agendada, fui para lá também.

Bang Si-Hyuk, ao ser informado da opinião dos membros, entrou no estúdio durante a gravação de Jimin.

— Ele me olhou e perguntou: "Você também não gostou?". Tenho que ser sincero, foi bem estressante (risadas). Foi aí que pensei, *É, não é fácil fazer o que RM, nosso líder, faz.*

Contudo, a resolução de Jimin não se abalou:

— Quando Bang Si-Hyuk me fez a pergunta, entrei em pânico, o que eu podia fazer? Respondi que não tinha gostado, e ele me disse para ir para casa. Que eu não precisava continuar a gravação, podia ir embora.

Aquela simples resposta mudou muitas coisas. Bang Si-Hyuk reescreveu a melodia de "DNA" para a versão que temos hoje. Logo após o lançamento da música, o BTS entrou no chart de singles Billboard Hot 100, pela primeira vez — o BTS era o segundo artista coreano a conseguirem tal feito —, eles entrarem em 85º lugar. O MV de "DNA" atingiu 100 milhões de visualizações em apenas 24 dias, quebrando o recorde do K-pop na época.

Esse não era apenas um acontecimento interessante, mas a maneira que os membros expressaram suas opiniões sobre "DNA" também mostrava como o grupo tinha mudado. Bang Si-Hyuk era o produtor deles, mas, ao mesmo tempo, também professor, alguém que tinha oferecido a eles uma visão de grupo e ensinado sobre música e dança. Contudo, os membros agora tinham uma visão mais nítida das músicas criadas por Bang Si-Hyuk. Eles enfrentaram todos os problemas advindos do sucesso, e em algum momento, as habilidades dos integrantes do grupo, bem como sua visão de trabalho, haviam se desenvolvido drasticamente.

Com "Intro : Serendipity", "DNA", "Best of Me" e "Dimple", as quatro primeiras músicas de *LOVE YOURSELF 承 'Her'* capturavam a empolgação e alegria do amor, além de trazer uma confissão apaixonada, coisa que o BTS jamais fizera em suas músicas. As músicas tinham as alegrias do amor como tema, mas cada uma retratava diferentes momentos e emoções. Enquanto "DNA" falava da empolgação que pode até se assemelhar a ansiedade quando se ama alguém a quem você acredita ser predestinado, "Best of Me" fala de amor incondicional, e "Dimple" traz todos os elogios que se pode fazer a quem você ama.

O grupo estava pronto para expressar todas essas emoções. O processo de gravação, como Jimin descreve, é um exemplo de como *LOVE YOURSELF 承 'Her'* se transformou no álbum que deu início ao sucesso internacional do grupo:

—— Todas as músicas do álbum eram alegres, mas cada uma tinha sua própria alegria, sabe? Sentia isso sempre que gravávamos, e acho que as letras ajudaram muito. Também acabei usando muito minha imaginação enquanto cantava... E não há dúvidas de que a música fica melhor se você sorri ao cantar. Se você faz isso, realmente parece que está animado, então sempre ajustamos o quanto sorríamos ao gravar cada música. "Ah, nesta música é melhor a gente sorrir só até a metade", "Para esta outra é melhor sorrirmos muito ao gravar", coisas assim. Toda vez, foram as letras que mais ajudaram. RM escreveu muitas letras desse álbum, e algumas são realmente muito bonitas.

Tudo estava pronto e os membros estavam preparados para mostrar o seu melhor. Esse era o resultado das atitudes de cada um, de sempre irem aos ensaios, não importando em quais condições estavam.

Contudo, durante a produção de *LOVE YOURSELF 承 'Her'*, os problemas que consumiam psicologicamente os membros estavam acabando com o grupo. Como mencionado antes, SUGA estava exaurido pelo interesse repentino no grupo. De um lado, os ataques ainda aconteciam, mas, do outro, ainda existiam aqueles que apoiavam o grupo até o fim. As pessoas mais próximas, os outros membros e o ARMY eram os únicos em quem poderiam confiar. SUGA diz:

—— Pensei muito sobre as pessoas. Aprendi como elas podem ser cruéis e desrespeitosas. Então, a partir daquele momento, parei de olhar coisas na internet. Tentei muito resgatar minha paz. Mesmo se aparecesse alguma coisa boa sobre o BTS nas notícias, eu me esforçava para não olhar. Não queria me enfiar naquilo.

Em "Outro : Her",[*] SUGA captura exatamente o que sentia na época:

Talvez eu seja sua verdade e mentira
Talvez eu seja seu amor e ódio

Talvez eu seja sua nêmesis e amigo
Seu céu e inferno, orgulho e desgraça
...
Sempre me esforço para me transformar no melhor para você
Espero que você nunca conheça esse meu lado

—— O que eu queria dizer em *LOVE YOURSELF* 承 *'Her'* é resumido na letra que escrevi para a música. O amor de uma pessoa pode ser o ódio de outra, e a profissão de idol pode ser fonte de orgulho para uma pessoa, e humilhação para outra. Não sou perfeito, mas estou me esforçando por você. Mas você não pode saber do meu esforço. Estou falando dessas coisas na música, sabe? Não quero mostrar o lado negativo das minhas emoções, estou me esforçando o máximo que posso e queria que você não soubesse que, por trás de tudo, estou passando por isso... É possível dizer que tudo o mais que escrevi para o álbum era pra dizer isso.

Na época em que trabalhavam na série LOVE YOURSELF, o BTS estava preso em uma ironia cruel. Assim como SUGA disse, ainda que o grupo não fosse perfeito, eles faziam o máximo possível pelas pessoas que amavam. Talvez eles se sentissem culpados se não dessem o seu melhor. O grupo, que debutou em uma situação precária, alcançava os céus graças ao ARMY. Agora o BTS estava na posição de retribuir o amor que recebiam.

Contudo, esse sucesso — tão incompreensível que parecia que o mundo pregava uma peça neles — fez com que fosse difícil para eles focarem em retribuir esse amor.

Foi durante o AMAs de novembro de 2017 que a pressão psicológica e a confusão mental realmente tomaram conta de SUGA. O BTS era o primeiro artista coreano a realizar uma apresentação solo no AMAs. Antes de subirem ao palco para apresentar "DNA", SUGA ficou extremamente nervoso:

—— Deve ter sido a performance durante a qual mais fiquei nervoso na vida. Eu estava branco como papel. Minhas mãos tremiam.

Para SUGA, que agora deparava com um futuro para o qual não havia roteiro, o AMAs foi quando sua ansiedade se consolidou:

—— O mais difícil era a diferença entre o ideal e a realidade. Em geral, o ideal é muito maior, e na maioria dos casos você sofre porque a realidade não consegue acompanhar. Mas, para a gente, era o oposto. Era... era como se o ideal perdesse para a realidade?

Ingressos

O AMAs acabou se transformando em outro marco para o BTS. Cerca de dois meses antes, o lançamento de *LOVE YOURSELF* 承 *'Her'* alcançou o primeiro lugar nos charts do iTunes de 73 países e regiões. Logo, o Twitter e o YouTube eram territórios do BTS, e o grupo fazia sucesso em diversos países.

Por outro lado, os recordes que eles tinham quebrado (incluindo a primeira apresentação no BBMA de 2017 e a sétima posição no top 200 da Billboard com aquele álbum) mostravam que a influência do grupo também se espalhara pelo maior mercado musical da América. Agora, com a apresentação de "DNA" no AMAs, o BTS mostrava aos Estados Unidos seu potencial.

Ao falar sobre a época, RM resume tudo com uma analogia simples:

—— Conseguimos ingressos para entrar.

Contudo, na época do AMAs, o BTS não sabia o que aconteceria nesse lugar para o qual tinham “conseguido os ingressos”. Segundo Jimin:

—— Na verdade, não entendo muito as premiações como o BBMA. Por isso, quando fomos pela primeira vez, perguntei aos hyungs como era a cerimônia e qual era a magnitude.

Jung Kook também não estava familiarizado com as premiações dos Estados Unidos:

—— Sabia que era algo grande e impressionante, e sabia que deveria ser grato, que era uma honra... E o que senti pessoalmente foi bem simples. Quando a empresa nos passou o briefing do evento, eu respondi só: “Parece legal”. Durante a premiação, fiquei tão confiante com o apoio dos fãs, foi muito bom. Só precisávamos fazer um bom trabalho no que nos foi designado e depois sair do palco.

Para Jung Kook, foi fora do palco que ele se sentiu mais pressionado:

—— As entrevistas foram difíceis. Meu inglês não era muito bom, então foi difícil entender as conversas. RM teve que levar a maior parte das conversas, e me senti mal, queria ajudar de alguma forma, mas não conseguia.

Logo após a apresentação no AMAs, *LOVE YOURSELF 承 'Her'* voltou ao top 200 da Billboard em 198º lugar. Alguns dias depois do AMAs, o remix de Steve Aoki para “MIC Drop”[*] entrou no Hot 100 da Billboard, ocupando a 28ª posição, e ficou dez semanas seguidas no chart.

Assim que eles receberam seus ingressos para entrar no mercado americano, o BTS começou a crescer nos Estados Unidos com uma força impressionante. Ao mesmo tempo, os membros estavam sendo soterrados por trabalho com a mesma força. E em outro idioma.

Medo e caos

—— Para ser sincero, nunca me senti tão pressionado antes de uma apresentação como no AMA. Eu sempre ficava nervoso, óbvio, mas achei as entrevistas e os programas de TV muito difíceis.

Aqui, j-hope se lembra de quando começaram a participar mais do mercado americano:

—— Se eu tivesse um inglês melhor e conseguisse expressar meus pensamentos e minhas atitudes, teria aproveitado mais. Isso me atrapalhou de verdade. Acho que eu me saí bem, apesar disso, porque acreditava no meu desempenho no palco, e até o nervosismo e a ansiedade eram importantes e eu precisava aceitá-los como parte daquilo. Para algumas coisas eu dizia: "Ok, vamos tentar!". Mas me sentia diferente em relação a coisas fora do palco. Por exemplo, quando me perguntavam "Qual é a sensação de ter tantos fãs que amam você?", eu poderia responder isso do fundo do meu coração, mas em coreano, em inglês era diferente... Naquela época eu entendia mais ou menos como os programas funcionavam e tentava me familiarizar com alguns comentários básicos que teria que fazer, e, ao tentar decorar tudo, eu sentia que estava exigindo muito da minha cabeça.

Como a situação continuava, j-hope percebeu que uma coisa se tornava cada vez mais difícil:

—— Quando não tenho espaço mental suficiente, eu sofro burnout. Programas de entrevistas, tapetes vermelhos, mais entrevistas... Sentia que estava entrando em burnout por conta dessas coisas.

Isso não se devia apenas à pressão de uma agenda cheia em um ambiente desconhecido. Repetidas vezes ele se encontrou na situação de precisar fazer pelo menos uma coisa, mas sem conseguir contribuir com nada, e isso cobrou um preço:

— Foi frustrante. Estava me obrigando a tentar fazer ao menos uma coisa, mas não conseguia. Eu preciso mesmo estudar inglês, mas quando me vejo sem conseguir colocar nada do que sei em prática, penso, *Uau, sinceramente... não acredito que só consigo fazer isso*, e fico com raiva de mim. Se acho que falta algo no palco, eu me esforço praticando, mas estudar inglês não é assim. Toda vez, quando chegava no hotel, eu pensava, *É, acho que é isso que eu consigo.*

Uma das razões para que o BTS conseguisse continuar seguindo em frente apesar de qualquer crise era que, no fim das contas, a vitória ou a derrota seriam decididas no palco. Não importava quão em desvantagem eles estavam, e mesmo quando o mundo parecia os odiar, tudo o que eles precisavam fazer era preparar uma boa música e uma ótima performance, e dar o máximo de si no palco.

Contudo, depois da apresentação deles no AMAs, os compromissos nos Estados Unidos os colocaram em um caos. Como todos os membros, exceto RM, achavam complicado dar entrevistas em inglês, não era fácil para eles conseguirem emitir suas opiniões. Também era complicado demostrar o estilo único do grupo durante entrevistas: eles conversam bastante entre si, e isso permite que o entrevistador veja o trabalho do grupo. Assim, as entrevistas se tornaram um fardo ainda maior para RM.

j-hope fala sobre o papel de RM na época:

— Se não fosse por RM, estaríamos em apuros (risadas). Seria difícil termos conseguido tanta visibilidade nos Estados Unidos, na minha opinião. O papel de RM é enorme.

Para RM, a primeira vez que ele deu uma entrevista em inglês nos Estados Unidos foi como ser jogado em um campo de batalha. Segundo ele:

— Era nossa primeira vez no BBMAs, e eles avisaram que nos entrevistariam ao vivo em uma hora. Do nada. Seríamos entrevistados por onze americanos. Em dez minutos. Parecia que eu estava tendo um troço. Cada entrevistador tinha um sotaque e era difícil entender o que eles falavam... Mesmo assim, consegui passar por aquilo.

Ao se lembrar do período, ele sorri enigmaticamente e diz:

— Então, depois de terminar, percebi, *É, estamos em apuros mesmo. Não temos como voltar atrás.*

O inglês não era o único problema. Aquela era a primeira vez que um grupo de idols coreanos ficava tão popular nas Américas, e a imprensa dos Estados Unidos não perguntava apenas sobre o BTS, mas sobre o mercado de idols e a música popular coreana como um todo.

Ao responder, RM tinha que reduzir sua mensagem para que fosse curta e não causasse má interpretação. Se ele não conseguisse transmitir o significado direito, poderiam surgir questionamentos que colocariam tanto a Coreia quanto os Estados Unidos em problemas.

— Até o final de 2018, vivia estressado. Não conseguia responder tão rápido. Então aprendi inglês para "sobreviver". Ainda acho difícil falar de assuntos técnicos. E, para tópicos sensíveis, não achava que evitar responder deixaria uma boa impressão. Por isso precisava responder com cuidado sem ser provocador ou criar alguma má interpretação, e tinha que fazer tudo isso em inglês. Sério... alguns momentos foram muito difíceis.

Todo e qualquer momento que RM precisava falar inglês com a imprensa era decisivo, e ele precisou de sabedoria para navegar pelos momentos mais críticos.

Agora que algum tempo já passou, RM resume as preocupações que enfrentou na época:

— Como eu achava que, nas entrevistas, eu precisava ser a pessoa a conduzir, parecia que eu só tinha obrigações, e me sentia sobrecarregado. Então eu não tinha tempo para refletir sobre coisas como: *Hum... isso está aumentando. Onde estamos? Será que devemos olhar por aí?* Eu pensava, *Não sei o que é isso, mas tenho que resolver logo. Tenho tanta coisa para fazer*. No dia seguinte eu precisaria dar entrevistas no tapete vermelho para umas vinte pessoas, mas não conseguia pensar se seria ou não difícil. Eu só precisava aprender mais algumas expressões e me sair bem na entrevista... Tudo passou tão rápido enquanto eu dizia: "Vou tentar por enquanto!"

— Então, depois de terminar, percebi,

É, estamos em apuros mesmo.

Não temos como voltar atrás.

— RM

"REAL" LOVE

Em 13 de abril de 2018, Jimin gravou um vlog. No vídeo,[•] compartilhado no YouTube quase um ano depois, em 6 de fevereiro de 2019, Jimin fala sobre as angústias psicológicas que o afligiam. Ele pensava em seus "sonhos e felicidade", e em como alguns meses antes, no começo de 2018, todos os membros, não só ele, estavam física e mentalmente exaustos. Sobre aquele período, Jimin admite:

—— Me senti daquele jeito por um tempo, entre 2017 e 2018. Mas acho que, na época, os outros membros não sabiam disso.

Ele continua:

—— Uma vez, fiquei triste sem motivo... O hotel tinha um quarto de três metros quadrados, e eu fui pra lá sozinho e não saí. Não sabia o que estava se passando pela minha cabeça ao fazer aquilo, não sei por que eu estava agindo daquela maneira, mas foi um período em que fiquei deprimido de repente. E então comecei a me perguntar, *Por que estou colocando minha vida em risco desse jeito?*, e me acalmei um pouco. Acho que queria me trancar de tudo naquele quarto.

Jimin não sabe exatamente por que se perdeu em suas preocupações. Contudo, fica evidente que tais emoções complexas foram se constituindo ao longo do tempo. Segundo Jimin:

—— Até aquela época, estávamos muito ocupados. Todo dia só trabalhávamos, e passando por tudo aquilo, acho que se pode dizer que eu estava tendo dúvidas. Era como... era como se estivéssemos percebendo as coisas que perdemos ao nos tornamos cantores, celebridades. Eu sempre me perguntava: *Será que isso*

•

é felicidade?, e principalmente quando percebia o olhar das pessoas, não só do ARMY, os pensamentos aumentavam.

"G.C.F. in Tokyo (Jung Kook & Jimin)"[5] foi lançado no YouTube dia 8 de novembro de 2017, e é um registro feito por Jung Kook e Jimin da época em que ele estava em seu estado mental mais sensível:

— Naquela época, nós dois éramos os últimos a dormir. Gostávamos de ficar juntos quando estávamos acordados. Jung Kook e eu tínhamos muitas coisas em comum. Então falamos: "Será que devemos viajar?", "Que tal ir para o Japão?", e fomos mesmo.

Quando os dois falaram sobre a viagem, Bang Si-Hyuk e os outros membros do grupo ficaram preocupados. Eles já eram estrelas internacionais. Os membros se preocupavam com a segurança de ambos. No final das contas, os dois foram ajudados por um funcionário da Big Hit no Japão, e cumpriram todas as medidas de segurança para uma viagem tranquila. Sobre aquela época, Jung Kook diz:

— Quando chegamos no Japão, um funcionário da empresa nos esperava no aeroporto. Já havia um táxi reservado, e assim que chegamos, pegamos nossas malas, entramos no táxi e zarpamos. Já havia fãs lá.

Pelo que Jung Kook diz, as preocupações anteriores pareciam estar bem fundamentadas. Contudo, era época de Halloween, e isso deu uma vantagem para os dois. Jung Kook sorri e diz:

— Saímos com máscaras do filme *Pânico*, roupa preta e guarda-chuva preto. As pessoas se aproximavam para tirar foto, foi

5 "G.C.F." é a sigla para "Golden Closet Film", uma série de vídeos gravados e editados por Jung Kook. Gravado em formato de vlog, foi produzido e postado no canal BANGTANTV no YouTube entre 2017 e 2019.

divertido. Andamos pelas ruas observando as pessoas, depois fomos a um restaurante e tiramos as máscaras para comer.

Jung Kook fala dessas lembranças e da alegria obtida com uma atividade tão simples:

— Estávamos andando por uma ruela, sem muitos carros, iluminada pelos postes... Era muito bonito. E então Jimin disse que seu pé estava doendo e fomos andando devagar. Essas coisas simples eram muito divertidas.

Jimin expressa sua gratidão aos fãs por terem respeitado aquele momento de privacidade dos dois:

— Na verdade, encontramos vários fãs que nos reconheceram, mas eles foram respeitosos e pudemos continuar andando sem incômodo.

Ele então fala o que achou da viagem:

— Foi tão divertido. Tanto que eu queria ir de novo. Mas tendo feito uma vez, eu sabia que não era uma boa ideia (risadas). Muitas pessoas nos reconheceram.

Os dois eram jovens de vinte e poucos anos que tinham visitado muitos países, mas não podiam fazer uma viagem. A viagem de Jimin e Jung Kook permitiu que eles experimentassem momentos simples do cotidiano mais uma vez, mas também fez com que eles de fato entendessem a realidade do BTS.

Jung Kook, em particular, se sentiu muito pressionado ao se ver como um artista que o mundo todo observava:

— Posso dizer que essa foi a época em que fiquei mais sobrecarregado. Eu amava me apresentar, cantar e dançar. Contudo, ser cantor significa estar sob crivo da opinião pública. Por isso muitas pessoas conheciam meu rosto, e não era fácil fazer tudo o que eu queria do jeito que eu queria. Além de cantar e encontrar os fãs, às vezes eu tinha que fazer coisas das quais não gosto muito... Sei muito bem que não posso evitar algumas, mas de repente tudo ficou difícil demais. Se eu entendesse o tempo gasto em apresentações e no trabalho com a música como eu entendo hoje, eu não teria pensado dessa forma. E acho que foi porque eu não gostava de música, de cantar e de dançar tanto quanto eu gosto agora. Então, às vezes eu falava para o RM como estava sendo difícil para mim.

SUGA explica o posicionamento de Jung Kook na época:

— Ele começou a trabalhar no meio da adolescência. Eu também comecei adolescente, e é normal não saber o que quer fazer nessa idade. Jung Kook acabou crescendo e se tornando uma pessoa que vive quebrando os padrões nas coisas que faz constantemente. Depois de todo aquele trabalho, acho que ele precisava de tempo para observar o que ele estava fazendo, o que ele estava pensando e o que ele estava sentindo.

Para Jung Kook, que tinha se dedicado integralmente desde o ensino fundamental para se tornar um cantor na Big Hit Entertainment, é justo dizer que ele experienciou o mundo por meio de seus seis hyungs. O grande sucesso conquistado por Jung Kook acarretou em um aumento de tarefas que ele "devia fazer" e das coisas com as quais ele "devia se preocupar"; como ele havia acabado de chegar aos vinte anos, era compreensível que ele achasse essas coisas difíceis.

Como diz RM, todas essas situações complexas se transformaram em uma crise para o grupo:

— Foi a primeira crise do grupo. Não por conta do que estava acontecendo no mundo exterior, mas pelo que estava acontecendo dentro do grupo, foi a primeira crise real que enfrentamos.

Os problemas que começaram internamente com cada membro foram se tornando cada vez maiores e começaram a ameaçar o grupo. O que acontecia na mente e no corpo de SUGA foi um presságio da crise que se aproximava. Quando a popularidade do BTS aumentara depois do AMAs, SUGA estava paradoxalmente sofrendo com uma ansiedade ainda maior pelo futuro que ele não conseguia prever. Segundo SUGA:

—— Na época eu sentia... *A forma como as pessoas me tratam vai mudar agora.* Era só, *Espero que essa situação assustadora acabe o mais rápido possível.* Eu não conseguia ficar alegre nos momentos em que deveria ficar alegre, e não conseguia ficar feliz nos momentos em que deveria ficar feliz.

SUGA, que vivia assim dia após dia, acabou desenvolvendo insônia, e suas noites sem dormir foram incontáveis.

—— ... Uau.

Ao se lembrar desse momento, quando todos os membros enfrentavam seus próprios problemas, j-hope solta uma interjeição que parece demonstrar tudo. Depois, ele continua:

—— De certa maneira, passávamos mais tempo entre nós do que com nossas famílias, e precisamos do apoio uns dos outros, e foi a primeira vez que passamos tanto tempo em uma situação dessa... Era frustrante e começamos a ter dificuldades. Pensávamos uns sobre os outros, *Por que ele está agindo assim?*, *Por que ele vê o problema desse jeito?*, e essas sensações foram se acumulando.

— *Espero que essa situação assustadora acabe o mais rápido possível.*

Eu não conseguia ficar alegre nos momentos em que deveria ficar alegre, e não conseguia ficar feliz nos momentos em que deveria ficar feliz.

— SUGA

Um simples fato trouxe todos os problemas dos membros à tona: a renovação do contrato do BTS.

Fazer ou não fazer

Renovações de contratos são incomuns na indústria coreana de idols. Como pôde ser visto no processo de debut do BTS, na maioria dos casos de grupos de idols, a empresa investe uma grande quantidade de dinheiro e de pessoas. Também é trabalho da empresa juntar os membros do grupo e, evidentemente, os membros assinam um contrato com a empresa.

Para idols que debutaram, o contrato dura, em geral, sete anos. Em 2009, a comissão de Fair Trade da Coreia estabeleceu um "contrato padrão e exclusivo para artistas" para que os artistas pudessem proteger seus direitos e interesses enquanto gerenciados por uma empresa.

Quando um artista está começando, o contrato é assinado em situação benéfica para a empresa, que, por sua vez, tenta manter o contrato a seu favor pelo maior tempo possível; não é raro que isso leve à exploração. O contrato de sete anos foi uma das ações criadas para lidar com tal problema, e também levou em conta o tempo no qual a empresa poderia obter um lucro razoável caso o artista fosse bem-sucedido.

Contudo, conforme o mercado de idols na Coreia crescia rapidamente, a questão da renovação do contrato depois de sete anos se transformou em um tipo de drama que deixava todos (a empresa, o grupo e os fãs) em polvorosa. No nascer do novo milênio, empresas grandes como a SM, a YG e a JYP eram tão bem-sucedidas que o fracasso de um dos grupos que elas debutavam era exceção. Eles, portanto, queriam recontratar seus artistas, mesmo que isso significasse alterar o contrato para que se tornasse mais benéfico ao artista, que poderia pedir condições ainda melhores, e retorno financeiro era apenas o início. Mesmo em um único grupo, cada membro poderia fazer pedidos distintos dependendo de suas personalidades, preferências e estilos de trabalho.

A maioria dos membros que recebiam uma oferta de renovação depois de sete anos tinha sido bem-sucedido o suficiente para já ter alcançado fama e fortuna aos vinte e poucos anos. Não importa quão boas eram as condições contratuais, eles poderiam facilmente sair do grupo e seguir carreira solo, ou mesmo desistir da indústria do entretenimento. Ou talvez se eles tivessem rusgas com os outros integrantes do grupo ou com a empresa, e apenas não quisessem renovar o contrato. Mesmo pensando no amor dos fãs, os membros não podem deixar de pensar na própria vida antes da renovação do contrato.

O dia de tomar tal decisão veio antes do previsto para o BTS. Em 2018, dois anos antes do fim do contrato deles, a Big Hit Entertainment ofereceu um novo contrato aos meninos. A empresa percebeu que, depois da série LOVE YOURSELF, o BTS poderia fazer uma turnê mundial em estádios. Para isso, seria necessário agenda com anos de antecedência, e a decisão de renovar o contrato precisaria ser tomada. Ao refazer o contrato, a empresa também poderia oferecer aos membros condições melhores antes do esperado.

No fim das contas, não só os sete membros assinaram o novo contrato, mas eles também concordaram com um prazo de duração de sete anos. Considerando que novos contratos em geral têm validade menor do que o primeiro, esse caso foi quase único no mercado coreano de idols.

Ao se lembrar desse período, RM diz:

— Quando contamos que o novo contrato seria de sete anos, as pessoas acharam que estávamos malucos. Disseram que ainda não sabíamos das coisas (risadas). Ouvi isso várias vezes. Disseram que ninguém fazia aquilo. Eles tinham razão. Ninguém faz. Mas, naquela época, onde trabalharíamos se não na Big Hit? Confiávamos neles.

Contudo, o período que antecedeu a assinatura do contrato foi problemático. As negociações, que acontecem entre um artista e uma empresa que confiam um no outro, começaram no período mais difícil da carreira dos membros.

Tendo em vista a popularidade do BTS, ou os ganhos financeiros tanto do grupo quanto da empresa, ou o relacionamento entre os membros, não havia motivo para que um novo contrato não fosse firmado. Contudo, paradoxalmente, esse "relacionamento" se tornou um dilema.

— No fim do dia, o BTS tem sete membros. Acho que o grupo não continuaria se um de nós saísse.

O que Jin menciona é a própria identidade do BTS. Os hyungs rappers mostrando músicas para os mais jovens e ensinando hip-hop a eles, se reunindo e conversando quando um deles não estava bem, discutindo juntos no pequeno estúdio depois de criar uma música atrás da outra. A ideia de abandonar o grupo e deixar os demais membros juntos nunca passou pela cabeça deles.

Jin fala sobre o que o BTS significa para ele:

— O BTS sou eu, e eu sou o BTS, é assim que eu vejo as coisas. Às vezes me perguntam coisas como: "Você não se sente pressionado pelo sucesso do BTS?", mas... as coisas são assim. Quando eu saio, as pessoas falam: "Uau, é o BTS". Eu sou parte do BTS. Então não acho que a pressão vem daí. Para mim, esse tipo de pergunta é como se perguntassem: "Você é o mais novo da empresa e ganhou uma promoção... Você não se sente pressionado?". Estou vivendo minha vida como parte do BTS, e muitas pessoas gostam do fato de eu fazer isso.

Contudo, as preocupações individuais deles, como pessoas e não como membros do grupo, não sumiram.

SUGA explica a mentalidade na época:

—— Pensávamos se devíamos ou não desistir.

Ele continua:

—— As pessoas nos diziam: "Tudo está indo tão bem, não há razão para continuar". Elas achavam que estávamos fazendo tempestade em copo de água (risadas). Deve ser porque elas não tinham passado por aquela situação. Mas nós estávamos com medo. E, naquela época, eu era uma pessoa pessimista que evitava as coisas, então uma grande parte de mim queria fugir. Toda hora alguma coisa aparecia, eu não tinha tempo de pensar em mim... Acho que foi por isso que fui ficando cada vez mais pessimista.

Para SUGA, sua ansiedade crescente era outro dilema inevitável devido ao sucesso do BTS:

—— Sempre existe uma escolha a ser feita, mas eu tenho que tomar a melhor decisão. E eu acredito que nós chegamos até aqui por tomarmos as melhores decisões. Às vezes, tomamos a segunda melhor. Se nos dissessem que precisávamos de 100, éramos o tipo de jovens que iam lá e tiravam 120. Contudo, RM e eu dissemos uma coisa parecida: "Não acho que nossas habilidades sejam grandes o suficiente para acomodar uma coisa desse tamanho" (risadas). Naquela época, não achávamos que conseguiríamos realizar coisas como sair pelo mundo fazendo shows em estádios enormes.

O grupo chamado BTS, o carinho dos membros uns pelos outros, o peso do nome "BTS": a ansiedade ligada ao que eles precisariam suportar ao carregar todas essas responsabilidades levou os sete membros a sentimentos que eles não conseguiam expressar em palavras.

Jimin descreve o clima na época:

— Atravessávamos um período emocionalmente difícil, e todos estavam completamente exaustos. E, nessa situação, a conversa sobre a renovação do contrato começou... Estávamos imersos em negatividade.

V resume:

— Trabalhávamos em LOVE YOURSELF, mas não conseguíamos nos amar.

Ele continua:

— Estávamos no limite, e ao ver uns aos outros assim, acabamos nos preocupando e pensando se deveríamos continuar. Todos tinham pouco espaço para pensar. Isso dificultou as coisas.

Como V explica, todos os membros estavam sensíveis, e era difícil para qualquer um ser o primeiro a dizer "Vamos" ou "Não vamos" renovar.

j-hope se lembra da sensação de crise do período:

— Foi um inferno. Durante nossos compromissos com o BTS, essa foi a primeira vez que tivemos um clima tão sério, e não sabíamos se conseguiríamos continuar. Então, quando ensaiávamos, ficávamos exaustos. Tinha uma montanha de coisas que precisávamos fazer, e não conseguíamos nos concentrar nos ensaios. Não era o nosso jeito de fazer as coisas, não mesmo... Eu realmente acho que passamos por uma crise naquela época. No final das contas, tínhamos que subir no palco, tínhamos que trabalhar. Estávamos estuporados.

Magic Shop

Os problemas que apareciam na época da renovação do contrato se tornaram uma situação ainda mais extrema. Jimin explica como o clima do grupo estava tenso:

— O grupo ficou em uma situação perigosa. Até falamos sobre não fazer um novo álbum.

Ao olhar para a história do BTS até o álbum *LOVE YOURSELF* 承 *'Her'*, a ideia de não lançar um próximo álbum era inimaginável. Eles sempre lançaram novas músicas e apresentações, não importava a situação. Dessa vez, contudo, era diferente. RM até chegou a ligar para os pais avisando que talvez não fizessem outro álbum. Se os membros resolvessem não renovar o contrato, Jin explica, ele pensava em deixar a indústria do entretenimento de vez:

— Eu pensava que, se alguém saísse, eu deixaria o mercado do entretenimento e faria outra coisa da vida. Pensei em descansar um pouco e depois decidir o que queria fazer.

Contudo, o problema de Jin não era o futuro incerto do grupo:

— Me sentia culpado em relação aos fãs. Eu não havia conseguido agradecer a eles, do fundo do meu coração... Pensei, *Talvez meu sorriso de agora seja falso?* Eu me sentia muito culpado pelos fãs.

Entre *LOVE YOURSELF* 承 *'Her'* e *LOVE YOURSELF* 轉 *'Tear'*, que quase não foi produzido, o grupo fez shows, apareceu em programas musicais, especiais de final de ano e premiações, além de falar sobre os acontecimentos com os fãs na V Live.

Ficar frente a frente com o ARMY, mesmo à beira da catástrofe, e se preocupar com o fato de que, apesar disso, a emoção que eles demonstravam poderia ser falsa: foi exatamente isso que fez da música principal de *LOVE YOURSELF* 轉 *'Tear'*, "FAKE LOVE" realidade.[•]

Por você eu poderia fingir que estou feliz quando estou triste

"FAKE LOVE" não é, como o título pode dar a entender, sobre um amor falso. Como diz o começo da música, essa faixa trata das intenções e preocupações de alguém que esconde sua dor frente a quem ama, tentando mostrar apenas seu melhor lado. Na superfície, essa letra talvez pareça ser uma história universal das dores do amor, mas ela também representa o que se passava na cabeça dos membros do BTS naquela época, ao ficar frente a frente com o ARMY.

A primeira música de *LOVE YOURSELF* 轉 *'Tear'*, "Singularity",[••] termina em: "Me diga / Se até a dor foi falsa / O que eu deveria ter feito". Já a música seguinte, "FAKE LOVE", começa com: "Por você eu poderia fingir que estou feliz quando estou triste". Essas letras diziam que, não importava a dor pela qual alguém passasse, ainda era possível se mostrar feliz para quem ama.

Então, na música seguinte, "The Truth Untold" (Feat. Steve Aoki),[•••] a letra diz: "Tenho medo / Me sinto pequeno / Tenho tanto medo / Você também vai acabar me deixando? / Eu colocarei uma máscara e irei até você de novo". Essa letra conta a história de alguém que teme que a pessoa amada não corresponderia seus sentimentos se conhecesse sua verdadeira face e, por isso, usa uma máscara.

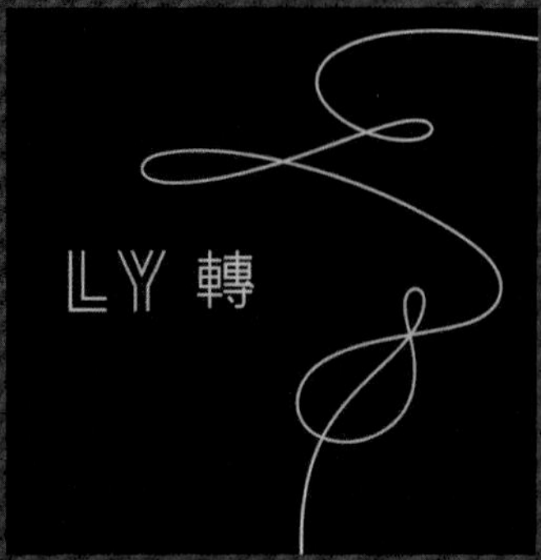

LOVE YOURSELF 轉
'Tear'

THE 3RD FULL-LENGTH ALBUM
2018. 5. 18

TRACK

01 Intro : Singularity
02 FAKE LOVE
03 The Truth Untold (Feat. Steve Aoki)
04 134340
05 Paradise
06 Love Maze
07 Magic Shop
08 Airplane pt.2
09 Anpanman
10 So What
11 Outro : Tear

VIDEO

COMEBACK TRAILER : Singularity

"FAKE LOVE" MV

"FAKE LOVE" MV TEASER 1

"FAKE LOVE" MV (Extended ver.)

"FAKE LOVE" MV TEASER 2

Existem várias explicações possíveis para "máscara" aqui, mas, da perspectiva do BTS, a máscara poderia ser a imagem que eles apresentam aos fãs como idols. Mesmo em situações dolorosas, se eles fossem ver o ARMY, o grupo se esforçava ao máximo para apresentar apenas sua melhor versão.

Jimin fala sobre tal pensamento na época do álbum, inclusive da música "FAKE LOVE":

—— Talvez nossa situação tenha seguido o álbum e se tornado assim, mas sempre foi assim (risadas). Todas as vezes que lidávamos com um assunto sombrio, acabávamos passando por aquelas coisas. Ou talvez estivéssemos passando por aquilo e era a forma que os assuntos surgiam.

Não foi planejado que *LOVE YOURSELF* 轉 *'Tear'* refletisse aquela crise. Naturalmente, desde o debut, quando cantavam sobre a vida de trainees, cada álbum refletia a história do grupo. Nesse aspecto, depois que o BTS obteve sucesso com a série THE MOST BEAUTIFUL MOMENT IN LIFE e com o álbum *WINGS*, com *LOVE YOURSELF* 轉 *'Tear'* eles tentaram expressar seu amor pelos fãs, e também revelar quem eram enquanto estrelas e indivíduos.

Contudo, ninguém esperava que esse "outro lado" fosse uma situação de sofrimento psicológico para todos os membros, que levava o grupo à beira do fim. Talvez Bang Si-Hyuk tenha pensado nessa direção para o álbum levando todas essas coisas em conta. Antes do lançamento de *LOVE YOURSELF* 轉 *'Tear'*, "FAKE LOVE" teve um teaser• que começa assim:

•

"Magic Shop" é uma técnica de psicodrama
que troca o medo por uma atitude positiva.

"Uma técnica de psicodrama / que troca o medo por uma atitude positiva". Se pensarmos sobre os problemas que o BTS enfrentava, parece até que Bang Si-Hyuk estava vendo o álbum *LOVE YOURSELF 轉 'Tear'* como um tipo de tratamento psicológico para os integrantes do grupo. Na verdade, durante a produção do álbum, os membros abriram seus corações sem reservas. SUGA, que estava em um momento de baixa, ficou instantaneamente imerso na situação, e escreveu músicas:

— As músicas com as quais me identificava, eu realmente escrevia em trinta minutos. Trinta minutos para escrever um verso. Às vezes a gravação terminava em meia hora. Até quando foi muito difícil escrever alguma música, no fim das contas eu falei: "Ah, que seja! Vou fazer isso logo!", não importava se a música seria lançada ou não, decidi escrever primeiro e pensar depois. Todos os momentos foram outra agonia, escrever cada verso. Foi tão angustiante que eu bebia e continuava mesmo bêbado...

Uma das músicas que SUGA escreveu nesse processo foi "Outro : Tear",[*] a última música do álbum:

— A música saiu no período mais difícil da minha vida. Não sabíamos se continuaríamos nesse trabalho, eu emagreci e cheguei a pesar 54 kg. "Outro : Tear" foi a música que escrevi para os membros naquela época. A letra fala: "Já que não existe essa coisa de / um término bonito", e eu chorei demais quando gravei essa parte. Depois que compus a música, me perguntei se tinha sido eu mesmo... Então mostrei para os outros membros.

Antes da produção de *LOVE YOURSELF 轉 'Tear'*, os membros foram tomados pelo medo de que seu trabalho pudesse desaparecer. Contudo, assim como a dor advinda disso jogou SUGA para um lugar onde a única solução possível seria criar, os outros membros se dedicaram integralmente ao álbum quando suas emoções chegaram ao ápice.

SUGA explica o que o álbum *LOVE YOURSELF* 轉 *'Tear'* significa para ele:

—— É um álbum que captura toda essa gangorra de emoções. Às vezes o timing funciona, só isso... os céus fazem com que funcione. Quando criamos alguns álbuns, a situação [da qual o álbum trata] sempre acontece.

RM também recorda como se sentiu no período:

—— Naquela época, eu não acreditava que o álbum seria finalizado. Foi realmente muito crítico.

O BTS estava em crise, mas Jimin estava no processo de se livrar de suas preocupações um pouco antes dos outros:

—— Todos nós queríamos trabalhar juntos, e era tão divertido continuar como grupo, então eu queria que todo mundo voltasse logo a ser como antes.

Jimin, que já tinha se enfiado sozinho em um quarto de três metros quadrados, diz que os vídeos a que ele assistiu foram o caminho para a cura de seu coração:

—— Eu bebi sozinho, e fiquei um tempo sozinho... Assisti a todos os MVs que fizemos desde o debut, e cheguei em um vídeo dos fãs cantando "EPILOGUE : Young Forever" conosco. Quando vi aquilo, pensei, *Foi por isso que trabalhei tanto*. E *Por que eu coloquei isso de lado e esqueci?* Foi aí que comecei a me recuperar.

Foi essa emoção que permitiu aos membros do grupo se dedicarem por inteiro à produção de *LOVE YOURSELF* 轉 *'Tear'*. O grupo sempre continuou ensaiando e escrevendo, independentemente da situação; da mesma forma, ainda que os membros não tivessem decidido se assinariam o novo contrato, eles estavam determinados a finalizar o álbum, e colocaram todas as suas emoções nesse processo. Segundo j-hope:

— cheguei em um vídeo dos fãs cantando "EPILOGUE : Young Forever" conosco. Quando vi aquilo, pensei, *Foi por isso que trabalhei tanto.* E *Por que eu coloquei isso de lado e esqueci?* Foi aí que comecei a me recuperar.

— Jimin

—— Com certeza, foi muito difícil. Comecei nesse trabalho porque eu gostava, mas parecia que ele estava mesmo se tornando "trabalho". Durante esse período, todos nós enfrentamos situações parecidas. Essa era a música que amávamos tanto, mas que havia se transformado em trabalho. Essa era a dança que amávamos tanto, mas que havia se transformado em trabalho... Esses sentimentos continuavam colidindo.

É possível imaginar como os membros do grupo conseguiram superar tudo e concluir a produção de *LOVE YOURSELF* 轉 *'Tear'* a partir do seguinte comentário de j-hope:

—— Na verdade, trabalhamos muito nas preparações pensando nos fãs que nos amavam. No fim do dia, todo o amor dos fãs era uma oportunidade para nós, e enquanto tivéssemos essa oportunidade, mesmo que eu achasse tudo bem difícil, ao ponto de o meu corpo doer e eu me machucar, pensei, *Vamos fazer isso*. É provável que os outros membros pensassem o mesmo.

A primeira parte de *LOVE YOURSELF* 轉 *'Tear'* (da música de abertura, "Intro : Singularity", até "FAKE LOVE", "The Truth Untold" (Feat. Steve Aoki) e daí por diante) conta a história de uma pessoa que vive com uma máscara e sente a dor de não conseguir ser sincera diante de quem ama.

"Love Maze",[*] que fica bem no meio do álbum, fala sobre se sentir preso em um labirinto escuro, mas o refrão logo mostra a intenção de nunca se separar da outra pessoa:

Um beco sem saída em um labirinto com todas as direções bloqueadas
Estamos andando por esse abismo

...

Pegue minha mão e não solte
Fique nesse labirinto
Não me deixe ir embora

Depois de "Love Maze", vem "Magic Shop", na qual o grupo oferece conforto a outra pessoa. Depois, "Anpanman", em que o BTS menciona que, mesmo sendo os mais fracos dos heróis, eles viverão como heróis de alguém. Por fim, o álbum termina com o pedido de "So What".

Nos dias em que eu me odeio e quero desaparecer
Vamos fazer uma passagem em nossos corações
Por essa passagem, vamos chegar a um lugar que espera por você
Está tudo bem acreditar na loja mágica que vai reconfortar você
— "Magic Shop"•

Vou cair de novo
Vou errar de novo
Vou ficar coberto de lama de novo
Mas tenha fé em mim porque eu sou um herói
— "Anpanman"••

Não fique só parado e preocupado
Não vale a pena
Vamos lá
Ainda não existe uma resposta mas
Você pode começar a luta
— "So What"•••

•

••

•••

No começo do álbum, a sonoridade é sombria e pesada; depois, a parte do meio é composta por melodias que os fãs podem cantar junto nos shows; por fim, a última parte é a de pular animado.

Até quando se preparavam para o álbum, o BTS ainda não havia decidido sobre o novo contrato. Se a primeira parte do álbum reflete a realidade do grupo na época, a última mostra as intenções deles para o futuro: continuar dando força para o ARMY, não importa o que acontecesse.

Era o motivo de eles continuarem ensaiando, continuarem escrevendo músicas, continuarem no ciclo "álbum, turnê, álbum, turnê" e, por fim, lançarem um álbum novo cumprindo todos os seus compromissos adicionais além da música. Talvez, ao finalizar o álbum, o BTS tenha novamente compreendido o que fundamenta o trabalho do grupo, mesmo sem perceber. Segundo SUGA:

—— Pelos fãs só sentíamos... gratidão, reconhecimento, culpa, amor, todos esses sentimentos. Essas são as pessoas que caminharam ao nosso lado. Não consigo nem imaginar quantas pessoas nos encorajaram e nos deram forças para chegar ao fim de cada dia. Eu realmente não consigo imaginar, mas uma das nossas maiores preocupações é fazer o que pudermos por elas.

Nosso grupo

As discussões sobre a renovação de contrato do BTS ainda se desenrolavam até o lançamento de *LOVE YOURSELF* 轉 *'Tear'* e a apresentação do grupo no BBMA de 2018. Além do desejo de continuar a ser o "Anpanman"[6] do ARMY, nenhuma das dúvidas do grupo tinha sido resolvida. Mesmo quando eles souberam que se apresentariam no BBMA pela primeira vez, não conseguiram ficar felizes por completo.

Jimin conta como se sentiu ao se preparar para a apresentação:

—— O clima no grupo era caótico, então... mesmo que fosse incrível podermos estar naquele palco pela primeira vez, para ser honesto, não senti muita coisa. E eu nunca havia tido tanta dificuldade em meu tempo de BTS. Naquele momento eu deveria ter ficado feliz e emocionado, mas não senti nada disso.

Contudo, a partir de então, começou a ocorrer uma mudança que nem mesmo os membros esperavam. Contrário ao clima pesado no grupo, o vídeo do ensaio da coreografia de "FAKE LOVE", faixa principal de *LOVE YOURSELF* **轉** *'Tear'*, estava indo muitíssimo bem. Segundo j-hope:

—— Acho que fizemos isso "sem saber". Trabalhamos duro, e mesmo durante as viagens, continuávamos ensaiando.

j-hope sorri, a perplexidade em seu rosto, e diz:

—— De uma maneira estranha, enquanto estávamos com tantas questões psicológicas... a qualidade das nossas performances aumentou. Mesmo quando dizíamos: "Ah, isso é difícil", continuávamos ensaiando, e quando o ensaio acabava, começávamos outro, e assim por diante.

Jimin se lembra do clima entre o grupo:

—— Para ser sincero, até aquele momento, tinha sido um desastre. Foi difícil durante a gravação e não estávamos atentos durante os ensaios, mas conseguimos nos recompor, o clima ficou bom

6 Anpanman era o personagem principal de uma série de livros ilustrados que foi transformada em desenho animado e se tornou popular na Coreia nos anos 1990. Ele é um homenzinho feito de pão de feijão vermelho e é o herói mais fraco do mundo. Não tem qualquer superpoder, mas é gentil e ajuda os necessitados e as pessoas famintas, até mesmo oferecendo pedaços de seu próprio rosto, que é comestível. [N. da E.]

e nos concentramos. Deve ter sido um ou dois meses antes de pisarmos naquele palco.

Até mesmo os integrantes do grupo dizem não saber como aquilo foi possível. Contudo, ao contrário da apresentação de 2017 no AMA, eles agora se viam envoltos em seus próprios problemas, sem tempo para sentir a pressão dos olhares externos. Apesar de não ser possível saber se isso aliviou mesmo a pressão, fica evidente que eles conseguiram se concentrar mais durante os ensaios para a performance de "FAKE LOVE". E no BBMA de 20 de maio de 2018,[*] essa pequena mudança foi significativa.

—— Ah, antes de entrar no palco aquele dia... Eu me lembro de que fizemos o nosso coro, que não fazíamos havia tempos, "Bangtan, Bangtan, Bangbangtan!". Entoamos ele para nos encorajar.

É assim que j-hope se lembra da situação. Ele continua:

—— Daquela vez os bastidores estavam agitados, com os funcionários e os artistas que já haviam se apresentado passando por nós. Em meio a tudo isso, fizemos o coro para nos lembrar: "Ei, é uma apresentação ao vivo, vamos lá! Vamos deixar todas as preocupações de lado!"

Então, quando a apresentação de "FAKE LOVE" terminou, Bang Si-Hyuk, que estava na Coreia, ligou para eles:

"Vocês mandaram bem pra car****!"

De acordo com j-hope, Bang Si-Hyuk não conseguia conter seu entusiasmo pela apresentação, e até soltou um palavrão. Era um sinal de que, ainda que eles não soubessem, seus problemas estavam se solucionando. Durante as primeiras semanas de vendas, *LOVE YOURSELF* 轉 *'Tear'* se tornou o primeiro álbum coreano a conseguir o primeiro lugar no top 200 da Billboard. Enquanto isso, "FAKE LOVE", a música principal do álbum, ficou em décimo lugar na lista Hot 100; o fato de o MV ter alcançado 100 milhões de visualizações em cerca de oito dias, quebrando o recorde de "DNA" com folga, acabou sendo secundário.

Os membros do BTS (que sempre ensaiavam, independentemente de sua situação, e subiam ao palco felizes mesmo diante das dificuldades) colocaram todas as suas habilidades a mostra no momento decisivo, assim como tinham feito no MAMA de 2014. E foi a partir daí que eles encontraram uma maneira de resolver seus problemas.

Inclinando a cabeça com ar reflexivo, j-hope se lembra da mudança ocorrida no grupo depois do BBMA:

—— Também não tenho certeza. Não sei se fui o único que sentiu, mas quando subíamos no palco, era como... como se fosse natural. Naquele dia, recebemos uma ligação do Bag Si-Hyuk e todos os membros sorriram (risadas). Depois disso, aos pouquinhos, as coisas começaram a se desenrolar.

Mas é óbvio que nem todos os problemas se resolveram com apenas uma apresentação. Ao fazerem uma performance da qual se orgulhavam, eles descobriram o significado do que cada um deles estava fazendo enquanto indivíduos, e o significado do trabalho dos sete juntos. Uma parte desse processo aconteceu quando os mais velhos ouviram a história do mais novo:

—— Não sei por que. Acho que... era uma coisa de que eu não gostava.

Nesse ponto, Jung Kook fala sobre um período bastante difícil para ele. Podemos dizer que, por ter debutado muito jovem, Jung Kook teve um período de adolescência tardia. O que os hyungs podiam fazer era ouvir seus relatos e ficar ao seu lado. Jung Kook continua:

—— Uma vez, depois de filmar, fui beber sozinho, e beber sozinho era... me sentia tão sem esperança. E foi na época em que eu estava muito focado em fotografar. Então coloquei meu celular na minha frente e falei para mim mesmo, como se estivesse fazendo uma transmissão ao vivo no YouTube... e eu estava bebendo. Mas então Jimin apareceu.

— Ah, antes de entrar no palco aquele dia...

Eu me lembro de que fizemos o nosso
coro, que não fazíamos havia tempos,
"Bangtan, Bangtan, Bangbangtan!".
Entoamos ele para nos encorajar.

— j-hope

Jimin explica por que surgiu na frente de Jung Kook:

— Eu fiquei um pouco preocupado com o Jung Kook, por isso perguntei sobre ele aos funcionários e eles me disseram que ele tinha saído para beber. Então eu também entrei no carro e pedi que me deixassem onde eles tinham deixado Jung Kook. Saí e olhei em volta, tinha um bar bem na minha frente. Quando eu entrei, Jung Kook estava sozinho, com a câmera arrumada, bebendo. Foi aí que acabamos conversando.

Não foi durante a própria conversa que Jung Kook encontrou as respostas que procurava. Segundo ele:

— Não me lembro muito sobre o que conversamos, mas fiquei muito emocionado por Jimin ter ido até lá. Porque ele foi para me reconfortar.

Segundo Jimin:

— Ao ouvir o que ele tinha a dizer, vi pela primeira vez o quanto ele estava sofrendo, e chorei muito. Eu não fazia ideia. Jung Kook tentou não falar nada, mas a bebida bateu e ele falou.

Na época, nem Jung Kook nem seus seis hyungs sabiam exatamente do que precisavam. Mas com os olhares incessantes do mundo exterior, parecia que tirar um tempo para realmente ouvir como cada um se sentia foi importante. Jimin continua:

— Acho que naquela época precisávamos reclamar e choramingar... De certa maneira, acredito que, fazendo isso, estávamos tentando observar nossa realidade a distância. Afinal de contas, os membros estavam lado a lado. Percebi que, a partir daquele momento, tudo se resolveu mais rápido.

Jung Kook também fala de outro episódio parecido:

—— Estávamos eu, Jin e Jimin, se não me engano. Nós três saímos para comer, e os outros foram aparecendo, um por um. Eles beberam com a gente, e depois alguém vomitou (risadas). Foi uma bagunça. Chorávamos, esses caras...

Jung Kook se perde em pensamentos por um tempo, e depois continua:

—— Nós trabalhávamos juntos, e são negócios... certo? Contudo, é mais do que isso para a gente. Não levo eles na brincadeira, eles são tão preciosos para mim... e sou grato a essas pessoas, tive certeza naquela época.

I'm Fine

A série LOVE YOURSELF terminou, e em agosto de 2018 o grupo lançou o *repackage LOVE YOURSELF 結 'Answer'*. O álbum começa com a música solo de Jung Kook, "Euphoria".* Foi ao gravar essa música que Jung Kook encontrou sua voz:

—— Não sei se posso chamar aquilo de travado... Mas era como se, no aspecto vocal, eu tivesse encontrado uma parede.

Jung Kook explica as adversidades que enfrentou:

—— Meu método de ensaiar sozinho enquanto buscava minha voz não era a estratégia certa. Existia um jeito melhor, mas como eu ensaiava daquela maneira, acabei desenvolvendo alguns hábitos ruins. E era a hora de eu consertar, mas... quando fiz aquilo, parecia que minha garganta não pertencia mais a mim. Mas, de qualquer forma, eu tinha que fazer alguma coisa... Então, gravei a música.

"Euphoria" se desenrola de maneira dinâmica: a voz de Jung Kook se intensifica com a emoção e, em certo momento do refrão, no lugar da voz, uma batida poderosa ganha destaque. Antes de chegar ao refrão, Jung Kook faz mudanças sutis para expressar as emoções delicadas presentes na letra: subindo ou baixando o tom, indo mais rápido ou mais devagar com a melodia.

Você é o sol que brilhou de novo na minha vida
O retorno dos meus sonhos de infância
Não sei que sentimento é esse
Isso pode também ser um sonho?

É possível dizer que o começo de "Euphoria" conta a história de Jung Kook a partir do debut com o BTS. Ao crescer junto do grupo, ele passou de um jovem que não entendia seus sentimentos para um vocalista adulto que conseguia expressar emoções tão complexas que não poderiam ser colocadas em apenas uma palavra. Seria possível comparar com a jovem protagonista da animação *Divertida Mente* (Pixar, 2015), que, ao sentir uma mistura de alegria e tristeza, limpa a mente e cresce.

—— Foi mesmo.

Jung Kook responde quando sugerido que "Euphoria" foi um ponto de virada para ele como vocalista. Ele continua:

—— Ainda não achava minha voz limpa, mas sentia que eu era capaz de expressar mais emoções. Deixando de lado questões relativas a aspectos técnicos, como vocalização, penso nas emoções que consegui aplicar àquela música... Acho que essas coisas melhoraram naturalmente. Mas, sendo sincero, ainda é uma batalha. É difícil.

Para o grupo, a produção da série LOVE YOURSELF foi um período de crescimento e dor. Como disse Jung Kook, cada membro tinha suas próprias preocupações guardadas, até que elas borbulharam e explodiram, impactando a relação íntima entre os rapazes. Para resolver, eles tentaram achar um equilíbrio entre o grupo e suas vidas particulares, e entre eles mesmo e os outros. Segundo Jin:

—— Depois que aquele período passou, acho que acabei me tornando muito otimista.

Ele também explica:

—— Tentei começar a me deixar levar. Se eu sentisse vontade de praticar canto, era o que eu fazia; se eu quisesse jogar alguma coisa, era o que eu fazia. Quando não tinha nada na minha agenda, comia quando queria e, se não sentisse vontade, passava o dia sem comer. As pessoas que me conhecem ficaram surpresas. Perguntavam como eu conseguia me concentrar tanto em alguma coisa sem reclamar. E eu respondia: "Acho que consigo porque estou vivendo sem pensar em nada".

Ao dizer que começou a viver sem pensar em nada, Jin mostra, na verdade, o quanto ele estava angustiado com o estilo de vida que levava antes de chegar a esse ponto.

—— Como eu vivo assim, não existe nada grandioso que eu queira na minha vida, e me sinto realizado fazendo o que quero quando quero. Consigo me sentir realizado em qualquer lugar. Nesse processo, acho que consegui encontrar felicidade e espaço mental.

A música solo de Jin, "Epiphany",* de *LOVE YOURSELF* 結 *'Answer'*, começa assim:

LOVE YOURSELF 結
'Answer'

REPACKAGE ALBUM
2018. 8. 24

TRACK

CD1

01 Euphoria
02 Trivia 起 : Just Dance
03 Serendipity (Full Length Edition)
04 DNA
05 Dimple
06 Trivia 承 : Love
07 Her
08 Singularity
09 FAKE LOVE
10 The Truth Untold (Feat. Steve Aoki)
11 Trivia 轉 : Seesaw
12 Tear
13 Epiphany
14 I'm Fine
15 IDOL
16 Answer : Love Myself

CD2

01 Magic Shop
02 Best Of Me
03 Airplane pt.2
04 Go Go
05 Anpanman
06 MIC Drop
07 DNA (Pedal 2 LA Mix)
08 FAKE LOVE (Rocking Vibe Mix)
09 MIC Drop (Steve Aoki Remix) (Full Length Edition)
10 IDOL (Feat. Nicki Minaj)

VIDEO

COMEBACK TRAILER : Epiphany

"IDOL" MV

"IDOL" MV TEASER

"IDOL" (Feat. Nicki Minaj) MV

É tão estranho
Tenho certeza de que amei você de verdade
Me adaptei a você em tudo
E queria viver só para você
Mas quanto mais eu fazia
Menos eu conseguia lidar com a tempestade em meu coração
Revelei meu verdadeiro eu
Por baixo da máscara que sorria

Você sempre quer entregar o seu melhor para quem ama, mas não é fácil suportar a tempestade em seu coração, e parece que você está usando uma máscara perto da pessoa. Essa é parte das emoções complicadas que Jin e os outros membros do BTS tiveram ao fazer a série LOVE YOURSELF. Quando aquele período passou, às vezes Jin aceitava um mundo onde não pudesse fazer nada, e às vezes ele se comprometia e se autoafirmava. Talvez tenha sido por causa disso que ele aprendeu a aproveitar a felicidade que o trabalho dele traz. Ao se lembrar de "Epiphany", Jin comenta:

— A única parte da qual não me lembro do processo de *LOVE YOURSELF 結 'Answer'* é a gravação da música. Na época, estava meio aéreo, e acho que é apenas parte do motivo... Mas apresentar essa música era uma alegria especial para mim. Quando se está dançando, é preciso pensar no próximo movimento, e se você esquecer a coreografia, é um desastre, certo? Mas se você cantar parado em um só lugar, você consegue entrar em harmonia com a situação e os sentimentos que a música evoca. E eu sou a única pessoa que pode experimentar isso no palco.

j-hope reflete sobre as mudanças que aconteciam naquela época:

— Realmente foi um período de muito crescimento. Da minha parte, aprendi bastante durante a produção dos álbuns de LOVE YOUR-

SELF, e eu pensava com frequência sobre como deveria me expressar dentro desse grupo chamado BTS. Na época, os fãs perceberam essas coisas. Estávamos muito gratos. Acho que o processo de criar esses álbuns formou boa parte de mim. Se não fosse por aquele tempo, não acho que o j-hope de hoje estaria aqui.

Foi assim para todos os membros, mas manter um ambiente de união, típico do grupo, sempre foi uma incumbência de j-hope. Quando os membros tinham dificuldades físicas nos ensaios de coreografia, ele sorria e levantava o moral do grupo para que eles tentassem de novo, e de novo. Ele define trabalho em equipe da seguinte forma:

—— Somos um time, e nós sete precisamos nos tornar um para fazer um bom trabalho, não importa o que estejamos fazendo. Eu não era o único que precisava me sair bem, acredito que todos precisavam fazer um bom trabalho. Então, acho que fiz o melhor que podia. Na verdade, na produção da série LOVE YOURSELF, ou durante o processo de renovação do contrato, os outros membros ajudaram o grupo mais do que eu. De certa maneira, eles se responsabilizaram por partes com as quais eu não conseguia lidar, e também com as que eu tinha dificuldade, e me encorajaram.

Considerando aqui o ponto de vista de j-hope em relação ao grupo, o papel que ele desempenhou na divulgação de *LOVE YOURSELF 結 'Answer'* parece ainda mais impactante. Alguns dias depois do lançamento do álbum, j-hope dançou parte da coreografia da música principal, "IDOL", e compartilhou um vídeo de desafio[*] nas redes sociais, com a hashtag #IDOLCHALLENGE, para que muitas pessoas pudessem dançar a música.

j-hope, que sempre foi extremamente devotado ao grupo, desempenha o papel de permitir que as pessoas se divirtam ao dançar "IDOL".

Esse era o j-hope que os membros e o ARMY conheciam tão bem, e ele obteve uma boa resposta logo no começo da divulgação.

O desafio foi um momento de mudança tanto para a Big Hit Entertainment quanto para o BTS. Antes de *LOVE YOURSELF 結 'Answer'*, o BTS compartilhava diversos materiais de divulgação que a empresa preparara de acordo com um calendário detalhado. As intenções da Big Hit ficavam evidentes em todas as atividades do BTS que eram apresentadas ao ARMY e outros ouvintes — isso se aplicava a tudo, desde o trailer do *comeback* lançado logo no início até a direção de palco das premiações de fim de ano. A título de exemplo, o ARMY adivinhar qual seria o conceito do próximo álbum a partir de palavras que apareciam nos telões das premiações era um grande acontecimento.

O desafio de "IDOL" estava, portanto, mudando essa tradição. A participação espontânea das pessoas era uma parte importante da divulgação, e isso era algo que a Big Hit não podia controlar. Claro, uma vez que era o BTS quem fazia essa divulgação, era de se esperar que as respostas fossem positivas. Contudo, não era possível prever quantos ARMY realmente dançariam com j-hope, ou quantas pessoas do público geral o fariam. É possível que, por conta dessa incerteza, as opiniões na Big Hit Entertainment se dividissem. É óbvio, porém, que o desafio de "IDOL" era algo pelo qual o grupo precisava passar.

Meu, seu, de todo mundo: Idol

O BTS era um grupo idol. Contudo, para eles, essa breve definição continha incontáveis histórias. Eles treinaram pesado para se tornarem idols. Assim que isso aconteceu, eles foram rejeitados e insultados por fazerem hip-hop e por virem de uma empresa pequena. Até quando eles já eram estrelas, com ataques constantes sendo direcionados a eles, o grupo ainda confortava os fãs. Depois disso, eles sofreram com as preocupações decorrentes da carreira, e se preocuparam de estarem usando uma máscara com os fãs.

Para o grupo, ser idol englobava todas essas questões, além do significado posterior do grupo. O BTS começou como um grupo de idols. E até quando *LOVE YOURSELF* 結 *'Answer'* foi lançado, eles ainda eram "idols". Apesar de tudo.

Idols, especialmente os coreanos, sentem uma pressão constante para se tornarem "artistas" quanto mais avançam em suas carreiras. Por definição, o conceito de "artista" engloba idols, músicos, e assim por diante. Portanto, um idol é também um artista, e um tipo de artista não é superior ao outro. Contudo, na Coreia, a ideia de "artista" acaba por se tornar um objetivo que o idol deve alcançar. Portanto, frases como "idol se torna artista" significam que determinado idol conquistou alguma superioridade musical, ou maior autenticidade.

Isso está ligado a como os idols são vistos na indústria musical coreana, e também na sociedade como um todo. Idols eram, com frequência, menosprezados por terem aspectos musicais inferiores a outros artistas, por razões que variam entre o fato de a empresa dirigir a produção, de muitos deles não escreverem as próprias músicas, ou até ao fato de serem muito bonitos ou dançarem no palco. Além disso, existe um preconceito de natureza misógina: tendo em vista que a maioria dos fãs de idols são mulheres adolescentes ou jovens adultas, há quem considere que a música deles é inferior.

Contudo, desde o debut, o BTS fez músicas com histórias de suas próprias vidas como trainees, e com a série LOVE YOURSELF, eles retrataram as dores e os prazeres da vida de idol. A autenticidade do grupo vem das histórias que enfrentaram enquanto idols, e eles estavam intrincadamente ligados a suas lutas e seus crescimentos pessoais, bem como ao fandom ARMY.

Pode me chamar de artista
Pode me chamar de idol
Ou qualquer outra coisa que inventar,
Não me importo

Assim como o começo da música "IDOL", para o BTS, definir sua identidade como idol era algo necessário para "se amarem". Eles tinham desejado que o mundo soubesse da existência deles de todas as maneiras possíveis, e quando a glória que receberam junto ao ARMY era tão alta quanto uma montanha, o BTS a escalou e defendeu sua posição como um grupo de idols. De muitos elogios a muitas críticas, eles eram julgados de acordo com todos os parâmetros, e, assim, oscilavam da glória ao desespero. Contudo, agora não importava o que o mundo dissesse, o BTS era o BTS. Eles não precisavam de outra palavra para descrevê-los. SUGA diz o que pensa sobre a palavra "idol":

— Sei muito bem que as pessoas chamam idols de "cantores por sete anos" e "produtos pré-fabricados". Mas é apenas uma diferença do quanto você se expressa, e, no geral, todos os idols têm preocupações semelhantes. Ainda bem que, como grupo, conversamos muito sobre essas questões, então conseguimos processar nossos pensamentos sobre onde estávamos.

Dessa forma, com o desafio de "IDOL", o BTS estava dando mais um passo em sua autodefinição como tal. Esses idols, que tinham inúmeros olhos voltados para eles, e que eram definidos de diversas maneiras, estavam encorajando não apenas o ARMY, mas qualquer um que quisesse, a dar uma chance à dança de "IDOL". Como resultado, até mesmo alguém que não soubesse nada do contexto do BTS e do ARMY, poderia descobrir o desafio pelas redes sociais e conhecer o grupo.

A atitude era: não importa o que você acha da gente, venha tentar e se divertir. Esse foi um pequeno mas importante ponto de virada na história do BTS e do ARMY. Desde o debut, o BTS tinha se defendido contra ataques externos, mas quando encontraram a "resposta" [*answer*] na série LOVE YOURSELF, eles começaram a criar eventos dos quais qualquer um poderia participar, não importando o que dissessem.

A música principal de *LOVE YOURSELF* 結 *'Answer'*, "IDOL",[*] combina diversos elementos de culturas distintas. Musicalmente, ritmos sul-africanos são misturados a ritmos da música tradicional coreana. No MV, eles usam ternos, mas também hanboks[7] tradicionais; o cenário remete a planícies africanas; *Bukcheong sajanoreum*, um jogo tipicamente coreano, aparece; assim como pinturas feitas pelos próprios membros do BTS. Tudo se junta em um vídeo que enfatiza tanto a sensação de três dimensões quanto o plano bidimensional.

Ao combinar tantos elementos que podem passar a impressão de algo sobrecarregado, em vez de usar rock ou EDM, que é o tipo de música que passa uma energia de festival, é o som da música tradicional coreana que carrega a música. Na parte em que todos estão mais animados, o ritmo da música tradicional coreana, "Bum badum bum brrrrumble", e o *chuimsae* (forma de exclamação na música tradicional coreana) aparecem na letra.

"IDOL" é uma passagem em um festival de música, criada com uma junção de elementos. Para qualquer pessoa do mundo, a música

7 Vestimenta típica coreana que hoje é usada em ocasiões formais, festas ou comemorações. [N. da T.]

tradicional coreana se torna o som de aproveitar o festival. Para coreanos, a música tradicional em "IDOL" é um elemento especial, difícil de se encontrar na música popular, mas também alcança uma universalidade como ponto alto da melodia animada. Com isso, o BTS atingiu um novo estágio na série LOVE YOURSELF. O BTS, que já estava conectado ao ARMY, agora são pessoas que podem dizer a qualquer um: "Vamos curtir juntos", e fazer uma festa.

Em "Burning Up (FIRE)", o grupo mostrou seu ímpeto, seguindo em frente, sem hesitar, com uma coreografia grandiosa, enquanto em "Not Today" eles lideram dezenas de dançarinos. E em "IDOL", com uma coreografia que incorpora diversos figurinos e elementos culturais, o papel deles é fazer com que todo mundo se divirta. Desde a música do debut, "No More Dream", até "IDOL", o grupo recebeu tanto amor que agora conseguia mudar sua abordagem na cena.

A diferente faceta que o BTS revelou em "IDOL" simbolizava a mudança que ocorria não apenas na música, mas na história da indústria cultural coreana. Em 2018, o grupo atingira a primeira posição no top 200 da Billboard duas vezes consecutivas, com *LOVE YOURSELF 轉 'Tear'* e *LOVE YOURSELF 結 'Answer'*, e, no ano seguinte, o filme sul-coreano *Parasita* (2019) se tornou um dos mais comentados no mundo. Então, em setembro de 2020, a Billboard estabeleceu um novo ranking chamado "Billboard Global 200", que levava em conta os números totais de 200 países e regiões, inclusive os Estados Unidos. É justo assumir que a entrada do K-pop e de outros artistas internacionais no ranking estadunidense desempenhou um papel importante nisso.

Além de tudo, enquanto novas tendências se formavam ao redor de um continente, um país ou uma região cultural em especial, a cara da indústria cultural também estava mudando. Nessa onda, a cultura popular coreana, vista como tendo um apelo diferente daquele das culturas populares ocidentais, apresentava um crescimento meteórico. A partir da década de 2010, a Coreia e Seul emergiram como um novo país e uma nova cidade a receber atenção cultural. Como em "IDOL", a Coreia deu uma interpretação moderna a uma miríade de elementos culturais e, assim, começou a capturar a atenção do mundo. O BTS era parte dessa ampla corrente e estabeleceu sua posição como figura icônica.

A apresentação[•] do grupo no dia 1º de dezembro de 2018, no MMA, que aconteceu no Gocheok Sky Dome, foi um símbolo de tudo que eles faziam na época. No meio de um grupo de dançarinas do tradicional *samgomu* coreano, j-hope aparece vestindo um *hanbok* e começa a dançar. Ele não apresenta uma dança tradicional, e sim uma dança de rua baseada no breakdancing. O conceito geral é centrado nas artes tradicionais coreanas, mas as coreografias dos membros são baseadas nos gêneros modernos a que estão acostumados. Jimin e Jung Kook, que surgem depois de j-hope, se inspiraram respectivamente na dança *buchaechum* com leques e na dança *talchum* com máscaras, mas ambas as coreografias têm mais similaridades com movimentos contemporâneos que eles já haviam exibido antes.

A apresentação no MMA foi uma versão condensada das artes e cultura tradicionais coreanas, que o BTS fundiu a elementos da cultura popular moderna como se não fosse nada fora do comum. Os membros vestem *hanboks* distorcidos de seu aspecto usual, vocalizam o ritmo e gritam a exclamação tradicional coreana no meio do palco, enquanto a plateia os acompanha a plenos pulmões. Tudo isso acontece de forma tão natural que é como se tudo estivesse em seu lugar de direito. Esses jovens, que cresceram imersos nas tradições coreanas e na música popular ao mesmo tempo, haviam criado uma combinação entre as duas.

É bem parecido com o que ocorre em "IDOL", o grupo une os olhares direcionados a eles a todos os significados que foram atribuídos ao BTS. Ao juntar elementos inexplicavelmente complexos em um, o BTS fez com que sua identidade, tanto como coreanos quanto como idols, ficasse muitíssimo nítida.

Por muito tempo, as premiações de fim de ano como o MMA foram o campo de batalha onde o BTS poderia se provar. Lá, eles deveriam vencer os outros grupos, além de deixar o ARMY orgulhoso.

Contudo, depois de ocupar a primeira posição por duas vezes consecutivas no top 200 da Billboard, e tendo superado o caos que envolvia a renovação de seus contratos, no fim das contas, o BTS aguentou tudo como um time, e eles não precisavam mais se provar. Eles não precisavam se explicar e, em vez disso, o peso da expectativa saiu de seus ombros: que tipo de apresentação fariam dessa vez? Como idols, eles se transformaram em ícones.

SPEAK YOURSELF

Depois que o novo álbum foi lançado, era hora de sair em turnê. Como os títulos dos álbuns sugerem, o BTS havia atravessado os estágios de "desenvolvimento" (*seung*, 承) e "virada" (*jeon*, 轉) da composição literária, e levaram a série LOVE YOURSELF a uma "conclusão" (*gyeol*, 轉) no palco. No dia 25 de agosto de 2018, eles abriram a turnê BTS WORLD TOUR "LOVE YOURSELF"[*] no Jamsil Olympic Stadium em Seul. Uma turnê de um ano se seguiu, e foi concluída com mais um show no Jamsil Olympic Stadium em 29 de outubro de 2019, BTS WORLD TOUR "LOVE YOURSELF: SPEAK YOURSELF", e incluiu músicas do álbum de 2019, *MAP OF THE SOUL : PERSONA*.

Na turnê BTS WORLD TOUR "LOVE YOURSELF: SPEAK YOURSELF",* eles fizeram shows em estádios muito conhecidos como o Rose Bowl, nos Estados Unidos; Wembley, no Reino Unido; e Stade de France, na França. Antes de começarem a produção da série LOVE YOURSELF, o BTS foi consumido pela ansiedade de que seu sucesso chegasse ao fim. Contudo, depois da série LOVE YOURSELF, eles voaram ainda mais alto. Quase como se estivessem em um voo eterno que nunca pousaria.

—— Fizemos 40 shows, certo? E às vezes eu pensava: *O que eu devo fazer hoje?* (risadas).

V fala sobre como eram essas longas turnês. Ele continua:

—— Antes disso, quando eu fazia shows, tinha tantos gestos que eu poderia usar. Mas não podia dizer o mesmo com "40 shows" a minha frente. As coisas que eu precisava apresentar eram muito mais variadas. Me preparei bastante antes de sairmos. Tinha muitas ideias, principalmente para músicas como "Intro : Singularity". Tantas que eu achei que minha cabeça fosse explodir. E ao fazer os 40 shows, acabei me arrependendo e pensando, *Eu deveria ter usado uma ideia de cada vez* (risadas). Por exemplo, a princípio, pensei em umas 15 poses. Para cada show, também pensei em uma para o meio da apresentação, e uma diferente para o fim, e para a coreografia, pensei em várias formações novas. Mas eu basicamente fiz tudo o que tinha preparado em um show. Então, depois minha cabeça ficou vazia.

V acabou escolhendo deixar seu corpo se levar pelas sensações que apareciam naturalmente. Ele diz:

—— No palco, eu faço tudo sem pensar. Não importa as ideias que tive, não pensava, *Agora, preciso fazer isso*. Tenho uma ideia geral, claro. Acho que o que vem naturalmente é o mais importante.

Talvez a conclusão de V seja a mesma a que o BTS chegou ao final da série LOVE YOURSELF. Ao encarar os problemas inesperados da vida, e se contorcer com cada preocupação, a resposta é encontrada nas coisas mais simples, porém mais significativas.

Jung Kook resume de onde essa felicidade vem agora:

—— Hoje, quando perguntam o que me faz feliz, [a resposta] é: poder ter esse tipo de preocupação. Essa é minha felicidade. Se eu não estivesse feliz agora, acho que não conseguiria pensar no que chamo de felicidade. Então, ser capaz de pensar *Isso me faz feliz?* e *Não, é isso que me faz feliz*, será que não é esse tipo de coisa que é felicidade?

Assim como a mensagem da peça *O pássaro azul*, segundo a qual a felicidade está ao alcance, o BTS voou longe e alto antes de voltar aos seus valores e ao seu coração. Durante a série LOVE YOURSELF, Jimin mais uma vez encontrou a "resposta" dos membros. Segundo ele:

—— Algumas coisas aconteceram, mas, no fim das contas, eu voltei para o BTS. Encontrei com meus amigos de fora do grupo e passamos um tempo juntos, tirando algumas coisas do meu peito, mas levar as coisas do grupo para fora não ajudava em nada, e não encontrei as respostas que queria. E acho que foi assim que acabei contando ainda mais com os membros.

"Promise",[•] lançada no dia 31 de dezembro de 2018, foi a primeira música feita por Jimin. A faixa começa com o verso "Desabando sozinho", mas Jimin percebe que não está sozinho, e a música termina com "Agora, prometa para mim". Jimin começou a trabalhar na música durante a primavera daquele ano, mas devido à atmosfera confusa do grupo, ele não conseguiu ganhar tração. Só quando Jimin concluiu aquele período foi que ele conseguiu completar a música como ela é hoje.

Para os membros do BTS, a série LOVE YOURSELF foi um processo de descoberta de valores importantes. Nesse aspecto, se amar foi um processo de descobrir quem eram. Sobre isso, j-hope diz:

—— Acabei me vendo como uma pessoa solar, que dá energia aos outros. E uma pessoa que consegue expressar seu charme único de acordo... Durante essa série, foi o que aprendi a meu respeito.

j-hope explica o processo de autodescoberta:

—— A série LOVE YOURSELF contém uma mensagem de autoamor, mas, por outro lado, pensava, *Que tipo de pessoa eu sou?*, e me estudei muito naquela época. E percebi que tenho essa energia, e que sou alguém que consegue transmitir isso para os outros. E, assim, ao conseguir uma definição sobre mim que não era bem uma definição, eu pude transportar para as músicas, expressar isso, e o ARMY me aceitou... Além disso, quando olhei para o ARMY, pensei de novo, *É isso, isso é quem eu sou*. Essa foi a trajetória.

Para o BTS, LOVE YOURSELF não se trata apenas de um ato de afirmação. Como j-hope disse, era um processo de "autoconhecimento" para descobrir a possibilidade de "se amar". Não importa quem você seja, esse é um processo inevitável, e não existe uma resposta única, mas por meio dessa série de álbuns, os membros do BTS confessaram histórias pessoais e procuraram a resposta para a eterna pergunta: "quem eu sou?".

Assim, logo depois da série LOVE YOURSELF, o primeiro verso da música que abre a série MAP OF THE SOUL, "Intro : Persona", é: "Quem sou eu". Claro, a letra continua: "o questionamento que existiu durante toda a minha vida" é "a pergunta para a qual provavelmente nunca vou encontrar uma resposta". Contudo, é durante o processo de responder essa questão, que acontece em todos os períodos da vida, que a pessoa entende o que precisa fazer.

j-hope compartilha a resposta que LOVE YOURSELF deu a ele:

—— Pensando nisso, não acho que eu era alguém tão solar, mas mudei muito para me tornar quem eu sou hoje. Não sei o que outras pessoas acham da ideia de "completude", mas quando falo sobre o processo de me tornar uma pessoa completa, acho que realmente quero dizer às pessoas: "Eu também mudei, e me tornei essa pessoa", "Você pode fazer a mesma coisa". Não sei como a mensagem foi recebida pelo ARMY, mas, de todo jeito, esperava que tivesse um bom impacto.

No dia 24 de setembro de 2018, o BTS foi ao lançamento da iniciativa "Generation Unlimited" da UNICEF no centro das Nações Unidas em Nova York, onde eles discursaram.[*]

Gostaria de começar falando de mim.

Como j-hope disse, ao contar a história do BTS, eles impactaram não só ARMY, mas muitas outras pessoas também.

RM, que falou em inglês em nome do grupo, começa apresentando sua cidade natal, Ilsan, e fala sobre como foi crescer lá. Ele continua falando dos dias difíceis que seguiram o debut, expressa sua gratidão ao ARMY pelo amor e apoio, e fala sobre viver como ele mesmo. Vale destacar a seguinte parte:

Talvez eu tenha cometido um erro ontem, mas o eu *de ontem ainda sou eu. Hoje, eu sou quem sou com todas as minhas falhas e meus erros. Amanhã, posso ser um pouco mais sábio, e isso também será* eu. *Essas falhas e esses erros são o que eu sou, e tornam-se a constelação mais brilhante da minha vida. Preciso amar quem eu sou, pela pessoa que sou, e por quem quero me tornar.*

Ele, então, recomenda que as pessoas deem um passo a mais ao se amarem:

Passamos a nos amar. Agora te peço que passe a dizer quem você é.

Assim como BTS WORLD TOUR "LOVE YOURSELF" foi seguida pela BTS WORLD TOUR "LOVE YOURSELF: SPEAK YOURSELF", na jornada da série LOVE YOURSELF, o BTS caminhou em direção a sua resposta: *SPEAK YOURSELF*. Não importa como o mundo veja você, e não importa o que você tenha enfrentado para chegar aqui, diga ao mundo quem você é e de onde você veio: esse é o BTS de verdade, e continuaria a ser mesmo que eles perdessem tudo que tinham.

Na época, o BTS não sabia quão longe e por quanto tempo eles continuariam a voar. Contudo, o discurso deles na ONU foi uma declaração: se eles chegassem tão longe a ponto de alcançar o sol, ainda estariam ligados ao solo de onde saíram. No discurso, RM também disse que quem você é em essência não muda, e encorajou as pessoas a falarem sobre isso e se conectarem ao mundo.

Como sete jovens que até alguns anos antes eram apenas garotos comuns na Coreia, mas que agora viajam o mundo todo, talvez essa fosse a única coisa que eles pudessem dizer ao ARMY, formado de diferentes nacionalidades, raças, personalidades e classes.

—— Foi muito importante para mim. Acho que estabeleceu um dos pilares do BTS.

RM se lembra brevemente do discurso daquele dia, e prossegue, dessa vez falando de arte:

—— Quando li críticas sobre o pintor Song Sangki, uma parte me tocou muito. Pelo que me lembro dizia: "Acredito que os maiores artistas sejam aqueles que conseguem pegar suas experiências mais pessoais e transformá-las em verdades universais. Essa pessoa não é a arte em si?"

RM explica como ele se sentiu ao ler isso:

— "Alguém que transforma experiências pessoais em verdades universais". Senti que era quem eu queria me tornar. O BTS deve estar em algum lugar entre experiências pessoais e universais. E, para alcançar a verdade universal, a experiência pessoal precisa ser priorizada, certo? Para mim, essas experiências pessoais estão ligadas à pergunta: "Onde estou deixando minhas raízes?", e isso está no começo e no fim do nosso discurso. Se o que eu gosto hoje é resultado de como meus neurônios se ramificaram por todos os lugares, então a reposta à pergunta sobre meu começo reside nas raízes profundas da minha identidade, e nesse mundo complexo, é a origem que permite um reconhecimento claro da minha existência. Exagerando um pouco, acho que minha identidade e minha autenticidade vêm só daí. Então, quando expresso essas coisas, posso falar sem vergonha e ser verdadeiro. Viver como parte do BTS, acho que isso vai ficar evidente, seja pelas minhas músicas ou entrevistas.

Nessa hora, RM sorri e faz sua versão de "speak yourself":

— Não é que eu seja o presidente ou John Lennon, certo? Mesmo assim, acho que posso me apresentar da seguinte forma, sem ter vergonha: "Sou uma pessoa jovem de não importa quantos anos, que vive em não sei qual lugar, e gosta de x e y." Quando digo esse tipo de coisa, acho que sinto como se fosse tão bom quanto eles (risadas).

E assim, um raio de sol começa a se formar. Uma luz que os guiaria em sua luta constante.

MAP OF THE SOUL : PERSONA

MAP OF THE SOUL : 7

THE WORLD OF BTS

O MUNDO DO BTS

MAP OF THE SOUL : PERSONA THE 6TH MINI ALBUM

ARMY Time

Quando o grupo lançou o novo álbum, *MAP OF THE SOUL : PERSONA*, no dia 12 de abril de 2019, às seis da tarde, boa parte dos ouvintes coreanos na plataforma de streaming Melon não conseguiu ouvir. Os servidores da plataforma colapsaram devido ao alto número de acessos.

O feito era inimaginável para qualquer um vivendo na República da Coreia. Em 2019, 10.28 milhões de coreanos usavam streamings de música, e a Melon tinha 4.1 milhões de usuários ativos por mês. Uma plataforma dessa magnitude colapsar por conta de apenas um álbum, era como uma pedra jogada no mar ser capaz de enviar toda a água para o espaço sideral.

Mas talvez o prenúncio dessa situação tivesse ocorrido dois meses antes, com o lançamento da ARMYPEDIA,[*] uma espécie de caça ao tesouro organizada pela Big Hit Entertainment como presente para o ARMY. Teasers foram veiculados em jumbotrons em Seul, Nova York, Los Angeles, Tóquio, Londres, Paris e Hong Kong, e ARMY de todo o mundo saíram em busca das 2.080 peças de quebra-cabeça espalhadas pelos quatro cantos do mundo, e as juntaram pela internet. O número 2.080 fazia referência aos 2,080 dias que haviam se passado desde o debut do BTS, 13 de junho de 2013, até 21 de fevereiro de 2019, quando a ARMYPEDIA foi lançada, e cada peça do quebra-cabeça simbolizava um dia na vida do BTS.

O ARMY reuniu as peças com uma rapidez impressionante. Cada uma continha um QR code e, ao escaneá-lo, a pessoa era redirecionada a um quiz sobre o BTS. Se a resposta estivesse certa, seria registrada na ARMYPEDIA daquele dia. O ARMY que respondesse corretamente, poderia disponibilizar sua própria lembrança do BTS em formato de texto, foto ou vídeo. A ARMYPEDIA mostrou que naquela época o BTS já se transformara em um fenômeno gigantesco, capaz de obter uma resposta em nível global para uma ação tão humilde quanto compartilhar memórias.

Algumas semanas depois, aconteceram duas festas off-line[1] da ARMYPEDIA em Seul. Na época, a mídia coreana noticiou tais eventos como "eventos do BTS sem o BTS", embora os membros tenham aparecido de surpresa por vídeos em grandes telões. Mesmo sem a presença física dos membros, o ARMY se juntou em quantidades que encheriam um estádio, cantou junto as músicas que saiam pelos autofalantes e participou de uma comemoração organizada pelo BTS e pela Big Hit Entertainment.

A ARMYPEDIA e os eventos serviram de prévia para o que o fandom mostraria ao mundo quando *MAP OF THE SOUL : PERSONA* fosse lançado. O ARMY agora se reunia em grandes números para atrair a atenção da imprensa, mesmo sem a presença física de algum dos membros do BTS. E foi dessa maneira que, ainda que *MAP OF THE SOUL : PERSONA* seja um álbum do BTS, a estrela do lançamento tenha sido o ARMY.

Você

MAP OF THE SOUL : PERSONA tem início com uma história sobre "você", ou seja, o ARMY. O conceito do álbum foi inspirado por

1 "RUN ARMY in ACTION" aconteceu dia 10 de março na Seoul City Plaza e "ARMY UNITED in SEOUL" em 23 de março, no parque Oil Tank Culture.

um pensamento recorrente de Jung Kook enquanto promovia a série LOVE YOURSELF.

—— Me perguntei como era a vida de todas aquelas pessoas que gostavam de mim.

O desejo de Jung Kook em conhecer melhor o ARMY não era movido apenas por curiosidade.

—— Às vezes me perguntava, quando estava com outras pessoas, se eu deveria colocar uma máscara. É importante encontrar um equilíbrio entre meu lado artista e minha vida pessoal, mas muitas vezes eu me perguntava se perdia a noção do que estava fazendo.

O BTS sempre teve um grande carinho pela "fileira única" de fãs que os viu em sua primeira apresentação na TV, e agora os estádios onde se apresentavam ficavam repletos de ARMY. O aumento na quantidade de fãs também significou um aumento na quantidade de idiomas nos quais o ARMY expressava seu amor, apoio e considerações sobre o grupo, contudo, os garotos não sabiam o motivo de estarem recebendo tanto amor, nem como eram as vidas daquelas pessoas que os amavam. Eles só viam o mar de câmeras, o crescente interesse da imprensa, as pessoas querendo bancar os especialistas e tentando diminuir a distância entre o BTS e o ARMY. Segundo Jung Kook:

—— Acho que chegamos até onde chegamos por termos encontrado as pessoas certas no momento certo. Mas sofremos muita pressão. Não achava que eu era a pessoa certa para aquela posição, mas eu precisava fazer o que fosse preciso para me torná-la. Sempre existem coisas nas quais precisamos nos esforçar se pretendemos nos sair bem.

MAP OF THE SOUL : PERSONA

THE 6TH MINI ALBUM
2019. 4. 12

TRACK

01 Intro : Persona
02 Boy With Luv (Feat. Halsey)
03 Mikrokosmos
04 Make It Right
05 HOME
06 Jamais Vu
07 Dionysus

VIDEO

COMBACK TRAILER: Persona

"Boy With Luv" (Feat. Halsey) MV TEASER 1

"Boy With Luv" (Feat. Halsey) MV TEASER 2

"Boy With Luv" (Feat. Halsey) MV

"Boy With Luv" (Feat. Halsey) MV ('ARMY With Luv' ver.)

"Make It Right" (Feat. Lauv) MV

Como dito por Jung Kook, as obrigações do BTS cresceram proporcionalmente a sua popularidade, e não era fácil manter a honestidade e sinceridade que eles gostariam de demonstrar ao ARMY.

Mas o BTS era um grupo que (muito antes de "streamer" ser uma palavra conhecida mundialmente) compartilhava seus vlogs no YouTube desde antes do debut, em seus tempos de trainee. E mesmo depois de se tornarem uma sensação mundial que lotava os estádios da turnê, eles ainda, após o show, ligavam a V Live para se comunicar com os fãs.

MAP OF THE SOUL : PERSONA foi o resultado de uma relação especial entre um fandom gigantesco e os artistas amados que se transformaram em estrelas mundiais na era dos smartphones e do YouTube. O BTS, mesmo no mercado idol, desejava mostrar suas verdadeiras qualidades tanto quanto possível, e foi assim que se tornaram superestrelas. Quando acharam que alcançaram o topo, eles decidiram se comunicar ainda mais com os fãs que caminharam a seu lado por todo o percurso.

Da Arábia Saudita à América

A não ser que cada ARMY fosse perguntado individualmente, nunca será possível saber quão longe chegou a esperança de Jung Kook. Mas depois do lançamento de *MAP OF THE SOUL : PERSONA*, ficou evidente que o ARMY queria dizer algo para o BTS.

No dia 10 de outubro de 2019 (horário local), o BTS se preparava para um show da turnê BTS WORLD TOUR "LOVE YOURSELF: SPEAK YOURSELF" que aconteceria no dia seguinte, no King Fahd International Stadium, em Riad, capital da Arábia Saudita. Depois do ensaio, Jung Kook e Jimin decidiram praticar mais uma vez a parte em que fariam um medley das músicas mais famosas do grupo.

"Desculpa!"

Foi o pedido dos dois para a equipe que estava ali. Fazia 40 graus em Riad, e qualquer um visitando a cidade pela primeira vez, sentiria dificuldade em fazer algo simples como andar pelas ruas. Os dois se desculparam por pedir que os funcionários ficassem no calor por mais tempo; ainda que os dois estivessem ainda mais suados.

Mas eles não eram os únicos que tentavam superar o calor. Durante todo o ensaio, uma onda de apoio vinha do lado de fora do estádio. O ARMY cercou o lugar. Do lado de fora, só dava para ouvir sons abafados do ensaio, o que tornava quase impossível diferenciar a voz dos membros. Ainda assim, sempre que a música mudava, os fãs gritavam juntos e chamavam pelos membros. Ver mulheres vestindo o tradicional nicabe, que cobre boa parte de seus corpos, bradando o nome dos artistas não é algo comum na Arábia Saudita. Jung Kook se lembra de como foi o show:

— Cada país tem sua própria cultura, mas eu esperava que, pelo menos durante a nossa apresentação, a plateia expressasse tudo que tinha no coração. A roupa tradicional devia ser bem quente, mas as pessoas estavam se divertindo tanto e gritando tão alto que fiquei profundamente grato.

Como diz Jung Kook, a plateia, composta majoritariamente por mulheres, gritou bastante e se divertiu muito, apesar do calor. Claro, foi um breve momento, mas o BTS evidenciava como a música mainstream estava sendo aceita de um novo jeito na Arábia Saudita, era uma mudança. E essa mudança estava sendo encabeçada por mais de trinta mil mulheres com mais ou menos a mesma faixa etária — fato interessante.

O mesmo acontecia nos Estados Unidos. Todos os canais de mídia comentavam sobre as adolescentes e mulheres de vinte e poucos anos que se reuniam para assistir aos shows do BTS. A apresentação do grupo no *Saturday Night Live* em 13 de abril de 2019 foi um marco importante.

No teaser do episódio, a apresentadora da semana, a atriz Emma Stone, e parte do elenco do *SNL* interpretaram o ARMY, e Stone disse, "Vou acampar nesse palco até o BTS chegar". Isso nem era exagero para alguns. O programa da NBC, *Today Show*, já havia reportado que o ARMY estava acampando há dias na frente do estúdio na intenção de conseguir ingressos para o *SNL*.

Essa era a primeira apresentação do grupo desde o lançamento de *MAP OF THE SOUL : PERSONA*, e o programa era, como o próprio nome sugere, ao vivo. O palco também era bem menor do que o padrão dos programas musicais coreanos. Sem tempo para nervosismo, os membros começaram a se perguntar como fariam a apresentação em um palco e audiência tão diferentes:

—— "O palco é tão pequeno. Como vamos fazer a coreografia?"

Tomando cuidado com esbarrões e machucados, os membros discutiram e realinharam os movimentos até a hora da apresentação. Os membros falam sobre a apresentação:

—— Não importava o espaço físico do palco, o fato de ser o SNL era importante.

Assim como eles esperavam, a apresentação foi o *Ed Sullivan Show* do BTS[2]. Não apenas os jornalistas musicais da *Billboard* e da *Rolling*

2 *The Ed Sullivan Show*, transmitido de 1948 a 1971 na CBS, foi o primeiro programa americano no qual os Beatles se apresentaram, em 9 de fevereiro de 1964, quando o álbum deles se tornou um sucesso nos Estados Unidos.

Stone discutiram a apresentação e a resposta do público, mas o *New York Times* e a CNN também comentaram o fato, e no dia seguinte o número de pesquisas no Google por "BTS" foi o mais alto de todo o período de divulgação de *MAP OF THE SOUL : PERSONA*.

Esse foi o momento em que jornalistas do mundo inteiro, e não apenas na Coreia, passaram a se perguntar: "Por que os fãs amam tanto o BTS?"

Estou ouvindo você

A história do fandom de *boy bands* começa no Ocidente. Mas bandas como o BTS — capazes de transcender as barreiras nacionais e angariar turnês na Ásia, América do Norte e Europa — são poucas e não aparecem com frequência. Menor ainda é o número de casos em que o fandom carrega light sticks[3] iguais e se reúne sob um mesmo nome (ARMY, nesse caso).

A imprensa ocidental começou a comparar o ARMY com a Beatlemania, o fandom dos Beatles. O ARMY era tão sensacional que os jornalistas ocidentais revisitaram os Beatles para encontrar um modelo de comparação. O BTS levou quase seis anos para chegar ao palco do *SNL*, seis anos de crescimento sem igual, tanto em termos de vendas como de alcance geográfico. E eles eram artistas coreanos, cantando em coreano no palco do *SNL*, fazendo com que o ARMY dos Estados Unidos gritasse a plenos pulmões. Era realmente algo sem igual.

3 Bastões luminosos que são usados pelos fãs em shows e outros eventos. Cada banda tem um light stick personalizado. [N. da T.]

A popularidade do BTS não pode ser resumida em apenas um fator. Alguém pode ter virado fã por se interessar a princípio pela beleza dos membros, enquanto outra pessoa se tornou fã pelas performances, e outra ainda pode ter conhecido o grupo por meio de um vídeo engraçado feito por outro ARMY.

Mas mais do que questionar de onde vem a popularidade do grupo, é importante olhar as respostas dadas pelo ARMY. Por exemplo, durante o evento da campanha *Generation Unlimited* em setembro de 2018, quando o BTS discursou na Assembleia Geral da ONU incitando a juventude a ter voz própria (speak yourself), as redes sociais foram tomadas por fãs relatando suas jornadas de autodescoberta e desenvolvimento da autoestima.

Por meio da música do BTS, o ARMY aprendeu eventos trágicos da história coreana (como o massacre de 18 de maio de 1980 do Movimento Democrático de Gwangju e o naufrágio da balsa Sewol) e ofereceu condolências e sua solidariedade aos afetados. Não só isso, quando a pandemia de Covid-19 se alastrou pelo mundo, um ano depois do lançamento de *MAP OF THE SOUL : PERSONA*, o ARMY havia doado mais de 2 bilhões de won até setembro de 2020, levando em conta apenas as doações verificadas.[4] As doações eram destinadas não apenas à educação e saúde, áreas diretamente afetadas pela pandemia, mas também direitos humanos e proteção animal.

Ainda que seja difícil identificar o que fez as pessoas se interessarem pelo BTS, existe um tema único que ecoa pelo fandom do mundo todo: se tornar fãs do BTS, fez essas pessoas darem novas direções para suas vidas.

4 Ver reportagem da *Weverse Magazine* no QR code.

Isso não é exclusividade do ARMY, quando se trata de fandoms de K-pop. Os fandoms anteriores ao ARMY também eram proativos em doações para as mais diversas causas. Mas quando o BTS alcançou fama mundial, outros fandoms de K-pop começaram a seguir a tendência. Através dessa unidade particular vista em todos os fandoms de K-pop, os fãs expressam suas identidades ao mesmo tempo em que se envolvem em diversas questões políticas e sociais não ligadas à música. E na atualidade, a norma é que todo fandom manifeste seu posicionamento não apenas em relação às questões do país em que vivem mas também em questões globais.

Como o teaser do *SNL* mostrava, a imagem da imprensa ocidental sobre fandoms de *boy bands* é que se tratam de adolescentes e jovens que passam noites em claro para ter um vislumbre de seu grupo preferido e que conversam sobre o assunto por horas. Parte disso é verdade, desde os tempos da Beatlemania. No entanto, por mais que os fãs de BTS passem um tempo falando sobre a banda favorita, eles também seguem com suas vidas e projetos pessoais.

É por isso que, talvez, a pergunta a ser feita para o ARMY ou qualquer outro fã de K-pop, de qualquer artista na verdade, não seja, "Por que você é fã?", mas "Qual vida, além da de fã, você leva?". Só assim podemos nos aproximar das jovens mulheres com roupas tradicionais da Arábia Saudita, reunidas em volta de um estádio, onde seu artista favorito está ensaiando, na esperança de ouvir a mais simples manifestação dele, e gritando seus nomes.

Com a apresentação no *SNL*, o BTS deu um passo decisivo em direção ao ARMY. Eles apresentaram "Boy With Luv" (Feat. Halsey),[*] a música principal de *MAP OF THE SOUL : PERSONA*, e "MIC Drop", que apareceu originalmente no álbum *LOVE YOURSELF* 承 *'Her'*.

"MIC Drop" em especial é uma música com estilo hip-hop que exige uma performance dinâmica do começo ao fim, e "Boy With Luv" é o oposto, uma das músicas mais alegres e animadas do grupo.

A variação entre essas duas músicas parece demonstrar bem a relação entre BTS e ARMY. "MIC Drop" é uma música cheia de "swag", um atestado do sucesso do grupo. Esse swag não se vangloria apenas, ele passa uma mensagem vitoriosa: "Não preciso mais ver você / Essa é a nossa despedida / Não tem nada a dizer / Não tente nem se desculpar". Pelo contexto, é provável que essa música se dirija aos haters que acompanharam o grupo desde o debut.

Por outro lado, "Boy With Luv" fala das coisas que desde o começo se juntaram na grande força motriz que o levou ao topo. Em outras palavras, é a história do ARMY. Na música, o BTS menciona que deseja encontrar o ARMY e olhar em seus olhos: "Quero que você olhe nos meus olhos", e eles falam do sucesso do momento no trecho, "Agora está tão alto aqui". E para o ARMY, que desperta a curiosidade do BTS, eles dizem:

Vem ser meu professor
Me ensine tudo sobre você

Se "MIC Drop" foi o processo de se provaram graças ao sucesso, "Boy With Luv" (Feat. Halsey) é uma declaração de que eles deixariam o ARMY contar primeiro as suas próprias histórias. A história de como um artista teve que colocar o fandom em primeiro lugar, e do fandom que sempre o apoiou.

O BTS transformou seus fãs em protagonistas do álbum, e começou a contar as histórias que essas pessoas gostariam de contar. Jung

Kook, ao comparar a influência que o Jung Kook membro do BTS tem, e não o indivíduo Jeon Jung Kook, diz:

— Hum... Não acho que exista uma linha tão perceptível que diferencie os dois. Em todo caso, como Jung Kook do BTS falo com os fãs que se conectam comigo, e é por isso que quero contar histórias positivas. Porque é no que eu também acredito, e tenho o poder de dar esperança às pessoas.

Vou ser muito sincero

O rap de RM em "Boy With Luv" (Feat Halsey) começa com o verso "Vou ser muito sincero". Ele discorre, sem filtros, sobre a realidade enfrentada pelo BTS e o que passava pela cabeça deles ao atingirem um sucesso sem precedentes na música contemporânea coreana.

Às vezes sou um pouco metido
Lá no alto, corredores largos
Já rezei para que me deixassem fugir

Na letra ele conseguiu tratar dos sentimentos que os invadiam após o aumento da popularidade com o lançamento da série LOVE YOURSELF, um crescimento tão exponencial que é quase humanamente impossível suportar. A expressão que RM usa, "Vou ser muito sincero", foi escrita no impulso:

— Quando componho, preciso entrar na mente do narrador. Porque preciso entrar no mundo da música. Mas quando escrevo a minha parte de rap depois de ter composto a música, parece que não tenho mais muito a dizer (risadas). Pode acontecer de eu escrever uma letra e esquecer por duas semanas, até que alguém diz, "Ei, RM, você ainda não escreveu o seu rap". Essa é a parte mais difícil. Quando a música já está toda escrita e o meu rap é a última coisa que precisa entrar. E nessa música já estávamos finalizando a produção quando pensei: *Vou ser muito sincero* (risadas). Ainda assim, tive que me perguntar, *Esse é o melhor que você pode fazer?*, e eu responderia, *Foi o melhor.*

Em *MAP OF THE SOUL : PERSONA*, a principal mensagem que o grupo gostaria de passar era que escutaria o ARMY, e conforme o ARMY se tornou o protagonista do álbum, o narrador se transformou no BTS que conhecemos hoje. Sobre a mudança pessoal que sofreu em "Boy With Luv" (Feat. Halsey), RM diz:

—— Eu me sentia exatamente como disse, "Vou ser muito sincero", porque eu queria mesmo ser sincero. É estranho pensar nisso agora. Porque quando eu escrevi, pensei, *Você realmente vai escrever isso assim?*, e não conseguia acreditar no que eu estava fazendo (risadas). Não acho que eu seria corajoso o suficiente para fazer isso em qualquer momento antes daquele. Eu teria escrito de outra maneira.

Nesse sentido, "Intro : Persona",[*] música solo de RM que abre o álbum, era uma espécie de declaração sobre a mudança de atitude do grupo.

Nessa música, que começa com "Quem sou eu? É a pergunta que me fiz a vida toda", RM se questiona sobre a vida de alguém, "Como você está? Como se sente agora?" e depois revela opiniões sinceras sobre a fama que segue o superestrelato.

— Em todo caso, como Jung Kook do BTS falo com os fãs que se conectam comigo, e é por isso que quero contar histórias positivas.

Porque é no que eu também acredito, e tenho o poder de dar esperança às pessoas.

— Jung Kook

Na verdade, estou muito bem, mas um pouco incomodado
Ainda não sei se sou um cachorro ou um porco ou o que
Mas outros aparecem e colocam um colar de pérolas em mim[5]

Sobre a canção, RM diz o seguinte:

— Até hoje, quando vejo meu nome nos jornais, fico assustado. Às vezes imagino as manchetes que podem aparecer um dia: "Alguém que não merecia a fama", "Alguém sem muito talento, na verdade medíocre, bem ruim", "Vejam que ele realmente é", esse tipo de coisa.

Foi por isso que RM criou seu conceito de "persona":

— Pesquisei bastante sobre o conceito de persona, e depois de pensar um pouco, simplifiquei o conceito como uma espécie de "máscara social" e comecei a usá-lo. Ainda que já tivesse passado por muita coisa, não pude deixar de me perguntar, *Quem sou eu?*. Eu era cético e pensava, *Só de escrever isso já não sou descolado* (risadas). Mas a música não faria sentido se eu não falasse isso.

Começar com essa pergunta, fez RM escrever o que vinha a sua cabeça. Ao trabalhar separadamente da sonoridade do BTS, que se tornava cada vez mais intrincada, ele compôs e gravou a música de uma só vez, como se estivesse em uma apresentação ao vivo, contando com seu monólogo interior o máximo possível.

— Quando recebi a batida da música, fiquei surpreso. Era só uma batida repetitiva, uma guitarra, e mais nada. Então pensei, *O que vocês querem que eu faça com isso?* (risadas). Eu precisava de uma ideia de começo, meio e fim para escrever o clímax...

5 A expressão faz referência a um provérbio coreano que cita um colar de pérolas dado a um porco para se referir a uma pessoa que não sabe o valor do que está sendo oferecido a ela. [N. da T.]

RM ri ao comentar isso, mas a simplicidade da batida de "Intro : Persona" foi a chance de ser mais audacioso do que antes ao contar sua história. Ele continua:

— Já que a batida era bem simples, precisei preencher o vazio com algo grandioso. E como eu poderia dizer muitas coisas na música, foi fácil escrever. A palavra "revelar" está na música, e eu pensei, *Vamos só fazer o que eu quero*. Não era o que eu queria esse tempo todo? Sei que as coisas estão um pouco confusas agora, mas vamos deixar fluir um pouco. Achei que tudo bem ser um pouco verborrágico.

RM nasceu no dia 12 de setembro de 1994. Quando ele debutou, em 2013, tinha acabado de completar 19 anos, e como já mencionado antes, outros rappers o criticavam e insultavam. Mas cinco anos depois, ele estava no topo do top 200 da Billboard com o lançamento de um álbum que carregava a mensagem do "amor-próprio", ele estava preparando um álbum cheio de mensagens para o ARMY.

RM e os outros membros do BTS pareciam ter completado suas histórias. Eles superaram as dificuldades e voaram alto com o apoio dos fãs. Mas eles ainda eram jovens de vinte e poucos anos, no processo de encontrar sua verdadeira essência. Segundo RM:

— O que eu quis dizer em "Intro : Persona" era apenas... uma desculpa, uma confissão, uma forma de convencimento, um encorajamento para mim. O tempo está passando, eu ainda estou aqui de pé, e as pessoas continuam me rotulando... Não podia evitar isso a vida toda, mas talvez existisse uma parte minha que só eu poderia definir. E se essa parte se juntasse a outra parte que nem mesmo eu ou outra pessoa pudesse definir, então meu passado e meu futuro podem ser criados a partir daí.

O trecho sonoro que dá início a "Intro : Persona" é idêntico ao trecho que precede o começo do rap de RM no meio de "Intro : Skool Luv Affair",[*] primeira canção do álbum de 2014. Além disso, a música principal de *Skool Luv Affair*, "Boy In Luv", é uma referência a "Boy With Luv" do álbum *MAP OF THE SOUL : PERSONA*.[**]

Em "Boy In Luv", o BTS narra o desejo de ser amado por alguém. E com "Boy With Luv" (Feat. Halsey) eles perguntam sobre as vidas dos fãs e se colocam na posição de *dar* amor. O BTS mostra sua mudança de pensamentos e emoções ao olhar para o passado e, no processo, descobrir o presente.

Parecia que eles tinham ido o mais longe que podiam como superestrelas. O BTS não precisa provar mais nada ao mundo, mas para esses sete jovens, a tarefa de desenhar um "mapa da alma" que os levasse a responder a pergunta "quem sou eu?" estava apenas começando.

Surfin' USA

Em 2017, o BTS compareceu ao Billboard Music Awards pela primeira vez e recebeu o prêmio de Top Social Artist. No ano seguinte, a performance de "FAKE LOVE" no BBMAs (a primeira apresentação do grupo nesse prêmio) os colocou no top 200 da Billboard. E no evento de 2019, quando apresentaram "Boy With Luv" ao lado de Halsey, não só receberam seu terceiro prêmio consecutivo de Top Social Artist mas também o Top Duo/Grupo, um dos principais prêmios da noite. Toda vez que eles se apresentavam no BBMAs, a atenção da imprensa e a fama deles nos Estados Unidos dava mais um passo gigante.

*

**

No dia 15 de maio de 2019, o BTS apareceu no *The Late Show with Stephen Colbert* na CBS.• Na introdução ao grupo, os expectadores foram informados que precisamente 55 anos, 3 meses e 6 dias atrás os Beatles debutavam nos Estados Unidos, e agora novas estrelas internacionais passavam por aquele palco. Naquele lugar, o Ed Sullivan Theater, onde os Beatles estrearam na televisão americana, o *Late Show with Stephen Colbert* transmitia a apresentação de "Boy With Luv", com o BTS vestido de preto e branco, tal qual os Beatles há 55 anos. A imprensa americana agora conectava diretamente o BTS e o ARMY com os Beatles e a Beatlemania.

Mas o BTS não podia apenas ficar de pernas cruzadas aproveitando o barulho que a imprensa fazia. Quanto maior o burburinho, maior a responsabilidade.

SUGA se lembra das sensações do período:

—— Quando recebemos o prêmio principal no BBMAs, nem conseguíamos nomear o que sentimos, como "grandeza" ou qualquer coisa assim. Começaríamos nossa turnê em alguns dias, então não dava tempo de relaxar e curtir o momento. Eu gosto disso em nós sete. Não importa onde a gente esteja ou o que estejamos fazendo, sempre somos os mesmos. Não pensamos muito sobre isso (risadas). Não que não soubéssemos da importância do prêmio, mas acho que fizemos um esforço para não pensar muito nisso.

Talvez, para os Estados Unidos, o advento do BTS tenha sido uma invasão[6] como a que aconteceu 55 anos atrás. Mas o BTS já estava quebrando recordes na Coreia desde 2015. Apenas um ano antes, eles se apresentavam no *SNL* e no *The Late Show with Stephen Colbert*, pas-

6 "A invasão britânica", espalhada pelos Beatles, mostra uma onda de popularidade do rock britânico nos Estados Unidos em meados da década de 1960.

sando pelo lado sombrio da fama e pensando até em por um fim na banda. E assim, conforme eles vivenciavam um sucesso cada vez maior nos Estados Unidos, mais os membros tinham a oportunidade de encarar a realidade como ela de fato era. SUGA se lembra do encontro deles com artistas dos Estados Unidos naquela época:

— Até aquele momento, minha imagem de artistas pop era apenas "artistas pop". Pessoas que ouvia e admirava. Fazia sentido eu estar fascinado. Eu tinha essa fantasia de que seriam diferentes de mim. Mas aí descobri que as pessoas não eram. Por fora, elas andavam em carros caros, usavam correntes de ouro e davam festas grandiosas todos os dias. Mas muito disso era só parte dos negócios. Em outras palavras, era "trabalho" para elas. E se não pudessem bancar carros e joias, elas alugavam para se exibir. Foi tudo, como posso dizer, ruindo. Minhas fantasias morreram.

Para o BTS, suas atividades nos Estados Unidos não se pareciam com a vida de estrelas que dos filmes que assistiam, e sim algo pelo qual eles tinham que passar. Ao fazer o que precisava ser feito, eles perceberam que suas almas não almejavam mais e mais sucesso, e sim algo no interior deles.

Segundo j-hope:

— Estar em todos aqueles palcos dos Estados Unidos nos deu uma sensação diferente da Coreia. Porque eles são meio livres lá. Quanto mais aparecíamos na TV de lá, mais nos sentíamos afetados por essa energia.

A sensação de liberdade que j-hope sentiu influenciaria a música dele. O que será mencionado mais adiante, mas seu trabalho solo, como o single "Chicken Noodle Soup" e a música "Outro : Ego" do álbum *MAP OF THE SOUL : 7* foram resultado das impressões que as atividades do grupo nos Estados Unidos causaram. J-hope continua:

— Definitivamente, tem uma influência. É o tipo de experiência que o dinheiro não compra. Acho que é por isso que sinto tanto carinho por momentos do passado como esse. Porque foram apresentações em que aprendi algo importante, algo que eu nunca tinha sentido.

MAP OF THE 'STADIUM'

As inspirações de Jimin para o trabalho do grupo nos Estados Unidos influenciaram diretamente o BTS. Ao assistir apresentações de vários artistas nos Estados Unidos, ele começou a desenvolver uma ambição artística maior para o BTS.

— Eu ficava comparando a performance deles a nossa. Acho que toda apresentação que vimos nos Estados Unidos me fez comparar. Um grupo tinha dançarinos ótimos, outro artista trazia um conceito maravilhoso... Por exemplo, vi uma apresentação em que todo mundo dançava como se estivesse em uma festa, e de repente eles se coordenavam para que alguém se destacasse na multidão, amei aquilo. Tinha artista com um ótimo cenário e figurino.

Jimin queria incorporar esses sentimentos às performances do BTS.

— Comecei a pensar que o cenário do nosso show poderia ser melhor. Depois de ver os maiores artistas do mundo ao vivo... Então começamos a exigir mais de nossos próprios shows. Eu ficava dizendo que precisávamos ir além do que fazíamos, mudar o nosso repertório e melhorar nossos cenários e produção.

A turnê BTS WORLD TOUR "LOVE YOURSELF: SPEAK YOURSELF", que teve início em maio de 2019, foi uma performance que cumpriu as expectativas de Jimin. Como uma versão expandida da BTS WORLD TOUR "LOVE YOURSELF", músicas do álbum *MAP OF THE SOUL : PERSONA* foram incluídas na setlist

A turnê BTS WORLD TOUR "LOVE YOURSELF: SPEAK YOURSELF" foi a primeira turnê do BTS com shows apenas em estádios. Isso era muito diferente da turnê que havia acabado um mês antes. Os palcos eram maiores, o que significava que os membros precisavam criar performances mais grandiosas e capazes de transmitir a visão do grupo para um grande público. Não só isso, a apresentação no estádio Wembley, que estava marcada como o maior público da turnê, com 60 mil pessoas por dia, teria cobertura ao vivo pela V Live.

Jung Kook se lembra o que eles estavam determinados a fazer quando entravam nessas arenas:

—— Ficamos bastante nervosos, mas começamos os shows sem carregar a atitude de alguém intimidado, fomos pensando, *Vamos colocar esse lugar abaixo*. Não colocávamos o fone de retorno no ouvido até os shows começarem, para ouvir a plateia gritar, depois posicionávamos o fone e dávamos nosso melhor nas apresentações. Sinceramente, acho que foi graças ao apoio mútuo entre os membros que conseguimos fazer uma turnê só em estádios, e tive que fazer a minha parte.

A turnê BTS WORLD TOUR "LOVE YOURSELF: SPEAK YOURSELF" não foi só um dos maiores momentos da história do BTS. Como Jung Kook relatou, foi quando eles precisaram mostrar ao mundo por que o BTS era o BTS. A multidão era suficiente para encher estádios, mas o BTS precisava de apresentações memoráveis que impressionassem o público. Segundo Jimin:

— É o tipo de experiência que o dinheiro não compra.

Porque foram apresentações em que aprendi algo importante, algo que nunca tinha sentido.

— j-hope

— Não existem muitos artistas que conseguem se apresentar para 50 mil pessoas, e eu queria mesmo deixar uma impressão forte em todos. “Somos muito bons”, “Somos mesmo um ótimo time”, queria mostrar isso para as pessoas.

Como Jimin esperava, a BTS WORLD TOUR “LOVE YOURSELF: SPEAK YOURSELF” mostrou tudo do que BTS era capaz. Os shows começavam com a música “Dionysus” de *MAP OF THE SOUL : PERSONA*. Duas esculturas de leopardos gigantes apareciam no palco, e o BTS dançava em uma plataforma enorme e elevada, enquanto muitos dançarinos preenchiam o palco. Depois vinha “Not Today”, outra música que contava com dançarinos em grande número. Por volta da metade do show, os membros pulavam pelo palco cantando um medley de seus hits, “Dope”, “Silver Spoon” e “Burning Up (FIRE)”, e no bis, que começava com “Anpanman”, transformava o palco em um parque de diversões.

A magnitude da turnê em estádios, as performances explosivas do BTS e o setlist que levava à enérgica e alegre “Anpanman” faz da BTS WORLD TOUR “LOVE YOURSELF: SPEAK YOURSELF” uma história da jornada da banda até o momento.

Depois de todas essas músicas, o final, “Mikrokosmos”.[•]

A história de todos nós

“Mikrokosmos” ganha um significado especial quando é apresentada em um estádio. Nos versos “Cintilante luz das estrelas”, “A luz das pessoas / São todas especiais” e “A luz da estrela que brilha ainda mais na escuridão da noite”, as luzes que o público carregava, principalmente o light stick oficial do grupo, a ARMY Bomb, concretizavam de forma espetacular o significado da música. De Seul na Coreia[•] a Riad na Arábia Saudita, o ARMY reunido em cada cidade brilha na escuridão.

Enquanto a música final do show toca, é o ARMY que se torna o centro da apresentação, o verdadeiro protagonista. E com a transmissão ao vivo na V Live, ARMY do mundo inteiro foi trazido para o centro de suas narrativas, conectados uns com os outros, e fazendo história. Conforme a turnê avançava, a imagem de um estádio tomado por luzes violetas das ARMY Bombs passou a ser uma imagem que simboliza o fandom do BTS.

Jimin, ao comentar a respeito das turnês da era LOVE YOURSELF, parece particularmente contido e pensativo. Ele diz:

—— Acho que chorei muito naquela época. Porque era incrível.

Quando fala sobre o que o emocionou tanto, ele continua:

—— Não sei, não foi apenas um momento... Eu só estava ao mesmo tempo grato e pesaroso, tomado por milhares de emoções.

As pessoas a quem Jimin se sentiu grato eram, óbvio, o ARMY:

—— Às vezes, quando o ARMY gritava em uníssono, eu conseguia sentir minha alma se expandindo para longe de mim. É aí que todo pensamento racional vai embora.

A BTS WORLD TOUR "LOVE YOURSELF: SPEAK YOURSELF" foi um espetáculo do grupo, mas também foi uma época, pelo que Jimin relembra, que o ARMY conseguiu fazer o BTS se tornara ainda maior.

Não seria exagero dizer que o BTS de 2019, com o novo álbum e a turnê, foi a conclusão de uma narrativa. Assim como a letra de "Make It Right"[••] menciona, eles estavam a ponto de serem "heróis nesse mundo" quando decidiram compartilhar as histórias do ARMY em *MAP OF THE*

SOUL : PERSONA e terminar a turnê BTS WORLD TOUR "LOVE YOURSELF: SPEAK YOURSELF" dando protagonismo ao ARMY.

O BTS quis provar que mereciam o lugar no mundo em que se encontrava. No processo, com a ajuda das pessoas que os amavam, os membros criaram um universo em que cada encontro de pessoas possuía uma história única. Talvez esse seja o motivo por trás da atmosfera quase sagrada de "Make It Right". A letra de SUGA nessa música é como a história do BTS e de como eles encontraram a salvação através do ARMY.

O motivo pelo qual sobrevivi ao inferno
Não foi por mim, foi por você
Se você sabe disso, por favor, salve minha vida
O deserto que tento atravessar sem você me deixa sedento
Então me abrace
Sei que, sem você, o oceano vai parecer um deserto

Uma colaboração com o britânico Ed Sheeran, a primeira versão de "Make It Right" quase não tinha rap e se fortalecia apenas nos vocais. SUGA explica o que aconteceu nos bastidores:

—— Quando acrescentamos o rap, a música ficou um pouco longa. E o pessoal do Ed Sheeran sugeriu que fizéssemos o rap um pouco mais melódico.

SUGA relata o seguinte sobre as vantagens que o BTS tem em relação ao rap:

—— Se, por exemplo, você der 16 bars aos rappers do nosso grupo, nós três conseguimos as completar perfeitamente. Cada um tem um estilo próprio. O que em geral levaria três ou quatro músicas para ser transmitido, nós conseguimos fazer em uma. Concisamente. Acho que essa é uma vantagem que temos.

Durante o período de produção de *MAP OF THE SOUL : PERSONA*, os membros do grupo já tinham adquirido um certo nível de confiança em seu trabalho, e podiam bancar a ousada inclusão de uma longa parte de rap em uma música com pegada pop como "Make It Right".

Sobre as mudanças pelas quais passou enquanto compunha a música, j-hope diz:

—— Acho que começamos a ver tudo em um contexto maior. Pensávamos no tipo de imagens e emoções que gostaríamos de transmitir quando nós sete subíssemos ao palco com essa música. Estávamos um pouco mais maduros nesse sentido, um pouco mais refinados.

j-hope sempre foi essencial na harmonização das diferentes vozes do BTS. Mas na época da produção de *MAP OF THE SOUL : PERSONA* ele percebeu o que mais poderia expressar com a música do BTS. O método de cantar com ênfase em partes como "tudo é para alcançar você" e "A resposta da minha jornada" em "Make It Right" foi uma maneira de cumprir o papel dele no grupo enquanto ainda expressava sua própria personalidade.

O orgulho e a confiança que o BTS sentia em si próprios estava em seu auge naquele momento. Como artistas que haviam acabado de fazer uma bem-sucedida turnê em estádios, o que mais eles desejavam? Jimin responde:

—— Melhorar ainda mais. E depois melhorar mais um pouco. Não importava quão impactante fosse o nosso cenário, se não conseguíssemos fazer o que era preciso, nada daquilo importava.

Impressionar a plateia com o nosso desempenho, fazer as pessoas gritarem "Uau!" quando nos viam no palco. E transmitir a sensação de que todos estamos na mesma onda. Óbvio, é isso que "fazer bem" significa.

Vida, artista, descanso

— Eu estava muito ressentido naquela época. Ficava pensando como eu tinha conseguido tudo aquilo... não conseguia organizar meus pensamentos.

Foi nesse estado mental que SUGA escreveu a letra de "Make It Right". Desde o final da série LOVE YOURSELF, ele sentia aquela ansiedade que aparece depois de um grande sucesso.

— Eu sentia que aquilo ia acabar mal. O tipo de final que acontece com pessoas bem-sucedidas. Era essa sensação de que as pessoas estavam esperando por nós, pensando, *Quando eles vão cair?* Eu não tinha percebido que mesmo quando aquela situação acabasse, a ansiedade apenas mudaria de forma. Por isso a letra surgiu.

Se "Make It Right" era a história do BTS sendo salvo pelo ARMY, para SUGA, em especial, a música era uma história que ainda se desenrolava, sobre a busca dele por salvação.

Dizer que o trabalho envolvido em *MAP OF THE SOUL : PERSONA* permitiu que o BTS realizasse tudo o que podiam como artistas não é exagero. O álbum foi um presente aos fãs; o BTS ganhou o prêmio de Top Duo/Group no BBMAs, e criou um "microcosmos" com seus fãs lotando estádios em todo o mundo.

Mas SUGA lutava constantemente contra o medo que emerge de um sucesso estrondoso. Assim como Jimin sonhava em se sair melhor no palco, não haveria um final feliz para o BTS ainda que eles dominassem nas turnês mundiais. Em vez disso, o futuro que eles previram em "Dionysus"• se tornava realidade.

Beba (A dor do trabalho criativo)
Uma mordida (O grito de uma era)
Beba (A comunicação comigo)
Uma mordida (Ok, estou pronto)
...
Novos álbuns significam competição, a competição comigo mesmo, yeah
Ergam os copos para celebrar, uma dose
Mas ainda estou sedento como sempre

Assim como a letra fala em "dor" e "competição", sobreviver ao dia a dia não era fácil.

—— Ah, eu achei que fosse morrer (risadas).

Para Jung Kook, foi assim que a turnê ficou marcada. Não importa como eles organizavam o show, não havia como evitar a correria pelo palco enorme.

—— Toda vez que voltávamos para os bastidores, precisávamos trocar de roupa e arrumar o cabelo e a maquiagem. Mas às vezes só deitávamos. Porque não tínhamos dosado bem a energia para aguentar o show inteiro... Quando se está no palco, as emoções tomam conta.

Como era preciso guardar energia suficiente para aguentar até o final do show, a turnê nos estádios pedia uma autodisciplina ainda mais rigorosa.

Mas a batalha mais intensa estava sendo disputada fora dos estádios. Enquanto a turnê progredia em 2019, Jin descobria uma mudança no mundo a sua volta. Ele diz:

— Qualquer coisa, como ir em um parque de diversões no meio da turnê, me deixava com o coração na mão. Eu poderia ir com o meu agente ou guarda-costas ou intérprete, mas mesmo que eu tentasse fazer com que eles se divertissem, aquilo era trabalho para eles, e era impossível que eles relaxassem. Eu estava basicamente me divertindo sozinho.

Quando a turnê começou, o interesse pelo grupo se intensificou muito em relação ao ano anterior. De sobrecarregar o servidor da Melon a se apresentar no *SNL* e fazer turnês gigantes, a popularidade do grupo só crescia, e a Big Hit Entertainment tinha que fazer o possível para manter os membros em segurança. Começou a ser extremamente difícil permitir que eles tivessem tempo livre para relaxar até mesmo nas viagens, quanto mais na Coreia. Sendo mais específico, se tornou muito complicado sair ao ar livre.

Jung Kook fala sobre isso:

— Durante as turnês, quase não saíamos. Antes, até nos arriscamos um pouco, mas naquela época havia um monte de coisa para fazer. E o pessoal da empresa também tinha dificuldade em relaxar perto da gente. Quando ainda podíamos andar por aí, sempre saíamos com eles para beber e era divertido. Mas passou a ser difícil fazer coisas simples como essas.

A situação durante a turnê intensificou a preocupação de Jin sobre seu papel no BTS. Ele diz:

— Eu amo música, eu realmente gosto, mas não significava que me achava bom. Durante as turnês, os outros membros passavam o tempo no quarto, trabalhando em algumas músicas por diversão ou trabalho, mas não era o tipo de coisa que eu fazia por diversão... Porque eu não achava que era o tipo de pessoa que faria uma música por diversão. E é por isso que acho que me perdi um pouco durante a turnê.

Desde o debut, Jin se impressionava com os outros membros. Ele explica:

—— Por exemplo, quando ensaiávamos coreografias, alguns membros pegavam o movimento de imediato, mas eu precisava de várias repetições. Isso me desanimava muito. Eu pensava, *Uau, esses caras são tão talentosos, como eles conseguem ser tão melhores?*

Portanto, para Jin, o senso de responsabilidade para dar o seu melhor como membro do BTS pesava mais do que a confiança em suas habilidades.

—— Não conseguia suportar o fato de todos estarem trabalhando pesado e eu me tornar o "elo fraco" do grupo. Então não tive escolha a não ser me aperfeiçoar ao máximo.

Mas por volta dessa época, Jin transcendeu suas próprias expectativas. Ele compôs sozinho "Epiphany", do álbum anterior, *LOVE YOURSELF 結 'Answer'* e nas apresentações de "Dionysus", que exigiam uma quantidade grande de movimentos potentes, ele se juntou a RM na liderança do grupo. O fato de ele e RM — que já passara pelo estágio de insegurança na dança durante o debut — coordenarem essa apresentação era prova do trabalho intenso que eles tiveram desde o começo.

Mas Jin só via esse esforço como parte do trabalho, não uma conquista especial. Sobre isso, ele diz:

—— O ditado diz que até as montanhas e os rios mudam em dez anos, então nós também devemos mudar. E quando temos uma nova coreografia, sei que vou demorar mais em comparação aos outros para aprender, então sempre penso, *Tenho que fazer isso o mais rápido possível, para não ter problemas depois.*

E após todo esse esforço ser recompensado em uma performance como a de "Dionysus", Jin tem apenas uma coisa a dizer; uma coisa que parece sua filosofia de vida tanto quanto sua relação com o trabalho:

— Estou satisfeito, tipo "ao menos eu dei conta da minha parte". Só isso. Fico tão preocupado em acompanhar os outros membros que quando eu consigo, acabo pensando, *Que bom que me esforcei e consegui dar conta da minha parte.* Tenho certeza que algumas pessoas odiariam esse tipo de pensamento, mas não consigo evitar já que existem coisas além da minha capacidade (risadas). Mas apesar de tudo, acho que é uma coisa boa, eu continuo melhorando e crescendo com tudo que acontece comigo.

Visivelmente foi importante para Jin conseguir balancear isso. Viver constantemente tentando dar o seu melhor como membro do BTS fez com que voltar a vida normal demorasse muito mais. Mas com a BTS WORLD TOUR "LOVE YOURSELF: SPEAK YOURSELF", a mudança das circunstâncias tirou todo o tempo de transição de Jin:

— Não havia como equilibrar nossas vidas naquela época. E nem ninguém com quem realmente conversar a respeito. Era ótimo fazer shows e conhecer os fãs, mas quase não havia tempo para mais nada.

Foi ficando difícil se encontrar com amigos próximos, alguns desde o debut, e durante a turnê o estresse se acumulavam a cada mudança de cidades.

— Não existia muito estresse com os lugares dos shows porque tudo nesses lugares é bem-preparado. Podemos pedir um médico se precisarmos, e sempre tem comida disponível. Mas a mudança constante de cidade era um problema. Sempre que mudávamos de hotel, nossos computadores e todo o resto precisavam ser reinstalados, o quarto precisava ser arrumado para o jeito que precisávamos... Para mim não é fácil dormir em lugares que eu não conheço, mas durante a turnê, você muda o lugar onde dorme a cada dois ou três dias. E na Coreia, se você fica com fome no meio da noite, você pode ir em uma loja de conveniências, mas em turnê não tão simples assim.

Pelo menos Jin conseguiu manter alguma constância em sua vida ao conversar anonimamente com pessoas através dos jogos on-line que jogava ainda na Coreia.

Enquanto isso, SUGA diz o seguinte sobre as dificuldades da turnê de 2019:

— Eu estava resignado. O que me resta a não ser aceitar? Nossa agenda estava tão cheia que era só uma questão de *O que vai desabar primeiro? Meu corpo ou minha mente?* Meu corpo estava tão cansado, minha mente não tinha forças nem para ficar ansiosa. O problema foi o jetlag da turnê mundial, eu dormia mas acordava 2 da manhã. Eu ficava a ponto de perder a cabeça. Terminar a parte americana da turnê e ir para a Europa melhorou um pouco a questão da diferença entre fusos, mas antes disso passamos um mês nos Estados Unidos onde era muito difícil dormir. Não importava se eu estava ou não ansioso, eu precisava dormir para fazer um bom show no dia seguinte.

Para se certificar de que teriam forças para disparar no palco, os membros travaram uma batalha com seus horários de sono. E ao final de cada show, havia outra batalha a enfrentar: contra os pensamentos de estar ou não vivendo uma vida boa, de como se transformariam em artistas ainda melhores, e de como eles processariam a experiência surreal de ter chegado tão longe. Era realmente uma época que precisava de um "mapa de alma".

Um mês

— Eu era um garoto muito agitado. Quando fomos selecionados para debutar, tudo o que conseguia pensar era em se divertir (risadas). Até no dormitório dos trainees e pensava coisas como, *E se eu pedisse frango frito e pizza e desse uma festa?*

V continua relembrando seus dias de trainee em relação ao seu presente.

— Sabe como as pessoas se arrependem e dizem, "Queria ter criado mais memórias dos tempos de escola"? Nós também falávamos muito disso, mas pelo menos eu consegui criar várias memórias porque eu passei muito tempo na escola. O que me deixa muito feliz. Era de onde eu tirava a energia, que mais tarde seria gasta nos ensaios.

V explica o que quis dizer com a seguinte frase:

— Na verdade, eu era outra pessoa.

Ao falar sobre o tempo de trainee, V não lembra de ser alguém que dava o seu melhor incondicionalmente, e sim como alguém que precisava "gostar" de algo para conseguir realizar algo. Portanto, ele precisava de tempo livre para recarregar e pensar sobre a situação tanto quanto precisava dos ensaios para melhorar. Ele se refere a isso como a parte "adolescente de sua mente", que pode ser entendida como uma determinação em alcançar a felicidade pessoal em vez de apenas "sucesso" material.

— Eu sempre digo a mim mesmo que vou me tornar uma pessoa melhor. Mas acho que preciso ser feliz comigo em primeiro lugar, ou receber, de certa maneira, uma energia que me leve um passo mais próximo de me tornar uma pessoa melhor. Acontece o mesmo quando estou inspirado. No começo da pandemia, nossa agenda toda foi cancelada e conseguimos descansar um pouco, de repente senti vontade de ver o mar à noite. Então fui para Sokcho com um amigo de escola no meio da noite. Acendemos estrelinhas, gravamos o barulho do mar e tentamos compor músicas com o som das ondas ao fundo. Ver o mar de noite e em um momento escolhido por mim foi uma experiência totalmente diferente. Quando meu coração fica contente assim, tento analisar minhas emoções e as coloco no papel.

O método de V em buscar inspiração a partir de suas experiências é parte do segredo da "mágica" do BTS.

Quando o grupo estava divulgando *MAP OF THE SOUL : PERSONA*, idols coreanos e quaisquer artistas que estivessem na categoria K-pop eram designados como ícones culturais que representavam o país no exterior. Na época, o mercado do K-pop, apoiado pelo sucesso do BTS, tinha rapidamente se transformado em um mastodonte. A primeira semana de vendas de *MAP OF THE SOUL : PERSONA* registrou cerca de 2.13 milhões de cópias, e *MAP OF THE SOUL : 7*, que discutiremos em mais detalhes em breve, chegou a 3.37 milhões de cópias na primeira semana, apenas 10 meses depois.

Outro exemplo foi o boy group da Big Hit Entertainment, TOMORROW X TOGETHER, que debutou em março de 2019 com o álbum *The Dream Chapter: Star*, que vendeu 77 mil cópias na primeira semana, mas três anos depois, o *minisode 2: Thursday's Child* chegaria a 1.24 milhão de cópias.

A indústria musical ao redor do mundo precisava aceitar esse novo sistema focado no fandom desenvolvido pelo mercado coreano de idols e pelos próprios fandoms (como o ARMY), e o BTS estaria no centro desse furacão, se não fosse a própria causa dele.

Assim como poder ir ver o mar de noite quando quisesse era um pré-requisito para a felicidade de V, era importante que todos os membros do BTS tivessem liberdade para fazer o que quisessem, como comer miojo juntos depois de um show em um estádio, ou jogar on-line com outros coreanos até estar calmo o suficiente para dormir.

Foi assim que, mesmo com o ARMY crescendo exponencialmente ao redor do mundo, o BTS ainda conseguia se aproximar dos fãs de uma maneira emocionalmente significativa. Seguir o coração; V discute o que isso significa em termos das atitudes deles antes de subirem ao palco.

—— Não importa se você está ou não sob pressão, o que você realmente precisa fazer é preparar seu coração. Ficar pensando sobre isso ou aquilo só vai fazer com que você fique ansioso até para fazer as coisas nas quais você é bom. Deixe a pressão de lado, deixe para trás tudo o que você já fez e suba no palco com apenas uma coisa, seu coração.

— Mas acho que preciso ser feliz comigo mesmo em primeiro lugar, ou receber, de certa maneira, uma energia que me leve um passo mais próximo de me tornar uma pessoa melhor.

— V

O mês de descanso que o BTS tirou a partir de 12 de agosto de 2019 foi uma escolha dos membros para que encontrassem novas formas de ouvir seus corações. A dois meses da estreia da turnê BTS WORLD TOUR "LOVE YOURSELF: SPEAK YOURSELF" em Seul, os garotos precisavam de tempo para viver coisas que realmente quisessem viver, seja o ir à praia à noite, jogar on-line ou qualquer outra coisa. Jung Kook explica o motivo do mês de descanso:

— Estávamos exaustos. Gostávamos de verdade das apresentações e dos shows e era o que fazíamos, mas nossa agenda era tão apertada... Com medo de que nosso amor pelo trabalho diminuísse, que ele virasse "apenas trabalho", nós todos resolvemos "Tirar um tempo para nós mesmos".

Como RM explicaria aos fãs várias vezes em diversas situações, a série MAP OF THE SOUL era para ser uma trilogia com *PERSONA, SOUL* e *EGO*. Mas com a pausa, a produção dos álbuns foi adiada, e a trilogia acabou virando uma duologia com *MAP OF THE SOUL : PERSONA* e *MAP OF THE SOUL : 7*.

Para o BTS, cancelar um álbum significava deixar de ganhar bilhões de wons apenas em vendas de discos, e ao incluir o faturamento das turnês e outros projetos, poderia significar pelo menos 100 bilhões de wons. Para aqueles que veem o mercado coreano de idols apenas por um viés econômico, essa decisão não faria sentido. Mas não importa quão grande a Big Hit Entertainment tenha se tornado ou quais fossem as metas de vendas, algumas coisas eram prioridade.

Talvez um mês não fosse muito tempo para os meninos, mas foi um período significativo o suficiente para que eles pensassem na direção que suas vidas seguiriam. Jin descreve como redescobriu coisas que tinha deixado de lado:

—— Mesmo com a agenda lotada, sempre tinha uma hora de pensar, *Estou disposto a fazer isso?* Tentei muito não ter essa atitude na época. Descansar sem culpa, fazer tudo o que queria sem me segurar.

O que Jin queria eram as pequenas alegrias da vida cotidiana. Ele jogou por dias e encontrou amigos. Ele até foi pescar com SUGA em uma viagem. Ele se lembra:

—— Uma vez fomos pescar por conta de uma gravação,[7] e SUGA me disse, "Será que a gente devia tentar pegar um peixão no rio Han quando voltarmos para a Coreia?". E acabamos indo mesmo, e a pesca foi divertida, mas o hwe e o soju que tínhamos no barco também estavam uma delícia. E isso acabou levando a outras boas viagens de pesca.

A atitude de Jin ao aproveitar e valorizar momentos cotidianos da vida foi uma influência positiva nos outros membros. Sorrindo, Jin diz:

—— SUGA me agradeceu, a saúde mental dele melhorou muito e ele estava grato (risadas).

Para SUGA, pescar não era apenas um hobby e um jeito de relaxar:

—— Eu não sabia o que era uma vida comum. Acho que isso aconteceu porque a música era meu hobby e meu trabalho. Para ser sincero, até hoje é assim. Eu acordava, ia direto para o banheiro e depois para o estúdio. Mesmo quando lia um livro, eu lia no estúdio, jogava no estúdio, e os dias se repetiam. Mas agora

7 Para *BTS Bom Voyage*, transmitido pela V Live em 2016 e hoje disponível no Weverse.

eu tenho vários outros hobbies. Como tocar violão... Tentei achar um hobby fora da música, mas eu me divirto muito tocando violão.

SUGA ainda considera a música como a maior parte da sua vida. Mas ele tem tempo para se dedicar a outras coisas, e sua atitude em relação à música mudou. Ele diz:

—— Meus métodos de trabalho mudaram com *MAP OF THE SOUL : PERSONA*. Antes desse álbum, eu achava que tinha que fazer tudo sozinho, mas com "Ddaeng",[8] eu acabei trabalhando com EL CAPITXN. Não tínhamos muito tempo para trabalhar na música, e eu comecei a pensar, Mesmo que existam algumas imperfeições, eu não posso fazer nada. Isso me libertou de muitas preocupações e me deixou seguir com o trabalho. Foi aí que eu percebi, *Ah, toda minha sensibilidade exagerada e minhas preocupações, talvez elas existissem porque eu estava tentando atingir um ideal que não era possível.*

Essa experiência se tornaria a porta de entrada para o trabalho de SUGA como produtor além de membro do BTS, o que para ele era como voltar a seu início como artista. Segundo SUGA:

—— Eu era compositor em Daegu, e é por isso que me interessava tanto por produção. Então peguei alguns trabalhos extra. Depois disso, mesmo que eu escrevesse muitas músicas, não conseguia colocar todas em nossos álbuns. Eu não pensava em conseguir alguma coisa como produtor, mas ao mesmo tempo, não havia motivo para não aceitar esse trabalho extra. Porque

8 Uma música unit com SUGA, RM e j-hope lançada em uma mixtape em junho de 2018 no blog oficial do BT em comemoração ao quinto aniversário do debut do grupo.

eu estava sempre compondo, e se essas músicas fossem lançadas, eu precisaria trabalhar como produtor também.

SUGA também se lembra de uma conversa que teve com Bang Si-Hyuk:

—— Uma vez, Bang Si-Hyuk me disse: “Você nunca vai largar a música” (risadas). E o que ele quis dizer é que eu sempre acabo voltando para ela. A diferença é que, tendo aceitado isso, a música não me tortura mais. Eu queria me libertar do peso de ficar preocupado o tempo todo e acabei conseguindo. É divertido de certa maneira, não é?

Um retrato da superestrela quando jovem

j-hope acabou escolhendo a rota do trabalho para se encontrar nesse mês de descanso. Ele passou o mês terminando “Chicken Noodle Soup”.[•] Apenas alguns dias depois do começo do descanso, ele foi para os Estados Unidos filmar o MV, e no dia 27 de setembro, não muito depois que o grupo voltou a trabalhar, ele lançou a música.

Em seu típico jeito sensato, j-hope explica porque resolveu trabalhar durante esse período:

—— Foi relaxante pra mim. Eu sempre quis viajar sozinho e fazer essa mudança, aprender coisas novas, e me ajudou a me reconectar comigo mesmo. Era um trabalho, óbvio, mas vivenciar algo longe de casa e poder compartilhar isso com o ARMY pelo vlog,[••] compartilhar minha forma de pensar em relação ao meu trabalho, foi meu processo de recuperação.

•

••

Em seus dias de trainee, j-hope descreveu o dormitório como o "antro do rap", e agora ele estava em outra posição, fazendo sua própria música. Seguindo sua mixtape lançada em março de 2018, *Hope World*,[*] ele lançou "Chicken Noodle Soup" (Feat. Becky G) em setembro de 2019. Alguns anos depois, em julho de 2022, ele se tornou o primeiro membro do BTS a lançar um álbum solo com *Jack In The Box*.[**]

Para j-hope, o crescimento pessoal sempre estaria ligado ao ato da criação. Um mês após o lançamento de *Jack In The Box*, j-hope falou sobre a direção do álbum e sua motivação ao fazê-lo:

—— Como eu conhecia bem minhas falhas e meus problemas, achei que seria capaz de fazer uma música mais séria se desabafasse. Depois da minha primeira mixtape, passei um tempo até lançar um álbum, então tive a ideia de querer mostrar que tinha melhorado um pouco no meu trabalho.

Ao olhar para sua jornada como artista, j-hope diz:

—— É verdade que meu trabalho demorou um pouco para se desenvolver porque comecei na música através da dança. E também preciso admitir que existem algumas coisas que eu simplesmente não consigo fazer. Mas eu sempre quero aprender rápido e me tornar um artista melhor. Ainda considero meu crescimento artístico como algo em progresso.

Em sua jornada como artista, "Chicken Noodle Soup" seria um importante marco para j-hope. A experiência de trabalhar com dançarinos de diferentes etnias para a gravação do MV se transformaria em um impulso de misturas diferentes culturas em uma única música para criar uma nova totalidade. Ao lembrar da gravação, j-hope diz:

— Todo mundo no set de filmagem estava conectado com a atmosfera. Uma vibe única surgiu naturalmente, e permitiu que a filmagem fosse bem divertida. Becky G me deixou bem à vontade. "Pode tentar o que quiser tentar, estou aqui para te apoiar". Os dançarinos trouxeram suas próprias experiências e estilos para o set. E tudo isso se juntou em uma "coreografia única", o resultado da contribuição de cada um.

A colaboração sempre influenciara j-hope de forma positiva:

— Se eu tivesse que encontrar respostas sozinho para tudo, a vida seria muito mais difícil. Sempre busquei inspiração nas pessoas ao meu redor. Em quem gosta de mim, quem sobe ao palco comigo, quem me guia, quem me apoia. Isso é o que importa.

Talvez essa seja a resposta que j-hope encontrou para o motivo de ele ser a "esperança" (hope) do BTS:

— Tenho até vergonha de dizer, mas um dia, bebendo com Si-Hyuk, ele me disse "Você é a personificação da esperança, j-hope. Sem você o BTS não existiria". Bem, eu realmente conto muito com ele e com os rapazes e acho que, em parte, isso significa que a aprovação deles sempre foi importante pra mim. Ouvir ele dizer isso me deixou muito feliz. E estando cercado de tanta gente boa, recebendo tanto carinho dos fãs, como eu poderia sequer sentir que falhei?

Encontrar suas próprias respostas era a tarefa não só de j-hope, mas de todos os membros. Ao pensar em seu sucesso, o BTS olhara para o ARMY com seu principal apoio durante os anos de criação de *MAP OF THE SOUL : PERSONA*. E a descoberta de qual história eles contariam a partir dali só poderia ser feita se eles olhassem para dentro de si.

— A música não me tortura mais. Eu queria me libertar do peso de ficar preocupado o tempo todo e acabei conseguindo. É divertido de certa maneira, não é?

— SUGA

RM encontrou sua resposta na vida de outros artistas. Durante seu mês de descanso, ele se dedicou à arte e visitou muitos museus. Segundo ele:

— Depois de *MAP OF THE SOUL : PERSONA*, alcançamos um novo patamar em termos de aprovação do mainstream, e isso acabou coincidindo com meu interesse por arte. Sempre gostei de visitar lugares sozinho e ter tempo para pensar, e normalmente eu fazia isso na natureza, mas de repente senti vontade de visitar espaços criados por outras pessoas, estudar temas específicos. No começo, eu ia para as exibições sem pesquisar nada antes, e fui em muitas exibições de fotografia. E então lembrei de ter ido no Instituto de Arte de Chicago durante a turnê de 2018, e passei a visitar as exibições permanentes da Coreia. E foi assim que acabei conhecendo muita coisa boa.

Exibições de arte eram uma maneira de RM conversar consigo próprio. Ele continua:

— Acho que isso estimulou minha curiosidade sobre a importância da reflexão. Quando comecei a ter meus artistas preferidos, encontrei novas maneiras de me comunicar comigo. Afinal, uma obra de arte é a expressão material de um artista que refletiu muito sobre um determinado tema, certo? Depois de muita tentativa e erro. Observar uma obra de arte é uma catarse para mim, é como se fosse o artista dizendo "essa é a minha forma de pensar".

O próprio processo de RM examinar seu passado através da arte também faz parte de seu questionamento da divisão entre "artista" e "idol", coisa na qual ele tem pensado constantemente desde o debut. Segundo ele:

— Fantasia é um componente importante no K-pop. E 2019 foi um ano em que tentei me aproximar disso sem parar. Conectar minha persona como membro do BTS e a pessoa que de fato era ou queria ser. Sendo sincero, não teria problemas em ser visto apenas como mais um membro do BTS. Mas fingir que sou outro alguém exigiria um esforço extra. Hoje, quando encontro os fãs o sentimento de gratidão é tão grande que queria abraçar e agradecer um por um, dizendo: "Uau, muito obrigado", "Graças a você, estou vivo, respirando e fazendo música". Mas me questiono se posso fazer isso e continuar vendendo essa fantasia. Sei que algumas pessoas pensam, "Vocês não são pessoas de verdade, parem de fingir que são", ou, "Mas vocês ganham muito dinheiro", e coisas assim. Gosto de imaginar que estamos em uma ponte de vidro que cruza esse limiar: daqui dá para ver direitinho o tamanho da queda. E é assustador. A menor das rachaduras pode colocar tudo a perder.

7

MAP OF THE SOUL : 7, lançado no dia 21 de fevereiro de 2020, talvez seja a resposta de RM para esses questionamentos. RM explica a estrutura da série MAP OF THE SOUL através de seu papel na música solo, "Intro : Persona", e a música de unit com SUGA, "Respect".•

— A série começa com a pergunta, "Quem sou eu?" e termina com "respeito".

O álbum inclui as faixas "Intro : Persona", "Boy With Luv" (Feat. Halsey), "Make It Right", "Jamais Vu" e "Dionysus" do miniálbum anterior. E tudo a partir da sexta faixa, "Interlude : Shadow" é inédito.

Ao começar com a pergunta, "Quem sou eu?", o álbum descreve a jornada que leva ao mundo exterior através de "você", ou o ARMY; e em "Interlude : Shadow", eles olham sob uma sombra "tão escura quanto a luz é intensa", que os seguiu pelo sucesso. A partir desse momento, cada membro se aprofunda em si mesmo.

Jung Kook lembra de quando estava criando *MAP OF THE SOUL : 7*:

—— Eu estava bem confuso. Ainda não me considerava bom em tudo que fazíamos, mas lá estávamos nós, voando em aviões e fazendo shows e ganhando prêmios. As pessoas me amavam, eu precisava estar à altura... Era muito estranho lidar com todo esse caos. Eu não sabia em que estava errando e nem como poderia melhorar.

Jung Kook, que só tinha 22 anos na época do superestrelato mundial e da produção de *MAP OF THE SOUL : 7*, estava vivenciando sensações extremas. Em sua música solo, "My Time",* ele fala sobre a questão:

Minha versão mais nova cresceu sem perceber
(Como uma criança que perdeu seu caminho)
Isso me deixou ah tão instável
Essa sensação de andar pra cima e pra baixo
Não sei o que fazer / Estou vivendo do jeito certo?
Por que sou o único em um tempo e espaço diferente?

*

MAP OF THE SOUL : 7

THE 4TH FULL-LENGTH ALBUM
2020. 2. 21

TRACK

01 Intro : Persona
02 Boy With Luv (Feat. Halsey)
03 Make It Right
04 Jamais Vu
05 Dionysus
06 Interlude : Shadow
07 Black Swan
08 Filter
09 My Time
10 Louder than bombs
11 ON
12 UGH!
13 00:00 (Zero O'Clock)
14 Inner Child
15 Friends
16 Moon
17 Respect
18 We are Bulletproof : the Eternal
19 Outro : Ego
20 ON (Feat. Sia) (Digital Only)

VIDEO

COMEBACK TRAILER: Shadow

"Black Swan" Art Film

COMEBACK TRAILER: Ego

"ON" Kinetic Manifesto Film

"ON" MV

"Black Swan" MV

"We are Bulletproof : the Eternal" MV

Ao relembrar essa época, Jung Kook diz:

—— O tempo do Jung Kook cantor e o do Jung Kook indivíduo não estavam em sincronia. Mas não acho que existia algo que eu pudesse ter feito. Ninguém pode viver exatamente como quer. Mas em vez disso, podem é possível achar uma forma diferente de felicidade em outros aspectos... Acho que é preciso aguentar e passar por coisas assim para chegar a um outro nível.

Com o álbum anterior, *MAP OF THE SOUL : PERSONA*, o BTS alcançara o ápice da popularidade, e qualquer que fosse o lançamento seguinte estaria destinado a causar frisson na indústria musical. E foi nesse ponto que o BTS escolheu completar a maior parte do álbum seguinte com seus pensamentos e emoções mais íntimos.

Jimin descreve sua música solo, "Filter", e o processo de produção do álbum como "uma conversa comigo mesmo":

—— Eu refletia muito se deveria separar minha persona como idol ou equalizar os dois lados como um só eu.

Por volta dessa época, Jimin pensou muito sobre o tipo de pessoa que era e que estava se tornando. Durante esse período, ele imaginou qual seria o Park Jimin ideal.

—— Acho que o tipo ideal de pessoa é uma pessoa honesta. No passado, eu costumava me preocupar com coisas pequenas, e hesitava em falar mesmo quando tinha algo a dizer. Queria que as pessoas continuassem sorrindo e ficassem perto de mim, e é por isso que às vezes lancei mão de exageros. Em outras palavras, eu agia como se fosse outra pessoa. Então, desde 2019, eu fico em silêncio quando quero ficar em silêncio, e tento me pronunciar quando não gosto de alguma coisa. E foi quando comecei a ver as coisas com mais nitidez. Não que tenha problema em ficar sozinho, eu só não quero ser deixado para trás.

Mais ou menos nessa época, em uma entrevista para a *Weverse Magazine*, Jimin se descreveu como uma pessoa muito carente de amor.[•] Que, por razões que não compreendia, ele passara a vida toda desejando ser amado pelas pessoas e que isso exerceu uma influência poderosa em tudo que faz. Segundo Jimin:

—— Não sei. Acho que nasci desse jeito (risadas).

Ele fala sobre uma parte profunda dele:

—— Deve ter ficado gravado em mim, como uma obsessão. Que se eu não agisse conforme as pessoas esperavam, ou se eu não desse aos outros o tanto que eles queriam, eu seria uma pessoa sem valor.

A atitude de Jimin transpareceu em sua vida como artista. Ele dava tudo de si no palco, esperando o amor do público, e isso teve um preço alto para ele. Jimin continua:

—— Mas ainda bem que meu eu idol e meu verdadeiro eu não são muito diferentes. Nunca tive que dizer aos outros, "Eu também sou uma pessoa, por favor, entenda isso". Óbvio, existem assuntos pessoais que eu não quero necessariamente revelar ao mundo. Mas o trabalho que faço agora é algo que eu escolhi fazer, e o que você enxerga é o que eu realmente sou.

Um artista que alcança a perfeição no palco; essa era a persona de Jimin, e sua música solo, "Filter",[••] reflete o desejo dele de mostrar seu melhor lado no palco e receber o amor dos fãs.

•

••

Misture as cores da paleta, escolha seu filtro
Qual versão minha você quer

Aquele que muda seu mundo, sou o seu filtro
Coloque essa cor no seu coração

Segundo Jimin:

— Queria mostrar muitas facetas diferentes aos fãs, mostrar que eu continuo mudando. Essa música é uma história que reflete bastante quem eu sou, e é por isso que consegui trabalhar nela de um jeito divertido desde o começo.

RM explica como ele estava aberto a sua própria história em *MAP OF THE SOUL : 7*, e também como ele a expressou em sua música:

— Por exemplo, antes, eu diria "Esses são meus pensamentos", ou, "Acho que às vezes sou um cara contraditório ou hipócrita", mas cresci a ponto de me expressar, "Pensei bastante nisso, e talvez eu esteja mais próximo de ser uma pessoa desse ou daquele jeito".

Assim como o processo pelo qual Jimin passou para terminar o álbum, *MAP OF THE SOUL : 7* mostra como a autorreflexão dos membros se mostrou no trabalho artístico deles.

"Black Swan"* fala de como os membros do BTS se definem enquanto artistas. Nessa música, eles se perguntam pelo que viveriam se "o coração não disparasse mais", "quando ouvisse a música tocar".

Se isso não ressoa mais
Não faz mais meu coração vibrar
Então talvez seja assim a minha primeira morte

Se a música "Dionysus" tratava do que mais eles precisavam fazer pela sua arte, "Black Swan" era sobre seguir em seu destino de artistas apesar de tudo.

— Mas ainda bem que meu eu idol e meu verdadeiro eu não são muito diferentes.

O trabalho que faço agora é algo que eu escolhi fazer, e o que você enxerga é o que eu realmente sou.

— Jimin

As ondas vêm
sombrias e em pontadas
Mas eu nunca sou ser arrastado para longe de novo

Na coreografia da música, a batida de hip-hop é acentuada com elementos de dança contemporânea, combinada com os movimentos e dinamismo próprios do BTS. A canção passeia entre o mainstream e o clássico, entre o comercial e o artístico, sem ser totalmente uma coisa ou outra e criando uma terceira possibilidade estética, totalmente única. Na primeira performance de "Black Swan", transmitida em 28 de janeiro de 2020 no *The Late Show with James Corden*, eles dançaram com figurino simples e pés descalços, em um gesto simbólico.[9]

Além disso, antes do lançamento do MV,[•] "Black Swan" foi lançada como um filme artístico[••] que não mostra os membros do BTS. A música recebeu um novo arranjo como peça clássica, e sete dançarinos da MN Dance Company da Eslovênia se apresentavam. Não mostrar nenhum membro da banda em um vídeo que foi feito para promover a tal banda era uma escolha ousada para um grupo idol coreano, mas mostrou como "Black Swan" se movia de maneira fluida entre arte e produto, borrando a fronteira entre os dois conceitos.

—— Essa música foi difícil.

É a opinião de j-hope sobre as qualidades únicas da coreografia de "Black Swan".

9 Na tentativa de conectar arte mainstream e avant-garde, o projeto de arte contemporânea, *CONNECT, BTS*, do BTS e da Big Hit Entertainment, pode também ser incluído. Tal projeto, que transcendeu nacionalidades, gêneros e gerações, convidou artistas mundialmente famosos para exibir peças que se estendiam entre arte contemporânea e filosofia na música do grupo, incluindo temas como "afirmação de diversidade", "conexão" e "comunicação". Com abertura em Londres no dia 14 de janeiro de 2020, a *CONNECT, BTS* também passou por Berlim, Buenos Aires, Nova York e Seul.

— Por isso fui aprender a coreografia com a mentalidade de aprender o máximo possível, e tentei descobrir o máximo que eu poderia fazer pela música. Cheguei ao ponto de me perguntar o que as outras pessoas estavam fazendo (risadas). Jimin, pelo menos, é tão especializado em dança que ele consegue expressar o que quiser, mas me perguntei o que todo os outros estavam pensando enquanto aprendiam a coreografia... Aquela coreografia não era fácil.

Sobre a coreografia de "Black Swan", Jimin diz:

— Dançar essa música me fez pensar, Por que nunca pensamos nas músicas que fazemos, nos MVs e nas apresentações como obras de arte? "Black Swan" fez com que eu sentisse que realmente tínhamos criado uma obra de arte.

Para Jimin, "Black Swan" também foi a música que abriu os olhos dele para novos horizontes e possibilidades de performance.

— Quando recebemos a coreografia, acho que eu era o mais animado de todos. Porque eu pensei, *Eu consigo fazer isso muito bem*. E achei que era algo que não tínhamos dançado antes, então fiquei animado. Amo essa sensação de cobrir um espectro amplo de dança. Talvez dançarinos profissionais não vejam o que fazemos como dança contemporânea de verdade, mas para nós, incorporar elementos de dança artística nos ajuda a aumentar o escopo do que podemos expressar em nossas músicas... Eu estava muito grato por podermos fazer aquilo.

Ele tinha sido estudante de dança contemporânea e aprendeu hip-hop para debutar como idol, trabalhou árduo em inúmeras apresentações para expandir sua capacidade, e agora, no auge do sucesso comercial, estava conseguindo unir tudo o que tinha feito até então em um único trabalho.

A produção de *MAP OF THE SOUL : 7* é o processo de como cada membro do BTS, ao olhar para os caminhos que haviam tomado e suas personas enquanto idols, veio a aceitar sua vida de artista.

Dessa perspectiva, a música "Friends"[*] é o oposto de "Black Swan", apesar de estarem no mesmo álbum, são forças que se equilibram. Uma música de unit com Jimin e V, "Friends" fala da primeira vez que os dois se encontraram em "Uma Seul particularmente brilhante", de quando atravessavam as fases de "Melhores amigos um dia, inimigos no outro" até que finalmente chegarem ao nível de "Sei tudo sobre você".

De acordo com V, "Friends" foi criada a partir da relação real que ele tem com Jimin. V explica o processo de composição:

—— Eu só queria fazer uma música com Jimin. Eu gosto mesmo dele como pessoa, especialmente o Jimin que se apresenta no palco. E foi por isso que pensei, *Se Jimin e eu fizéssemos uma música juntos, talvez eu devesse ser um pouco mais como ele?* E pensei em uma música que exigisse uma apresentação dramática. Mas Jimin me disse, "Eu e você temos nossa história, e temos a mesma idade, por que não fazemos uma música sobre isso, como amigos?" E ele trouxe todo o trabalho preliminar da música e eu amei. Então falei para ele, "Ei, termina tudo, você mesmo" (risadas). Jimin ficou tão animado que deixou a música ainda melhor do que ela já era.

Levando em consideração o primeiro encontro dos dois, isso foi uma surpresa. V sempre pensou em Jimin como alguém que fosse o completo oposto dele.

—— Sou tão diferente de Jimin. Quando éramos trainees, Jimin estava desesperado para debutar, e eu era mais "Se eu passar, acho que era pra ser".

De acordo com V, "Friends" é uma música sobre como essas duas pessoas diferentes aceitaram suas diferenças.

—— No começo, eu não o entendia. Claro, eu era muito jovem para ser compreensivo com os outros, e eu não conhecia tantas pessoas assim... Mas estava mesmo curioso e pensava, *Por que ele trabalha tanto?* Porque o Jimin realmente, de verdade, dá tudo o que pode em todas as músicas. E eu percebi, *Esse garoto está falando sério*. E ele está constantemente preocupado de que as pessoas fiquem decepcionadas com a performance dele. Pensava muito isso sobre Jimin, e acabou que Jimin também pensava sobre mim. E quando eu percebi que tinham coisas em que eu era bom e Jimin tinha coisas em que ele era bom... comecei a entender. E foi fascinante descobrir que pessoas completamente opostas podem superar uma primeira impressão com o tempo. A gente completa os pontos fracos um do outro e isso fez com que nos enxergássemos com ainda mais respeito e admiração.

Duas pessoas completamente distintas aceitando as diferenças e se tornando amigas pode parecer clichê. Mas se as duas pessoas são membros do BTS, isso se transforma em uma narrativa épica. Foi assim que "Friends" se tornou uma das músicas mais famosas do mundo sobre amizade.

O processo de lançamento da música também levou Jimin e V a reconsiderarem suas personas artísticas através do outro. Se era ambição de Jimin ser o melhor artista possível no palco, V queria mergulhar na arte e expressar suas emoções. Segundo V:

—— Eu não preciso de um estúdio. Se eu conseguisse compor no estúdio, pediria um para a empresa. Mas só consigo escrever músicas boas, com boas melodias, quando sinto vontade. As músicas que mais gosto são as que me vêm naturalmente.

Sobre sua música solo em *MAP OF THE SOUL : 7*, "Inner Child",[•] V diz:

—— Essa música era para ser uma música de "performance". Algo que eu realmente pudesse mostrar aos fãs nos shows.[10]

"Inner Child" também acabou contando a história do que ele sentia na época. Segundo V:

—— Eu queria expressar ali toda a dor que sentia. É uma música muito visceral, mas a letra é triste.

Você de ontem
Agora eu vejo tudo
Tantos espinhos em uma rosa nova
Quero te dar um abraço

Dependendo de quem escuta "Inner Child", ela se transforma em uma música para o ARMY que fielmente apoiou o BTS desde o começo, ou como o título sugere, ela se transforma em uma música sobre a delicada criança que existe no interior de V. A música é uma forma de V levar seu encorajamento para todos os ouvintes.

A música solo de Jin, "Moon",[••] expressa os sentimentos dele em relação ao ARMY.

—— Eu queria uma música animada, não importava como. Com uma letra que falasse diretamente com os fãs. Então acabei com "Vou orbitar ao seu redor / Estarei ao seu lado" no refrão. Quando estávamos discutindo a letra, insisti para que essa parte

10 A pandemia de Covid-19 faria com que "Inner Child" não pudesse ser apresentada ao vivo para os fãs. Ela foi apresentada online nos shows *BTS MAP OF THE SOUL ON:E* nos dias 10 e 11 de outubro de 2020.

fosse incluída. Porque ela fala dos meus sentimentos sinceros, e eu realmente queria que ela estivesse ali.

Na música, Jin se descreve como a lua que constantemente orbita o ARMY, e ele queria que a performance dela também transbordasse essa alegria.[11]

—— Essa é a música que me fez pensar, *Quero mesmo fazer uma coreografia solo pelo menos uma vez*. Então eu montei a coreografia toda.

Jin tinha ideias específicas para a coreografia. Como os outros membros, ele estava exausto pela agenda lotada e às vezes se enchia de dúvidas. Mas ele escolheu, mais uma vez, o amor dos fãs, e expressar sua gratidão por esse amor.

RM sempre questionava as limitações que lhe eram impostas como idol ou superestrela da indústria musical mainstream. Jin trabalhou pesado para expressar sua sincera gratidão aos fãs. E talvez esse seja o BTS: eles mergulham dentro de si tanto como idols quanto artistas, falam sinceramente sobre essas questões e, no final de tudo, se voltam para seu relacionamento com os fãs.

MAP OF THE SOUL : 7 usa a maior amplitude desse espectro e foi o álbum mais complexo e estruturalmente variado em termos de composição. "Intro : Persona", "Interlude : Shadow" e "Outro : Ego" funcionam como sinalizações para a autodescoberta dos rapazes enquanto as músicas solo e units (que contém seus pensamentos e histórias pessoais) confessam o momento em que se encontravam e de onde tinham vindo, além de frisar o ato de buscar respostas para os questionamentos da vida. As jornadas desses sete idols e artistas são tão espetacularmente variadas quanto os gêneros hip-hop, rock, EDM, pop e a combinação de

11 A música também foi apresentada on-line em *BTS MAP OF THE SOUL ON:E*.

todos pela qual o grupo se expressa. Ao mesmo tempo, *MAP OF THE SOUL : 7*, como exemplificado em "Black Swan", é, em última instância, sobre todos esses elementos desconexos que se unem para questionar o que significa ser artista e o processo de encontrar essa resposta.

Em "Interlude : Shadow",* SUGA conta sobre seu desejo de ser bem-sucedido, mas também fala de ver a "sombra aos meus pés" e perceber que "eu posso pular no ar mas também cair". O medo era algo que o assombrava desde o começo do sucesso do BTS. Mas ele confronta tal medo em "Interlude : Shadow" e começa a se libertar. Segundo SUGA:

—— A música foi feita em um momento em que a situação já tinha sido completamente aceita. Queria que ela fosse quase um conjunto de lições. Existirão outros artistas bem-sucedidos no futuro, e eu quero ver isso, mas eles podem estar se sentindo como eu me sinto agora: ansioso. Mas não é todo mundo que admite que "Ser bem-sucedido é assustador..." (risadas).

SUGA começa a aceitar tanto a alegria quanto o sofrimento trazidos pela música e tenta reconciliar suas diversas emoções na música.

—— O principal motivo que me levou a estudar psicologia foi para que isso contribuísse com a minha música. Compreender as emoções de maneira teórica é uma ferramenta muito poderosa. Eu tenho dois sonhos, um deles é envelhecer, de cabelo branco e ainda no palco, cantando e tocando violão, e o outro é me tornar psicólogo. Porque eu quero ajudar aqueles que vierem depois de mim e fazem um trabalho semelhante. Eu pesquisei e vi que demora bastante tempo, então não é uma algo que devo começar já, mas eu realmente gostaria de virar psicólogo um dia. E já que eu tenho esses sonhos, acho que não vou ficar só descansando e colhendo meus louros no futuro.

Como a música final de *MAP OF THE SOUL : 7*, "Outro : Ego", música solo de j-hope, o álbum termina sem nada firmado para o presente. Nessa faixa, j-hope analisa tudo que o grupo passou desde o debut e diz:

Agora eu não me importo, é isso
Escolhas do meu destino, e é por isso que estamos aqui

Ao aceitar o presente, j-hope faz votos de não se desviar do caminho a sua frente. Mesmo que seja impossível saber as respostas para a vida, a determinação de seguir adiante combinada com a batida de EDM era exatamente a vida que o BTS levara por sete anos. Sobre essa música, j-hope diz:

— Queria que ela estivesse cheia da minha energia e do meu humor, fazer uma música de um jeito que só eu pudesse fazer.

O humor e o método de j-hope também eram parte de como ele vivera como membro do BTS. Por exemplo, antes de qualquer ensaio de dança, ele sempre segue uma rotina:

— Agora que eu já tenho alguma experiência com dança, existem coisas que meu corpo consegue pegar sozinho. Outras, precisam da minha dedicação. Tenho que me alimentar bem para ter energia suficiente para dançar, me alongar. Minhas pernas tendem a ser um pouco mais fracas, então preciso aquecer bem. Como eu sei disso, me preparo com mais cuidado. E depois dos ensaios, deixo a parte inferior do meu corpo na banheira para relaxar. Tudo isso acabou se tornando rotina.

j-hope leva essas repetições rotineiras da seguinte forma:

— Isso não significa que eu sei tudo antes mesmo de começar o trabalho. Os resultados são importantes, óbvio, mas o processo também é, e eu tento manter meu equilíbrio nessa experiência. É assim com a dança. Acho que tendo a calibrar meus movimentos ao entregar todo meu corpo naquilo. A gente precisa ir entendendo aos poucos.

ON, e...

A música principal de *MAP OF THE SOUL : 7*, "ON",* parece convergir a vida de todos os membros para um único ponto. Se os membros pudessem ser resumidos em apenas uma música (todos os seus pensamentos individuais, caminhos artísticos e soluções para os problemas sobre o que fazer com a vida), seria "ON". Por isso a música contém o estado exato com que eles levam tudo isso nos ombros e ainda conseguem seguir adiante.

—— Essa música basicamente está dizendo, "Nos dê todo esse sofrimento, vamos aguentar tudo!" mas o sofrimento em questão pode ser um pouco difícil (risadas).

j-hope ri, mas foi mesmo assim que os sete viveram suas vidas como membros do BTS.

Observando o storytelling do álbum, essa música já teria sido suficiente se tratasse apenas sobre conquistar seus medos e prometer serem heróis para sempre. Mas "ON" diz:

Onde minha dor está
Me deixe respirar

Como a letra sugere, a música é sobre o presente, seja para o bem ou para o mal, eles precisam carregar o peso das próprias vidas e continuar seguindo em frente.

Esse foi um ponto de virada importante para o BTS. Com *MAP OF THE SOUL : 7*, e principalmente com a música "ON", eles se tornaram não os heróis de uma aventura narrativa mística, mas um time que tem a capacidade de refletir sobre as situações que vivenciam.

Como no passado, mas principalmente nesse álbum, a história da música se transformou na realidade dos membros. Esse método de transmitir a mensagem de uma maneira "vou ser muito sincero" permitiu que o BTS contasse histórias que vivenciavam através das músicas. Os últimos álbuns do grupo, *BE* e *Proof*, também exploram as realidades e as emoções que os membros sentiram durante a produção, e isso foi contado de forma sincera e franca.

Por isso, "ON" não tira nenhuma conclusão sobre a vida seja na música ou na performance, só apresenta a determinação de continuar em frente. Na batida da caixa, os membros executam uma marcha enérgica cheia de movimentos poderosos do começo ao fim.

A coreografia que acompanha "ON" é um desafio artístico que aumenta e refina ainda mais a presença de palco do grupo e, levando em consideração a mensagem de resistência e determinação da música, ela parece quase um ritual destinado a enviar uma mensagem de apelo aos céus.

O filme *"ON" Kinetic Manifesto Film: Come Prima** que foi lançado alguns dias antes da première do MV de "ON" não foi filmado em palco acústico ou em um estádio, mas em um pátio aberto. A escala é grandiosa, mas a performance que acontece com o horizonte de fundo não é apenas o desempenho de uma coreografia perfeitamente executada, e sim uma real expressão da mensagem que o BTS passa com a música: que eles estão determinados a vencer, não importa o que apareça em seu caminho.

*

—— Foi tão difícil (risadas).

Esse é o resumo de Jimin da performance de "ON".

—— No final, quase não respirávamos. Antes disso, "IDOL" tinha sido um desafio para nós. Os movimentos eram grandiosos, fazíamos muitos pulos e era bem elaborado. Mas essa música era ainda maior, com mais blocking e com cada gesto tendo que ser milimetricamente correto. Foi muito difícil, sim, mas acho que o resultado foi incrível e maravilhoso. Sou profundamente grato por fazer parte de um grupo capaz de realizar isso.

Assim, "ON" se tornou o ponto alto da carreira do BTS em performances. Como a escala e a coreografia eram grandiosas demais para programas musicais, o grupo teve que preparar palcos separados para apresentá-la, a não ser que eles estivessem se apresentando em um estádio. E isso só foi possível devido à influência do grupo na indústria musical, além de sua comprovada capacidade de conseguir realizar uma performance daquela magnitude.

A performance de "ON" estreou no programa *The Tonight Show Starring Jimmy Fallon* no dia 25 de fevereiro de 2020. A emissora, NBC, teve que alugar todo o terminal Grand Central, a maior estação de trem no mundo e símbolo da cidade de Nova York, para a apresentação. O BTS não só mostrava seu poder na indústria musical americana como também sua capacidade de estar em um palco tão importante.[•]

Quando a apresentação terminou e Jimmy Fallon veio correndo em direção a eles, os membros estavam tão exaustos que quase não conseguiam parar em pé. Segundo Jimin:

—— Existe um incômodo em dançar no chão. E acho que alguns espaços têm o tamanho certo para nós, e quando é muito grande, fico um pouco sobrecarregado com o entorno. E também precisamos colocar mais força em nossos movimentos e isso nos exaure.

•

Jimin continua explicando por que a apresentação na Grand Central foi especialmente difícil:

—— Era imenso. Sabíamos que era um espaço grande e que seria importante fazer a apresentação lá, mas quando chegamos e, vimos o quão grande e maravilhoso era, ficamos intimidados. E o chão era muito escorregadio. Então precisávamos ficar atentos.

Mas toda vez que o BTS encontrava tais dificuldades, eles sempre davam o seu melhor na performance e emocionavam os espectadores. Assim que terminaram, Jimmy Fallon veio correndo alegremente na direção do grupo, mostrando o novo álbum e abraçando cada um dos rapazes enquanto expressava sem parar o quanto ficou impressionado com o que tinha acabado de assistir.

"ON" estava destinada a se tornar uma música icônica no catálogo do grupo. Era a música principal de seu novo álbum, e a performance impressionava as pessoas. "ON" era um acontecimento especial quando aparecia na TV, e isso deixou todos ansiosos pelo impacto que ela teria na turnê. O próprio Jimin estava ansioso pelos shows.

—— "ON" era o tipo de performance que eu queria mostrar para as pessoas. Quando fomos ao Grammy de 2020[12] foi uma pena porque eu pensei *Se pelo menos apresentássemos "ON" para todos aqui, teríamos deixado todos de queixo caído...*

Jimin está prestes a dizer algo quando sua expressão muda: um olhar de calma o toma conta dele, ou talvez seja ambivalência.

— Mas, por motivos óbvios, não foi possível.

12 BTS foi o primeiro artista coreano a comparecerem ao Grammy como indicados no ano anterior, 2019, e na cerimônia de 2020, eles se apresentaram com Lil Nas X.

CAPÍTULO 7

Dynamite

BE

Butter

Butter

Proof

WE
ARE

NÓS SOMOS

4.99
5.00
4.80
2.80
3.00
3.99
STAFF ONLY

RM
SUGA
We don't need
to worry.
SUPERSTAR
BREAK IT DOWN

JIN

WE ARE

"Cortados"

No dia 30 de novembro de 2021, V está em um hotel em Los Angeles e começa a entrevista animado:

—— O show foi tão divertido!

Isso foi uma resposta à pergunta sobre o andamento das apresentações. Dois anos desde a turnê 2019 BTS WORLD TOUR "LOVE YOURSELF: SPEAK YOURSELF", o grupo fez quatro shows ao vivo,[1] nos dias 27 e 28 de novembro e 1 e 2 de dezembro, com o nome *BTS PERMISSION TO DANCE ON STAGE — LA*.• V, que normalmente fala com uma voz calma durante as entrevistas, parece empolgado:

—— É como se dois anos tivessem sido congelados e agora tudo está se movendo de novo. Como se voltar a isso fosse o nosso "normal". Estou tão feliz que estamos nos sentindo desse jeito de novo.

Desde o começo de 2020 até o final de 2021, período em que o grupo não pôde encontrar seu público, a popularidade do BTS e sua posição no mercado só melhoraram. O single digital lançado no dia 21 de agosto de 2020, "Dynamite", esteve no primeiro lugar do top 100 da Billboard por três semanas, incluindo duas consecutivas, e "Butter", lançado em 21 de maio de 2021, foi primeiro lugar no mesmo chart por 10 semanas no total e 7 consecutivas. Além disso, o álbum *BE*, lançado entre *Dynamite* e *Butter*, no dia 20 de novembro de 2020, foi o segundo álbum mais vendido do ano no Gaon Chart, com 2,692,022 unidades vendidas em apenas um mês. O álbum mais vendido foi, cla-

1 Esse show foi apresentado pela primeira vez de forma on-line no dia 24 de outubro de 2021, no Jamsil Olympic Stadium. Mesmo tendo sido projetado para uma apresentação ao vivo, a situação da pandemia na Coreia fez com que o show fosse transmitido on-line.

ro, *MAP OF THE SOUL : 7*, lançado no dia 21 de fevereiro de 2020, com 4,376,975 cópias comercializadas.

— Sem contar a abertura, acho que os gritos mais altos foram na transição de "Dynamite" para "Butter".

O que RM diz sobre os shows de *BTS PERMISSION TO DANCE ON STAGE — LA* mostra a posição privilegiada do grupo no mundo da música pop desde o lançamento de "Dynamite" e "Butter". O sucesso dos dois singles não só confirmou o reconhecimento mundial do BTS como os artistas com o fandom mais apaixonado do mundo, como também os tornaram superestrelas no mainstream. Esses shows trouxeram participações especiais de Megan Thee Stallion e Chris Martin, do Coldplay,[2] e reuniram 210 mil pessoas nos quatro dias. Jin fala sobre se apresentar novamente ao vivo:

— Eu estava muito animado! Talvez porque eu tenha a tendência a não pensar muito no passado ou ficar apegado a lembranças tristes, mas essa performance fez com que eu me sentisse como há dois anos. Como se nunca tivéssemos deixado os palcos. Encontrar os fãs foi tão emocionante. Os membros ficaram falando isso antes do primeiro show. Estávamos preocupados em começar a chorar no meio da música de abertura, "ON". Eu fiquei realmente curioso, pensando: *Esses caras vão mesmo começar a chorar?*, mas ainda bem que ninguém chorou (risadas).

Jin também não chorou, acreditando que artistas precisam demonstrar uma atitude coerente no palco. Segundo ele:

2 Megan Thee Stallion se juntou ao grupo no palco para a performance de "Butter" no dia 28 de novembro, enquanto Chris Martin cantou "My Universe" com o BTS no dia 2 de dezembro.

— Tentei não me emocionar demais enquanto estávamos no palco. Estava tão contente de ver os fãs, mas eu precisava me concentrar na performance acima de tudo. E foi aí que os membros começaram a falar com o público e eu fiquei muito comovido. *Ah... Isso é tão incrível, parece um filme. É isso, senti falta disso.* Mas eu continuei deixando de lado tudo aquilo, ou eu não conseguiria me apresentar direito, então me esforço muito para esquecer essas coisas quando estou no palco.

Mas até o momento em que eles voltaram ao palco, os membros conviviam com o peso das dúvidas. Desde 2020, eles não puderam ver seus fãs, e não teria como ficarem tranquilos apenas olhando os telefones e vendo os números impressionantes de vendas. E Jimin sempre deu muita importância para ver o público em uma apresentação:

— Os números dos charts eram algo que eu não consegui compreender bem antes de ver os fãs ao vivo. E mais do que as posições nos charts, eu... eu só queria encontrar os fãs pessoalmente. Quando finalmente conseguimos nos apresentar, tudo que consegui pensar foi: *Estou tão contente que podemos nos ver de novo.*

Sobre o efeito da pandemia em sua vida, Jimin diz o seguinte:

— Bem... não acho que lembro de muitas coisas da pandemia. É como se aquele período tivesse "sumido" da minha memória? Só senti o tempo passando. Foi difícil em muitos momentos, e nós sobrevivemos, mas olhando para trás, fico com uma sensação de melancolia. Claro, nos saímos bem nos charts naquela época, mas não fazemos isso pelos charts. O amor e apoio que recebíamos antes disso já nos deixava mais do que satisfeitos e gratos. Como coisas boas aconteceram na época, tento pensar,

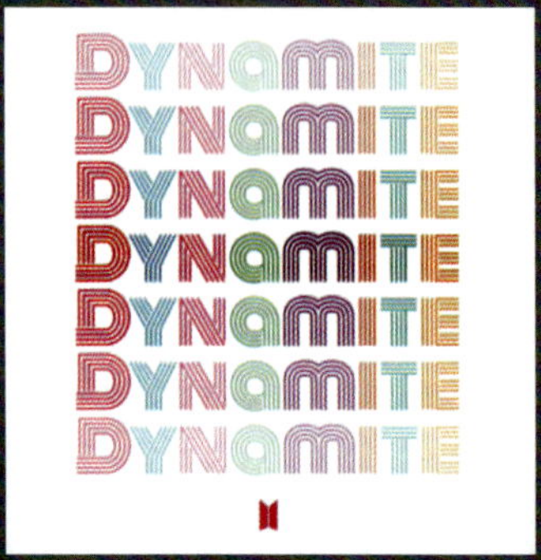

Dynamite

DIGITAL SINGLE
2020. 8. 21

TRACK

01 Dynamite
02 Dynamite (Instrumental)
03 Dynamite (Acoustic Remix)
04 Dynamite (EDM Remix)

VIDEO

"Dynamite"
MV TEASER

"Dynamite"
MV

"Dynamite"
MV (B-side)

"Dynamite"
MV (Choreography ver.)

Não foi um período perdido, mas eu realmente sinto como se essa época da minha vida tivesse "sumido".

200417RM

—— Você quer que a gente comece uma live no YouTube e não pense em mais nada? Você realmente acha que conseguimos fazer isso? (risadas)

Essas foram as palavras de RM depois da primeira live realizada no canal do grupo no YouTube no dia 17 de abril de 2020.• Ainda sob influência do acontecido, RM fala sobre como o BTS estava agora em território desconhecido.

—— Avisamos ao Bang Si-Hyuk que iríamos acabar falando sobre várias coisas na live, e ele respondeu, "Claro, manda ver". O primeiro episódio foi o meu, então pensei, *Que seja. Vamos falar alguma coisa*, e eu falei sobre preparar o álbum. E achei o máximo.

Nessa transmissão, RM prometeu duas coisas para as pessoas que estavam assistindo ao vivo. Uma foi que, por enquanto, os membros do BTS se revezariam para pelo menos uma vez por semana mostrar um pouquinho de seu cotidiano no YouTube. A segunda foi o lançamento do novo álbum do grupo, *BE*.

Isso era novidade para o BTS. A banda era conhecida por explorar cada detalhe do tema de cada álbum, conectando organicamente todo o conteúdo produzido, incluindo vídeos e fotos, e as formas como eles compartilhavam as mensagens de seus álbuns estavam sempre sendo expandidas em variedade e escala. *MAP OF THE SOUL : 7* foi o ápice de tais esforços. Nesse único álbum, o BTS continuou sua análise interna enquanto conectava seu trabalho a projetos exteriores como a exibição internacional de arte *CONNECT, BTS*.

— Precisava me concentrar na performance acima de tudo.

E foi aí que os membros começaram a falar com o público e eu fiquei muito comovido.

Ah... Isso é tão incrível, parece um filme. É isso, senti falta disso.

— Jin

E agora esse mesmo grupo estava começando a fazer lives no YouTube sem nenhum tema ou plano, apenas dois meses depois do lançamento de *MAP OF THE SOUL : 7* e anunciando, de surpresa, um novo álbum. Eles estavam praticamente improvisando. Mas não era como se alguém pudesse prever como seria o mundo depois da pandemia. As atividades de divulgação para *MAP OF THE SOUL : 7* estavam pausadas, e a abertura da turnê BTS MAP OF THE SOUL TOUR em Seul[*] tinha sido cancelada, assim como a turnê internacional. Eles estavam lidando com os mesmos problemas que outros artistas ao redor do mundo, se deparando com um futuro incerto. No auge da pandemia, j-hope disse:

—— Quero passar os próximos anos sendo grato pela minha vida e me sentindo abençoado mas... nossa... não sei por que esse ano precisa ser tão horrível.

Não havia nada a ser feito. Parecia que o tempo tinha parado; mas o sofrimento, não. E não havia como ter certeza sobre nenhum plano futuro e nem qual seria a mensagem certa a se passar para o mundo. Tudo o que eles poderiam fazer era ligar a câmera e esperar os fãs, onde quer que eles estivessem, chegarem. Assim como acontecera no debut.

Lembranças de manhãs

A live no YouTube era uma experiência nova para o BTS e também para o ARMY. SUGA ligava a câmera e pintava um quadro,[**] basicamente em silêncio, e j-hope mostraria uma sessão de ensaio quase completa, do começo ao fim, incluindo aquecimento e o aperfeiçoamento de seus movimentos.[***] Essas transmissões, que traziam as hashtags

#StayConnected e #CarryOn, permitiram que o BTS compartilhasse seu cotidiano com os fãs e mostrasse o que estavam fazendo desde o começo da pandemia, e qual energia estavam tentando manter.

A rotina que j-hope segue antes de dançar é resultado da dedicação de muito tempo e esforço para conhecer o próprio corpo, e compartilhar tais detalhes com o público foi como dizer quem ele era por dentro, mesmo sem usar as palavras. A pintura de SUGA foi a mesma coisa. Ele explica:

— O que eu deveria fazer durante a pandemia? Era a única coisa na qual eu conseguia pensar, o tempo todo. Uma turnê tem um determinado planejamento e você só precisa seguir, mas tudo aquilo tinha vindo abaixo. Pensei, *Se eu não puder nunca mais pisar em um palco, então quem eu sou?* E minha resposta para isso foi apenas fazer o que viesse na minha cabeça. E pintar meio que me faz esquecer das minhas preocupações. Foi uma forma de me desligar de mim mesmo e dos pensamentos negativos que apareciam na minha mente.

O nome[•] que SUGA deu para esse trabalho na época também simboliza o que ele queria expressar e dividir com os fãs:

— Ele é chamado "Manhã", mas também pode ser "Preocupação". Quando penso nos momentos em que mais fiquei ansioso, eles tendem a ser piores às 5 da manhã. E é por isso que a cor da qual eu menos gosto é aquele azul logo antes do nascer do sol... Mas, quando eu desenho, não tenho nenhum plano. Só quero fazer o que me passar pela cabeça, e eu não sabia que ia acabar com um azul tão escuro.

Expressar as emoções que uma pessoa sente durante a vida, ao ponto de nem o artista perceber o que acaba aparecendo na tela — a pintura de SUGA e a forma como ele mostrou seu processo é parecido com a forma que *BE* foi produzido. Durante a pandemia, BTS preparou esse álbum enquanto exibia publicamente as discussões sobre os rumos e métodos do trabalho. Os sentimentos dos membros ao passarem pela pandemia foram transformados em música, e as melhores faixas foram escolhidas. Os membros do grupo dividiram entre eles, por meio de reuniões, os papéis necessários para se criar um álbum. Assim como fizeram no prédio Cheonggu, eles montaram um álbum como se fosse "produção independente".

A única coisa que havia mudado era o motivo pelo qual estavam fazendo um álbum. O que eles almejavam quando se reuniram nos estúdios e ensaios do prédio Cheonggu era validação e sucesso. Eles acreditavam que, quando fossem bem-sucedidos, o mundo mostraria a eles quem eles eram. Mas mesmo ao alcançarem tal sucesso, o BTS resolveu fazer algo diferente com sua música. Segundo j-hope:

—— Estava sentado no estúdio, olhando o nada e pensando, *Ah... qual música escrevo agora?* Eu ia de casa para o estúdio e voltava pensando, *Que tipo de vida tive até agora e quais foram minhas sensações ao vivê-la?* e às vezes via alguma apresentação que tínhamos feito para a TV, pensando, *Ah... Certo, era essa pessoa que eu era*, ou, *Como era a vida naquela época?* E um tipo de determinação nasceu desse processo — eu sentia que deveria tentar captar, como um diário, as músicas e as emoções que só posso expressar nesse momento da minha vida. *Se os resultados forem bons ou ruins, ou até medíocres, vou fazer isso. Vou tentar me aproximar de quem está nos escutando ao mostrar e dividir as pequenas partes de mim que têm estado nas sombras até agora.*

Fly To My Room

Alguém poderia fazer aquele relógio voltar
Esse ano todo foi perdido
Eu ainda estou na minha cama

A música "Fly To My Room",[*] do álbum *BE*, captura bem os sentimentos do grupo durante a pandemia. O tempo continuava escorrendo entre os dedos dos membros, e as coisas não pareciam estar melhorando. Jimin se lembra do período em que ficou evidente que a pandemia não acabaria tão cedo:

—— Pensei muito. Sei que é um pouco extremo, mas eu cheguei a pensar coisas como, *Trabalhei tanto para ser parte desse grupo, mas e se meu time desaparecer...?* Foi muito difícil.

Mas "Fly To My Room" também fala sobre pelo menos tentar mudar as atitudes de alguém, caso as mudanças de circunstâncias não sejam possíveis:

Não tem outro jeito / Esse quarto é tudo
Então que seja / Vou transformar esse lugar / no meu mundo

BE

2020. 11. 20

TRACK

01 Life Goes On
02 Fly To My Room
03 Blue & Grey
04 Skit
05 Telepathy
06 Dis-ease
07 Stay
08 Dynamite

VIDEO

"Life Goes On" MV TEASER 1

"Life Goes On" MV TEASER 2

"Life Goes On" MV

"Life Goes On" MV : on my pillow

"Life Goes On" MV : in the forest

"Life Goes On" MV : like an arrow

A produção de *BE* foi marcada por uma avalanche constante de desafios que acabaram se transformando em combustível para o futuro. Porque, se eles não conseguissem mudar as coisas dessa forma, tudo seria absolutamente insuportável. Como Jimin disse, ser parte do BTS significava se apresentar ao vivo e se encontrar com o ARMY. Como a letra "Agora eu posso dormir o dia todo, não importa" de "Dis-ease",[*] também do álbum *BE*, a pandemia deu a eles um pouco mais de tempo livre comparado a antes. Mas eles já estavam acostumados a trabalhar muito, e essa falta de trabalho os deixou ansiosos. Na mesma música, eles dizem: "Sinto que eu deveria estar trabalhando demais / Mas aqui estou, comendo três refeições por dia."

Durante a pandemia, Jin disse o seguinte sobre os sentimentos complicados da época:

—— Todas as coisas que quis fazer antes, ir pescar, jogar video game o dia todo e encontrar os amigos? Quando nossa programação foi pros ares, passei cerca de três semanas fazendo só isso. Mas mesmo assim me senti bastante ansioso, pensava *Está tudo bem se eu continuar a não fazer nada?* Tudo era vago demais e eu não conseguia descansar. Eu pensava constantemente, *Tenho que fazer isso, ainda tenho que fazer aquilo*. Mas por outro lado, o trabalho que estou fazendo agora é diferente. Talvez seja porque não estamos em turnê, mas mesmo quando estamos trabalhando, parece que estou descansando.

Desde o debut com *2 COOL 4 SKOOL* até *MAP OF THE SOUL : 7*, as conquistas do BTS seguiram uma progressão que quase poderia ser considerada uma narrativa clássica de herói. Uma banda de 7 jovens que não ganhava atenção, a não ser dos poucos que os desprezavam, enfrentando muitas dificuldades e respondendo com amor a todas as pessoas que os apoiaram. Mas não só a história deles continuou mesmo depois de terem triunfado como heróis, a realidade também continuava a apresentar todos os obstáculos possíveis e imagináveis. *BE* é a história de como a vida de artista e indivíduo continua de formas inesperadas — "Life Goes On".

—— Eu ficava falando como as coisas eram difíceis. Claro, eu tinha tantas pessoas pelas quais ser grato, como o ARMY e os outros membros, e os hyungs que ficaram ao meu lado mesmo quando eu estava pra baixo. Eu me sentia tão grato que até tem uma música escrita para eles. Mas para a música realmente triste, ela entrou no BE.

A música "realmente triste" que V cita é "Blue & Grey". V estava trabalhando em sua própria mixtape durante a produção de *BE*. Das muitas músicas nas quais ele trabalhou durante esse período difícil, "Blue & Grey" é a que mais lida com a forma como ele se sentiu desde o debut com o BTS até a pandemia:

Todo mundo parece feliz
Você consegue olhar para mim? Porque eu estou azul & cinza
As lágrimas refletidas no espelho significam
Minhas cores escondidas atrás do sorriso azul & cinza
Não sei quando as coisas começaram a dar errado
Desde que eu era pequeno, um ponto de interrogação azul vive na minha mente
Talvez por isso eu tenha vivido ao máximo
Mas ao olhar para trás enquanto estou aqui sozinho
A sombra ameaçadora me devora

O sentimento que V descreveu em "Blue & Grey" era, sem dúvidas, o que ele sentia durante a produção de *BE*. Ele continua:

—— Sabe, meus pensamentos... naquela música eu queria que as pessoas nos entendessem melhor e vissem como nossos sentimentos eram profundos. Todo mundo passa por dificuldades, claro, mas eu realmente queria capturar e dividir a dor e os pensamentos que tivemos enquanto alcançávamos o sucesso. Acho que se pode dizer que eu queria deixar tudo isso óbvio. Mostrar meus sentimentos. Não sou o tipo de pessoa que fala abertamente sobre os próprios sentimentos, mas percebi que eu poderia falar sobre eles através de uma música.

"Blue & Grey" funciona como uma linha divisória em *BE*. A determinação de ver a pandemia acabar de "Life Goes On"[*] só é possível depois que a pessoa muda sua forma de ver o acontecido com "Fly To My Room". E "Fly To My Room" só é possível depois de se olhar a tristeza de alguém em "Blue & Grey". As três músicas que formam o começo de *BE* vão fundo nas emoções sombrias e nas situações pelas quais o BTS passou desde o começo da pandemia. E depois que a solidão desoladora de "Blue & Grey" passa, os primeiros versos de "Skit"[**] podem ser ouvidos:

Parabéns!
Os artistas número um da Billboard estão chegando!

Seja Dynamite

Se não fosse pela pandemia, talvez o BTS nunca tivesse cantado "Dynamite". A última cena do MV de "ON" mostra o cenário do

MV com a frase "NO MORE DREAM" sobreposta, e as palavras "NO MORE" desparecem aos poucos, deixando apenas "DREAM" em um fundo preto.• Assim como as músicas "Boy With Luv" e "Boy In Luv", ou "ON" e "N.O" estão conectadas, "DREAM" deveria ter sido a resposta a "No More Dream", a música principal de seu primeiro álbum.

Os jovens que tinham procurado por amor no debut e gritado "No!" para um mundo que tentava fazer com que eles vivessem os sonhos de outras pessoas agora tinham alcançado um status de superestrelas tão grandiosas que quase não conseguiam ver o chão, assim como representado no final do MV de "ON". E foi nesse momento que o BTS tinha planejado compor uma música que abrangesse o peso dos anos passados construindo o nome do grupo.

Mas assim como tinha acontecido com o mundo inteiro naquela época, a história do BTS sofreu uma guinada inesperada. Se *BE* é um retrato de sua nova situação e sentimentos durante uma crise global de saúde, "Dynamite" foi o primeiro desafio apresentado a eles durante a pandemia.

Tudo começou com o que Bang Si-Hyuk chamaria de "feeling". Bang Si-Hyuk estava pensando sobre tudo o que mudaria para o BTS por conta da pandemia, e no centro de tudo isso estava o "jetlag".

No lançamento de *MAP OF THE SOUL : 7*, o BTS já tinha se tornado uma banda que faz turnês em estádios ao redor do mundo. Sete anos após o debut, eles estavam no seu auge, tendo atingido a sua maturidade artística. Mas ao mesmo tempo, o BTS estava criando outra sensação. A imprensa estava focada em documentar a resposta apaixonada do ARMY para as séries LOVE YOURSELF e MAP OF THE SOUL, e isso levou a um nível de exposição sem precedentes nos

Estados Unidos, como a performance do grupo no *SNL*, que chamou a atenção das pessoas do mundo todo.

Para aqueles que acompanhavam K-pop através do YouTube e outras plataformas, o BTS já era uma superestrela. Mas para aqueles que estavam vendo o grupo pela primeira vez pelo *SNL* ou lendo sobre eles em artigos de jornal, o BTS era algo completamente novo que tinha nascido na Coreia do Sul.

Se não fosse pela pandemia, esse "jetlag" de exposição seria resolvido facilmente. Ao lançar mais álbuns e fazer mais turnês, a popularidade do grupo seria justificada pelo montante dos esforços e da execução exemplar, e a resposta explosiva dos fãs em cada cidade seria a oportunidade perfeita para mostrar ao mundo que tipo de grupo era o BTS.

Mas, por conta da pandemia, o BTS não pôde ir visitar os fãs que estavam esperando por eles, e a chance de deixar que todos soubessem quem eles eram, assim como o talento e a história do grupo desapareceram. Não importa quão alto fosse o número de visualizações no YouTube, eles não chegariam a um público maior sem as apresentações ao vivo. Ainda mais para artistas que já tinham um fandom global como o BTS, era preciso algo mais para chegar ao "outro nível".

Bang Si-Hyuk, intuindo esse problema, tomou duas decisões. Primeira: sair um pouco da posição de produtor em *BE* e deixar que os membros do BTS ficassem responsáveis em decidir o direcionamento do álbum. Em vez de seguir um plano detalhado, o álbum seria formado pelo que os membros passaram e sentiram durante a pandemia. Segunda: que "Dynamite" seria um chamariz para todos que estavam começando a descobrir o BTS. Que, nesse momento em que o BTS já atraía mais atenção do que nunca, eles lançariam para a audiência uma música que todas as pessoas, em qualquer lugar no mundo, amariam; dando a elas a chance de se tornarem novos fãs.

Cantar em inglês

— Quando ouvimos pela primeira vez, a música estava ótima. Mas seria a primeira música lançada em inglês, e uma pessoa de fora tinha escrito, então ficamos um pouco preocupados. Será que essa música vai crescer bem e forte?

RM estava um pouco preocupado com "Dynamite",[•] lançada no dia 21 de agosto de 2020. Tirando suas atividades no Japão,[3] o BTS sempre tinha lançado músicas em coreano, e o fato de eles terem atingido fama internacional com músicas coreanas era motivo de grande orgulho para eles e para o ARMY. Mesmo que não existisse nenhuma lei contra cantar em inglês, tentar algo tão diferente era algo a ser pensado com cuidado. Mas também estava evidente por que o BTS tinha que lançar "Dynamite". Sobre a recepção mundial à música, RM diz:

— O fandom deveria estar querendo isso mais do que imaginávamos. Foi na época em que as emoções de todos estavam muito contidas por conta da pandemia, e foi por isso que as pessoas responderam tão bem à música na internet. E provavelmente a barreira de entrada era menor por ser uma música em inglês. Isso fez com que eu pensasse, *Me preocupei à toa. O ARMY sempre é mais maravilhoso do que a gente espera.*

3 É comum que grupos de K-pop gravem músicas e até mesmo álbuns inteiros em japonês. [N. da T.]

Sete meses depois de entrar em produção, *BE* foi lançado no dia 20 de novembro de 2020. Se o BTS não tivesse lançado "Dynamite" no verão, eles quase não teriam tido oportunidade de se apresentar durante esses 7 meses. Com a pandemia impossibilitando todas as atividades presenciais não essenciais no mundo, a privação que os fãs sentiram pela falta de performances era ainda mais aguda. Jin fala sobre aquela época:

— Antes de começarmos a promover "Dynamite", tivemos um período de três ou quatro meses em que não pisamos em nenhum palco. Quase pensei, *Isso não é o meu trabalho.*

"Dynamite", ainda que fosse o oposto emocional de *BE*, era o toque final no álbum. Enquanto *BE* era um registro sincero das experiências e pensamentos dos membros durante a pandemia, "Dynamite" era uma música divertida, disco-pop, que descrevia uma esperança para o futuro, em um momento em que a pandemia acabasse. Durante a coletiva de imprensa on-line para o lançamento da música no dia 21 de agosto de 2020, Jimin diz:

> *Nós realmente gostaríamos de estar no palco... Como somos um grupo que precisa se encontrar e conversar com os fãs, acho de verdade que estávamos nos sentindo vazios e sem esperança. Precisávamos de uma forma de superar essa sensação de vazio, e também pensamos que seria uma boa oportunidade para um novo desafio.*

BE era a realidade da pandemia, enquanto "Dynamite" era o sonho de todos que aguardavam o seu fim. Mesmo que "Dynamite" fosse o oposto de *BE*, ela também era meio que uma música pandêmica, e o single digital foi incluído como a última música do álbum *BE*, trazendo uma nova perspectiva para o final do disco. Da primeira música, "Life Goes On", para "Fly To My Room" e "Blue & Grey", a vibe muda rapidamente com "Skit", que traz a animação e os parabéns ao grupo por ter conseguido o número 1 no hot 100 da Billboard, seguida por "Telepathy",[•] onde SUGA expressa sua saudade por alguém que ele não pode ver e a esperança de que eles se encontrem no futuro, uma luz na escuridão. j-hope traz vivacidade para "Dis-ease", onde ele fala sobre seus sentimentos complicados em relação a não trabalhar durante a pandemia, e "Stay",[••] de Jung Kook, imagina um futuro onde o BTS e o ARMY se encontrarão de novo em um show, fazendo com que o álbum fique repleto de esperança e determinação. Com a adição de "Dynamite", *BE* se transforma em um registro da vida do grupo durante a pandemia, e o processo de enfrentar os desafios.

> *Já que era um MV do BTS e não só meu, queria capturar o pensamento de todos, não só de um membro, colocar todos na nossa situação e mostrar diretamente a eles. Que embora cada pessoa que assista tenha sua própria interpretação, todos sentimos o que os outros sentem e estamos no mesmo barco.*[•••]

Foi isso que Jung Kook declarou para a *Weverse Magazine* sobre dirigir o MV de "Life Goes On". É interessante notar que os MVs de "Life Goes On" e "Dynamite", a primeira e a última música do álbum, mostram o quarto de Jung Kook.[••••] "Life Goes On" é um pouco mais pesada, ao refletir sobre a pandemia, enquanto em "Dynamite" Jung Kook dança alegremente naquele mesmo espaço.

BE também faz a realidade de "Life Goes On" se deslocar para o sonho cheio de esperança que é "Dynamite". Como Jung Kook sugere, o BTS criou suas músicas com o entendimento de que o que eles estavam passando não era muito diferente do que o restante do mundo estava enfrentando, e por isso escolheram terminar o álbum com a esperança retratada em "Dynamite". Essa linha conflitante de emoções foi o registro do grupo para o primeiro ano da pandemia.

Fogos de artifício em um mundo silencioso

Independentemente da resposta que "Dynamite" tivesse, o BTS havia trabalhado em uma música diferente das anteriores, adotando uma abordagem mais leve. Jin descreve como estava o clima durante as gravações da música:

— Em outros momentos, trabalhamos com uma disciplina ferrenha, mas "Dynamite" era mais como trabalhar em uma faixa extra.

Os membros estavam trabalhando em *BE*, e esse não programado período de pausa deu a eles mais tempo para se prepararem para o lançamento de "Dynamite". Era uma situação quase ideal; eles se sentiam mais descansados e tinham mais tempo para trabalhar naquilo até chegarem exatamente ao resultado que queriam.

— Todo mundo se saiu tão bem (risadas).

j-hope, que muitas vezes dá o tom dos ensaios de coreografia do grupo, diz o seguinte sobre os ensaios para "Dynamite":

— Estávamos mais experientes. Todos sabiam muito bem como pegar uma coreografia e adicionar a própria personalidade nela. Já estávamos experts nisso (risadas). Por isso não tivemos nenhuma dificuldade de apresentação. A coreografia parece leve e fácil, mas a execução perfeita de cada movimento é o que faz essa música, e então tentamos ser o mais precisos possível.

O MV de "Dynamite" sobrepõe movimentos estilo disco ao ritmo alegre da música.• Era uma coreografia que todos poderiam seguir e se divertir. Mas o BTS, mesmo em meio a atmosfera divertida e livre do vídeo, coloca um certo dinamismo na apresentação com a sincronização dos movimentos em diferentes momentos. O refrão em particular é composto por movimentos disco, mas assim que eles se juntam para executar a afiada dança em grupo, os meninos trazem sua marca registrada para a performance.

"Dynamite" era o perfeito caminho introdutório para aqueles que estavam começando a conhecer o grupo. A música era um novo ponto de partida para um grupo que já tinha angariado um número imenso de seguidores em seus 7 anos de história.

—— Suspeitávamos que os fãs amariam "Dynamite", mas estávamos curiosos a respeito das pessoas que não eram do ARMY pelo mundo, se elas gostariam da música.

Como Jung Kook deixa implícito, ninguém poderia ter previsto a resposta do público para "Dynamite". A música "ON", do álbum anterior, entrara no top 100 da Billboard em número 4 já na primeira semana, o que possibilitava a eles acreditar que a nova música se sairia pelo menos tão bem quanto a anterior. "ON" era uma música em coreano que foi produzida para um palco enorme, e isso significava que havia um limite ao que apenas ouvi-la poderia produzir. Mas ainda assim ela tinha ficado em quarto lugar, o que parecia auspicioso para a recepção de "Dynamite". Mas não havia nenhuma forma de realmente saber qual seria a recepção da música inédita.

Na noite em que “Dynamite” estava programada para debutar no top 100 da Billboard, j-hope tinha ido para cama cedo sem se preocupar em ficar acordado para ver em qual posição do chart a música estaria. Só quando acordou no dia seguinte foi que percebeu que o mundo estava diferente.

— Eu estava dormindo quando anunciaram (risadas). Por isso não vi de imediato, e acabei sabendo quando acordei, e fiquei surpreso. *Estamos em primeiro lugar. Conseguimos algo absolutamente incrível.*

V se lembra da reação dos membros depois de saber que estavam em primeiro lugar:

— Fomos todos arrebatados de alegria. Um estava rindo, o outro estava chorando, e foi tudo... como posso dizer... *Ah! No fim das contas, não estávamos indo para um beco sem saída.* Nosso caminho estava nos levando a algum lugar, não estávamos tentando algo impossível. Percebi que, *Desde o começo, tivemos a oportunidade e um pedacinho de possibilidade.*

Mas eles não tiveram muito tempo para aproveitar o triunfo. A pandemia criara um ambiente de trabalho completamente diferente para eles. j-hope explica o que aconteceu no dia:

— Assim que soubemos que tínhamos conseguido o primeiro lugar, uma agenda nova apareceu (risadas). Na hora que fomos informados disso, dissemos, “Okay, vamos nessa!”.

Ficar em primeiro lugar no top 100 da Billboard foi um acontecimento tão imenso que os membros choraram ao receber a notícia. Mas, por conta da pandemia, eles não poderiam ir aos Estados Unidos apresentar a música nos palcos. E isso fez com que os membros achassem difícil acreditar que aquilo realmente acontecera.

— Sonhamos demais com essa colocação. Ficamos pensando, *Como vamos nos sentir quando chegarmos a esse nível?* Mas chegar ao topo durante a pandemia era surreal. Estávamos felizes, mas depois de um tempo foi... *É isso, sabe?*

Jin compara a sensação a quando eles recebiam prêmios:

— De todos os prêmios, charts, etc., esse foi o que menos pareceu real. Todos os nossos prêmios, como o BBMAs, pareciam muito reais logo que aconteciam, mas não esse. Chegou a um ponto em que pensei, *Tudo bem se a gente receber isso?* E provavelmente foi porque estávamos fisicamente isolados do mundo exterior.

Um grupo coreano tinha conseguido o primeiro lugar no top 100 da Billboard enquanto ainda estava na Coreia. A popularidade da música só aumentou. "Dynamite" acabou tendo uma segunda semana consecutiva no primeiro lugar, e voltou a ele na quinta semana, passando um total de 13 semanas no top 13.

O mercado coreano de idols lança mão de seu conhecimento de marketing on-line, em plataformas como YouTube, com ótimos resultados. E foi assim que o BTS conseguiu voltar a ter uma agenda lotada de divulgação, como j-hope disse. Só que os métodos dessa divulgação foram muito diferentes do que os meninos já tinham feito, e agora ela existia em uma escala global.

— Era como se fôssemos mais uma vez um grupo de novatos. Porque tivemos que trabalhar muito.

RM se lembra do trabalho de divulgação de "Dynamite" como uma experiência única na carreira do BTS. Assim que a música foi lançada, eles entraram em modo de divulgação por dois meses. Esse foi o período de divulgação mais longo que o grupo passou sem uma apresentação ao vivo. Mas eles ainda assim se apresentaram, filmaram performances da música como se fossem novos MVs, com diferentes cenários e ambientes. Essas apresentações foram divulgadas em diversas plataformas e no YouTube.

Em uma participação no programa musical *America's Got Talent*, eles apresentaram a música com um estilo retrô em um parque temático coreano.* Para o canal do YouTube da NPR, eles filmaram uma apresentação para a série Tiny Desk Concert (chamada, na época, de "Tiny Desk (Home) Concert") em uma loja de discos em Seul.** Para o MTV Video Music Awards de 2020, onde eles apresentaram pela primeira vez a versão de palco da apresentação, Nova York e Seul se juntaram por meio da mágica dos efeitos especiais,*** e a apresentação do BBMAs de 2020 foi gravada no aeroporto internacional de Incheon.****

Era uma questão que todas essas apresentações fossem feitas sem público, mas, por outro lado, as restrições exigiam que todos tentassem formulações inéditas, que nunca teriam sido realizadas em programas de TV e premiações. Ainda que fosse ruim que o grupo não pudesse se apresentar ao vivo para os fãs, o BTS mesmo assim conseguiu trazer algo de diferente para cada performance de "Dynamite".

A ideia de gravar um cenário diferente para cada ocasião era uma grande aventura. A apresentação no MTV VMAs precisou de dois meses de conversas entre o BTS e a MTV para que chegassem a um acordo sobre como seria esse novo tipo de performance. Com o BBMA, levou um mês de calibragem para que a banda instrumental, que tocava em Nova York, pudesse ser inserida na imagem dos membros que cantavam no aeroporto internacional de Incheon.

O ápice das performances de "Dynamite" aconteceu durante a "BTS Week" no *Tonight Show Starring Jimmy Fallon* quando o grupo mostrou apresentações diferentes de segunda a sexta. O programa é extremamente popular nos Estados Unidos e consolidou o status do grupo no país.

Para a “BTS Week”,[*] “Dynamite” teve duas versões, uma onde o BTS, Jimmy Fallon e a Roots (banda ao vivo do programa) fizeram uma versão a capela com vários efeitos sonoros, e outra com uma vibe mais retrô, gravada em um rinque de patinação. Eles também apresentaram “HOME” do álbum *MAP OF THE SOUL : PERSONA* e “Black Swan” de *MAP OF THE SOUL : 7*. “IDOL” foi gravada no Geunjeongjeon Hall do palácio Gyeongbokgung, e “Mikrokosmos” no pavilhão Gyeonghoeru do mesmo local histórico. A administração nacional do patrimônio cultural da Coreia, que assessorou o grupo nas gravações nesses espaços, disse em suas redes sociais que aquilo era uma reunião da joia da coroa que era o palácio Gyeongbokgung e o BTS, um grupo amado no mundo inteiro. A apresentação deixou Jung Kook impressionado:

— Fizemos muitas apresentações de “Dynamite”, porém as mais memoráveis foram as do aeroporto de Incheon e no Gyeongbokgung. Porque esses lugares são icônicos.

As atividades do grupo estavam sendo comentadas no mundo da música por seu caráter inovador, e eles iam mais alto a cada performance. A forma se alinhava perfeitamente bem à função enquanto o BTS se apresentava no aeroporto que os conectaria ao restante do mundo se não fosse pela pandemia, e eles se utilizavam da mídia de massas para conectar artistas e fãs.

O BTS e “Dynamite” foram exemplos do significado de fazer música mainstream no momento pandêmico. Artistas e fãs não podiam se encontrar, mas se tornou possível conseguir um hit global através de performances on-line para programas de TV ou plataformas de streaming como YouTube e Netflix. Uma música como "Dynamite" — e outro sucesso coreano global lançado um ano depois, a série *Round 6* — pareciam arautos de uma nova era.

—— Gravamos vestindo hanboks, e eu achei que seria fofo se eu fizesse a saudação tradicional com ele (risadas).

Foi por isso que Jimin e os membros fizeram algumas reverências durante a performance em Gyeongbokgung,* talvez uma forma de tributo aos fãs que eles não puderam ver pessoalmente. Apesar dos elogios vindos de todos os cantos, ainda era frustrante para Jimin e para os outros membros que eles não pudessem respirar o mesmo ar que os fãs.

—— De certa maneira, "Dynamite" foi a nossa tentativa de compensar a situação. Como não podíamos mostrar aos fãs algo que eles gostariam de ver pessoalmente, tentamos fazer o nosso melhor. É até mais difícil gravar sem público do que fazer um show ao vivo.

Os dois meses de divulgação de "Dynamite" foram uma experiência inédita para o BTS, no sentido de que eles tinham um hit global, mas não puderam sentir isso, e ainda assim tiveram que trabalhar todos os dias para mostrar algo ao restante do mundo. O esquema de "álbum, turnê, álbum, turnê" tinha se transformado em "álbum, gravação, álbum, gravação".

Enquanto "Dynamite" diminuía de ritmo, Jin pensou o seguinte:

—— Tínhamos trabalhado tanto e feito uma variedade e quantidade tão grande de coisas mas, por mais estranho que pareça, não senti que estávamos sendo realmente "ativos". Eu estava assistindo à TV um dia e ouvi um grupo de idols dizer, "Debutamos em fevereiro, mas nunca fizemos um show ao vivo". Isso me fez pensar, *Como eles devem estar se sentindo?* Filmamos nossas apresentações para tantas emissoras, mas parecia que estávamos fazendo uma V Live. Como muitas pessoas estavam assistindo pelos celulares, não parecia que estávamos nos encontrando com os fãs, então foi por isso que fizemos "Dynamite". Nos esforçamos muito e os resultados foram ótimos, mas não tinha aquela emoção. E foi porque, quando vi artistas que tinham debutado na pandemia, pensei, *Que triste que eles nunca tenham passado por essa sensação incrível.*

Mesmo com "Dynamite" ficando três semanas no top 100 da Billboard e sendo um hit mundial, os membros não estavam aproveitando tanto a resposta entusiasmada do público, e sim se preocupando em como entender os resultados desse trabalho. Segundo SUGA:

—— Acho que nós todos pensamos a mesma coisa. Eram resultados que nunca tínhamos conquistado, mas estávamos tão treinados em manter os pés no chão... Não que tivéssemos sido deliberadamente treinados, mas enfim (risadas). Não é como se não tivéssemos sentido nada, era mais como... Estou feliz, mas vamos fazer o que precisamos fazer mesmo assim. Tivemos ótimos momentos, e como músico, é importante passar por isso, mas enquanto eu passava, percebi que seria mais inteligente manter os pés no chão o mais rápido possível. Não havia necessidade de sair voando nos céus por aí, e os outros membros também ficaram focados.

— De certa maneira, "Dynamite" foi a nossa tentativa de compensar a situação.

Como não podíamos mostrar aos fãs algo que eles gostariam de ver pessoalmente, tentamos fazer o nosso melhor.

— Jimin

Como diz SUGA, o BTS fez seu melhor sem se importar em como o mundo responderia à tudo que estavam fazendo, e trabalhavam diariamente no estúdio. "Dynamite" foi sucedida por "Savage Love", de Jawsh 685 e Jason Derulo, com SUGA e j-hope participando do remix,[*] e "Life Goes On" de *BE*, ambas conseguindo o primeiro lugar no top 100 da Billboard; e assim o grupo se tornou o assunto mais falado da música. Além disso, "Dynamite" chegou em segundo lugar na primeira semana de ambos os novos charts: Billboard Global 200 e Billboard Global Excl. US. O BTS trouxe um novo paradigma para a indústria americana, que não teve como ignorar o mercado global de música. Provavelmente foi por isso que a Federação Internacional da Indústria Fonográfica concedeu ao BTS o prêmio de artista do ano. Um prêmio concedido aos artistas musicais que mais venderam discos no ano — foi a primeira vez que o prêmio foi para um artista não ocidental. j-hope resume o ano de 2020, uma época caótica para o mundo inteiro, da seguinte forma:

—— Sério, fomos soterrados por prêmios. Nos sentimos tão honrados, e tínhamos conseguido fazer coisas novas, então embora tenha sido confuso, foi um ano muito importante. E do ponto de vista pessoal, a pandemia foi um momento em que olhei para tudo o que eu já tinha feito e percebi, *Esse trabalho tem valor, afinal de contas.* E compus uma música que aborda isso. Então por mais que tenham acontecido tropeços, foi um ano em que o BTS deu mais um passo enorme.

Pessoas que rezam

No dia 3 de novembro de 2020, SUGA passou por uma cirurgia no ombro. Foi uma cirurgia corretiva em seu ombro esquerdo, que fora machucado em um acidente de trânsito em seus anos de trainee.

— Fiquei muito preocupado depois da cirurgia. Não era fácil mexer aquele braço logo depois do procedimento. Senti que eu precisava focar na fisioterapia antes de voltar ao trabalho.

SUGA estava certo em pensar que precisava de tempo para se curar, e por isso se afastou das atividades da banda no final de 2020 para terminar a fisioterapia. Foi um pouco menos de dois meses, do começo de novembro ao final de dezembro. Mas para SUGA, esse foi um ponto de virada. A contusão no seu ombro simbolizava um período de sua vida, uma lembrança dos anos anteriores ao debut nos quais ele batalhava sem ter a certeza de que poderia fazer o trabalho que ama. Essa cirurgia e o posterior tratamento foram uma despedida desses anos. Algo que o acompanhara por tanto tempo estava aos poucos deixando de segui-lo.

SUGA falou em detalhes sobre sua contusão em um programa da tvN chamado *You Quiz on the Block*. Os fãs já sabiam um pouco sobre isso, e SUGA tinha mencionado rapidamente o acontecido na música "The Last"* da sua mixtape *Agust D*, mas era a primeira vez que ele falava sobre o assunto em público. Jimin também falou sobre a precariedade dos tempos que levaram até o debut, quando tinham que provar seu valor. Jimin explica por que foram tão sinceros nesse programa:

— Quando éramos trainees, uma pessoa que não trabalha mais com isso me disse "Talvez você precise estar pronto para fazer as malas". E por que ele teria falado isso? (risadas). De qualquer forma, eu vim para Seul sem ter nada e parecia que eu não ia debutar no BTS, a empresa estava preparando um girl group bem do nosso lado. O que vai acontecer comigo... Eu me preocupava muito. Mas todo mundo era tão simpático comigo no dormitório, e eu ficava perguntando as coisas para eles. Então eu falei com RM, "Hyung, como eu consigo ter carisma?" (risadas). E ele respondeu, "Ei, não é como se eu tivesse. Acho que é o tipo de coisa que acontece depois de crescermos um pouco" (risadas).

Quando questionado se seria possível explicar ao Jimin do passado como conseguir carisma, ele ri e diz:

—— Não faço ideia. Eu diria para ele parar de pensar bobagem e se concentrar nos ensaios (risadas).

Agora, Jimin consegue pensar no passado do grupo e rir um pouco. Durante a pandemia, eles tinham conquistado ainda mais sucesso do que antes, e haviam começado a pensar em um futuro melhor (pessoalmente e como artistas). Assim como SUGA começava a pensar no que ele gostaria de fazer no futuro como músico:

—— Na verdade, comecei a pensar se falar sobre metas e coisas assim tinha perdido um pouco a importância. *O que mais eu preciso fazer?*, era quase o que eu pensava. Agora minha meta principal é trabalhar como membro do BTS por muito tempo. Acho que o grupo todo está pensando no objetivo em comum conforme vamos ficando mais velhos. Estamos pensando muito sobre como nos apresentar com mais diversão e felicidade.

Durante o MAMA de 2020, o grupo apresentou "ON" no World Cup Stadium de Seul.• Como o espaço era grande, eles se apresentaram com ainda mais dançarinos do que a música costuma pedir, montando um show com um conceito de banda marcial e com coreografia adicional.

Essa versão de "ON", que eles estavam mostrando para uma audiência que não estava presente e que deveria ter sido apresentada na turnê mundial, era menos uma performance e mais uma oração. Uma esperança de que em algum momento a pandemia acabaria e seria possível um reencontro presencial. Talvez esse tenha sido, como disse SUGA, o primeiro passo para que o grupo se apresentasse com mais "diversão e felicidade".

Durante a primavera de 2021, quando ninguém sabia o quanto mais a pandemia iria durar, Jimin disse o seguinte sobre o que o grupo gostaria de dividir com as pessoas:

> —— Que eles ouvissem as nossas músicas, gostassem delas e se divertissem conosco... Não era isso? Sucesso, fama e dinheiro resultantes disso não são o maior significado das nossas vidas. Só quero me apresentar de novo, poder conversar com mais pessoas. Mesmo que não possamos ter uma conversa profunda e longa com cada pessoa, pelo menos existe a conversa em que olhamos uns para os outros, gritamos juntos e trocamos olhares, esse tipo de conversa. É isso que é mais significativo.

Encontrar a esperança

O trabalho do BTS desde o sucesso mundial de "Dynamite" foi uma lista de todas as coisas que tinham que fazer e fizeram para que o desejo de Jimin se tornasse realidade. O single digital "Butter",* lançado em 21 de maio de 2021, entrou em primeiro lugar no top 100 da Billboard e ficou nessa posição consecutivamente por 7 semanas em um total de 10. E foi assim que o BTS se tornou, junto dos Beatles, um dos 7 artistas na história da Billboard até aquele momento a conseguir 4 hits que ficaram em primeiro lugar no mesmo ano.

Colocação nos charts não era a única coisa que deixava evidente que o BTS se transformara em um fenômeno. Apenas alguns dias após o lançamento de "Butter", o McDonald's anunciou um lanche chamado BTS Meal, que foi vendido por quatro semanas a contar do dia 27 de maio, em lojas de 50 países, transformando o grupo em um dos poucos que teriam seu nome associado à franquia.

Foi a música posterior a "Butter" que foi a cereja no bolo do sucesso que fora aquele ano, quando "Permission to Dance"• foi lançada no dia 9 de julho e também alcançou o primeiro lugar no top 100 da Billboard. Essa música, cujo próprio nome já contém tudo o que o BTS representa, é uma ode ao passado, e recheada de um espírito determinado para demonstrar que aconteceria a superação da pandemia:

Não precisamos nos preocupar
Porque quando caímos, sabemos como fazer
Não precisa vir de conversinha, só vamos andar esta noite
Porque nós não precisamos de permissão para dançar

Butter

DIGITAL SINGLE
2021. 5. 21

TRACK

01 Butter
02 Butter (Hotter Remix)

VIDEO

"Butter"
MV TEASER

"Butter"
MV

"Butter"
(Hotter Remix)
MV

"Butter"
(Cooler Remix)
MV

Butter

SINGLE ALBUM
2021. 7. 9

TRACK

01 Butter
02 Permission to Dance
03 Butter (Instrumental)
04 Permission to Dance (Instrumental)

VIDEO

"Butter"
MV TEASER

"Permission to Dance"
MV TEASER

"Butter"
MV

"Permission to Dance"
MV

Como mostra a letra, o BTS sabia que mesmo se eles descessem do ponto onde estavam, eles saberiam como aterrissar sem cair. Esse era o resultado da resiliência e da esperança conquistadas ao vencer incontáveis dificuldades. Eles colocaram essa visão de vida em uma melodia que qualquer um poderia apreciar, retratando a vida de pessoas que continuaram a seguir em frente apesar da pandemia. A performance incluiu mensagens transmitidas na Língua Internacional de Sinais, e durante os shows *BTS PERMISSION TO DANCE ON STAGE — LA* no final de 2021, eles finalmente puderam fazer isso para o público. Jung Kook fala o que sentiu no dia:

—— Estávamos muito felizes. E também exaustos, minhas pernas quase não conseguiam mais me aguentar em "Permission to Dance", mas continuei rindo. *Que música incrível para encerrar o show,* pensei. E todo mundo cantou junto no final, foi demais.

A mensagem por trás de "Permission to Dance" só poderia estar completa depois de uma apresentação ao vivo para o público. Essa música era um conforto não só para quem a estava escutando mas também para os meninos do BTS, um conforto quase que palpável para todos os que passaram pelo que eles passaram antes mesmo do início da pandemia. Jimin explica seus sentimentos durante a apresentação de "Permission to Dance":

—— É uma música tão animada, mas... meus olhos não paravam de ficar marejados. Cantamos essa música e ficamos em fila para fazer uma reverência, e eu chorei de verdade. Acho que foi porque realmente senti as emoções da música. É uma música tão incrível.

Enquanto o grupo trabalhava em *BE* em 2020, eles colocaram nesse álbum o que pensavam e sentiam em relação a parada abrupta de seus planos, e com "Dynamite" espalharam uma mensagem de esperança. E no verão do ano seguinte, eles cantaram sobre como é possível ter esperança e ter alegria em momentos de pandemia. Essas músicas, lançadas durante dois anos, registravam os sentimentos de incontáveis pessoas no mundo, que ouviram e responderam a essa mensagem. Uma mensagem enviada pelo BTS.

Suave como manteiga, firme como BTS

A sucessão de novos hits de "Dynamite", "Butter" e "Permission to Dance" trouxe novos desafios para o grupo. O primeiro estava relacionado a como eles cantavam e dançavam. Segundo Jimin:

> — Quando estávamos gravando "Permission to Dance", tive a sensação de que não era fácil expressar minhas emoções. Também me preocupei de não conseguir transmitir minhas intenções ao cantar em inglês. Mesmo que eu tenha gostado bastante da música quando ela ficou pronta.

Mesmo "Permission to Dance" sendo leve e descontraída, os membros se esforçaram muito para que ela transmitisse essa sensação. A questão do inglês também significava que RM, SUGA e j-hope precisariam focar mais em cantar do que em fazer rap. De forma nítida, a música apresentava diversos desafios para o grupo.

"Butter" em particular mostra o foco que o BTS escolheu ao cantar letras inteiras em inglês. Quando a música estava sendo escrita, não existia nenhuma parte para o rap. Mas, durante a gravação, RM incluiu o rap e criou a versão que conhecemos hoje. RM falou sobre isso na *Weverse Magazine:*[*]

Teria ficado incompleta sem isso. Achei que realmente precisávamos de uma parte em rap. No final das contas, nós temos coisas que são diferentes das estrelas pop americanas. Porque o nosso DNA é diferente.

O rap incluído por RM contém os seguintes versos:

Somos apoiados pelo ARMY quando chamamos / Vamos nessa

Enquanto, por um lado, "Butter" é um hit de verão, expressando a alegria que é dançar no sol, a letra com o rap mostra como o BTS conseguiu angariar a afeição dos fãs. Com o rap, "Butter" se transforma não apenas em um momento de alegria durante o verão, mas em um ponto alcançado na história do grupo por meio de conflitos e mudanças. O rap também inclui a resiliência que é característica da banda a uma música que é, por sua vez, "suave como manteiga".

De 2013 a 2021, o BTS foi um incansável colosso que parecia desafiar o próprio tempo. O grupo reagiu às constantes mudanças da época ao mesmo tempo que se esforçavam para não se perder durante esse processo.

O vídeo da performance de j-hope, Jimin e Jung Kook — chamados de "3J" devido a suas iniciais — filmado com o rap de Megan Thee Stallion[*] foi parte desses esforços. Jimin diz que tudo começou com uma ideia de j-hope:

—— j-hope sugeriu: "Não seria legal se fizéssemos uma coisa especial para os fãs?", e Jung Kook sugeriu que eu me juntasse a eles. Ele disse, "Vamos entrar nisso de cabeça como costumávamos fazer, e mostrar aos fãs o que eles não puderam ver por um tempo", e aí mandamos ver.

Sobre essa performance, Jung Kook diz:

—— Quando j-hope fez a sugestão, fiquei querendo demais fazer. Os nossos melhores resultados sempre vêm quando realmente queremos fazer alguma coisa, e a premissa dessa ideia era ótima, e tudo parecia tão divertido. Praticamos, e parecia que éramos trainees de novo. Como quando praticávamos as coreografias e aprendíamos a dançar. Foi uma sensação diferente de quando preparamos os álbuns.

Como esse era um projeto quase espontâneo, eles não tiveram muito tempo para preparar a performance. Mas os três praticaram bastante, chegando quase ao ponto da violência. Ao lembrar dessa época, j-hope diz:

—— Tivemos que fazer isso no tempo que sobrava depois da nossa agenda normal, o que não era muito. Eu odiei ter que fazer isso com eles, mas disse para os dois mais novos que precisávamos ensaiar em todos os momentos que tínhamos. Mas como eles tinham se voluntariado, era um clima bem diferente. Em cada pedacinho, nossa paixão transbordou.

Como é possível ver na filmagem dos bastidores,[•] os três encaixam um dia para filmar novamente depois que tinham terminado a primeira gravação da performance. Jimin explica o que aconteceu:

—— Não conseguimos ensaiar nem uma semana. Mas... acho que é assim sempre, mas sabe o quanto mais você faz alguma coisa, mais fica obcecado para ela ser perfeita? "Mais uma vez", "Só mais uma vez", e acabamos acrescentando mais um dia inteiro de gravações. Se nós três estávamos dançando e um de nós não estava tão bem, filmávamos de novo aquela parte. Ou então gostávamos da coreografia em uma parte, mas não na seguinte, então tínhamos que filmar tudo de novo.

A rápida performance foi feita de forma voluntária, mas isso não significa que ela tenha sido só diversão. Jimin diz que esse vídeo em especial, ao ensaiarem e filmarem, foi de muita ajuda na hora de lidar com a sua ansiedade relacionada à pandemia:

— Por conta da pandemia, eu me preocupava com a ideia de que em vez de ter uma troca de emoções com nossos fãs... que acabaria sendo tudo unilateral. Porque estávamos sendo unilaterais fazendo músicas e filmando performances. Então essa foi uma oportunidade valiosa para mim, e eu fiquei incrivelmente grato ao j-hope. Se ele não tivesse sugerido isso, eu provavelmente teria seguido com a agenda. Mas gravar aquela performance realmente me deixou motivado.

Quanto mais eles filmavam, mais os três ficaram imersos na dança e encontraram um direcionamento para sua arte. Jung Kook foi capaz de analisar o seu fazer artístico mais detalhadamente graças a esse trabalho:

— Foi divertido e ao mesmo tempo eu estava... *Ah... isso é tudo que eu consigo fazer?* (risadas). Não foi fácil aprender aquela coreografia e ir direto dançar. Minha cabeça entendia, mas eu via meu corpo estalando no espelho da sala de ensaios (risadas). Então pensei, *Eu realmente preciso ensaiar mais*. Fizemos vários estilos de coreografia, mas eu nunca foquei em um tipo específico. Mas essa experiência me fez perceber que preciso levar mais a sério o aprendizado da dança. Porque nossos corpos meio que se acostumam com as coreografias do grupo depois de um tempo. Se eu quisesse pegar uma nova coreografia rápido, precisava treinar meu corpo para isso.

Jimin pensava o mesmo. Ele elogia os pontos fortes de Jung Kook e só tem críticas para si mesmo:

—— Foi difícil fazer aquilo. j-hope já é um dançarino fora da curva em vários estilos de dança. E Jung Kook se saiu muito bem nessa coreografia. Ele pegou na mesma hora o que eu demorei três dias para aprender... (risadas). Como era diferente do estilo de dança ao qual estou acostumado, foi bem difícil para mim, a ponto de eu não gostar de como eu estava fazendo. A coreografia exige flexibilidade, leveza e força ao mesmo tempo... Realmente não foi fácil.

O motivo pelo qual eles se esforçaram tanto em uma coreografia de apenas um minuto é explicado por Jung Kook de um jeito que evidencia o quão longe o BTS tinha chegado em seu desenvolvimento:

—— Chegamos na versão final e tínhamos filmado, mas eu continuava insatisfeito com o resultado. Havia essas coisinhas que não pareciam estar certas. *Não podemos lançar isso desse jeito*, pensei. Então achamos um tempo na nossa agenda para ensaiar mais, porque senti que ia me arrepender se não fizesse isso. Pois se nos esforçássemos um pouco mais, conseguiríamos algo melhor.

O BTS não fazia mais nada pensando em validação externa ou para provar seu valor. Os meninos estavam agora mais focados em se avaliar e tentar alcançar um ponto de excelência em que ficassem satisfeitos com os resultados.

Essa era a única forma com que eles conseguiriam superar as dificuldades daquele período. A pandemia tinha tirado deles a oportunidade de estar com um público ao vivo e sentir a eficácia de suas performances. Eles acompanhavam a resposta on-line, mas foi difícil não ter a experiência do palco.

O show on-line *BTS MAP OF THE SOUL ON:E,*[*] apresentado nos dias 10 e 11 de outubro de 2020, fez com que essa sensação se tornasse ainda mais nítida. Na época, Jimin falou sobre como é se apresentar para um público invisível:

—— Eu aprendo muito durante as turnês. Eu compilo todo o feedback dos fãs e minhas próprias anotações das performances e isso direciona meus ensaios. Peço conselhos aos outros membros, monitoro as partes em que canto... Mas agora eu não posso fazer isso. Estamos treinando muito, e estou me divertindo nas gravações enquanto penso, *Como minha voz deve soar em inglês?* mas não existe feedback.

No começo foi difícil julgar o trabalho do grupo e medir seu progresso nas performances especiais de "Dynamite", "Butter", "Permission to Dance" e "Butter" (Feat. Megan Thee Stallion) assim como o show on-line *BTS MAP OF THE SOUL ON:E*. Apesar disso, eles tentaram muito se ver o mais objetivamente possível e tentaram redefinir o que significava interagir com a audiência em um momento em que artistas e fãs não se encontravam mais pessoalmente. As palavras de V, proferidas nessa época, provam porque o BTS consegue ser o BTS:

—— Tentamos superar isso. Porque não podíamos ficar presos em sentimentos negativos para sempre. E agora eu estou... Se eu colocar esses sentimentos em algo, se eu pegar o que estou sentindo ou como está o meu humor e colocar isso em uma música, me sinto um pouco melhor. Você pode me perguntar se eu sinto que gostaria de dividir mais coisas com os fãs, mas estou bem com isso agora. Está tudo bem se nós não mostrarmos tudo, eu só quero... O principal para mim é o ARMY, e que a gente sobreviva a isso para nos encontrarmos no próximo show. Acho que consigo aguentar até lá.

BTS UNiverse

A sensação global que floresceu durante a pandemia ultrapassou os verões de 2020 e 2021 e chegou ao outono. E coisas ainda maiores estavam acontecendo no final do ano. Em 20 de setembro de 2021, o BTS deu um discurso focado na juventude e nas próximas gerações na ONU no evento SDG Moment,[•] e alguns dias depois, em 24 de setembro, lançaram a música "My Universe",[••] em colaboração com o Coldplay. Essa música também ficou em primeiro lugar no top 100 da Billboard. O BTS não só tinha se tornado um grupo que trabalha junto com lendas vivas como o Coldplay, como a banda também recebeu a classificação de Enviados Especiais da Presidência para as Gerações Futuras e Cultura, do governo coreano, e falaram sobre esperança e visão de futuro para os jovens.

O BTS não precisava mais de nenhum adjetivo ou outro qualificador para ser identificado, a junção dessas três letras era forte o suficiente. O menor comentário feito por eles em uma V Live (agora Weverse Live) era suficiente para provocar um maremoto na imprensa coreana e mundial.

O evento na ONU e a colaboração com o Coldplay[•••] foram eventos significativos para eles, mesmo além da resposta do público, essas duas coisas ajudaram o grupo a encontrar um significado para o trabalho que estavam realizando no advento da pandemia.

—— Chris Martin é um dos artistas ocidentais mais sinceros que já conheci.

RM fala sobre a sua impressão do vocalista do Coldplay e como foi trabalhar com ele em "My Universe".

—— Acabamos nos encontrando com vários tipos de artistas internacionais. Tem aqueles que são, "Ah, vocês são famosos agora, bom trabalho, eu acho? Vai lá", e parecem nos olhar com certo desprezo, e tem aqueles que são estritamente sobre trabalho e dizem, "Eu quero muito fazer uma música com vocês!". E tem um terceiro tipo de pessoa que fica no meio disso. Mas Chris Martin não é nenhum dos três tipos. Ele foi uma exceção.

Os membros do BTS sempre gostaram da música do Coldplay, e Jin até já falou que era o seu grupo favorito. V também se inspirava em Chris Martin. Quando o Coldplay propôs a colaboração na música "My Universe", o BTS não tinha como recusar. Mas o processo superou todas as expectativas. Segundo RM:

——— Estávamos na pandemia e mesmo assim ele veio. Disse que nunca tinha feito nenhuma colaboração on-line. Ele disse, "Vocês não podem vir? Tudo bem, eu vou", simples assim. Ficamos tão surpresos. A pessoa precisava ficar em quarentena para entrar na Coreia na época, o que significava um bom tempo para ele, mas ele realmente veio. E quando enfim nos encontramos depois disso tudo, ele era muito mais pé no chão do que eu esperava.

Jung Kook também ficou bastante impressionado com a atitude de Martin. Ele fala que foi uma oportunidade para repensar sua própria atitude como artista.

——— Eu fiquei chocado quando ele disse que viria para a Coreia para dirigir a gravação dos vocais. Pensei, *Uau... O quanto que ele precisa amar música para uma coisa dessas! Eu já me dediquei tanto assim a alguma coisa...?*

Não só isso, mas Martin também ensaiou e se apresentou junto ao grupo no show *BTS PERMISSION TO DANCE ON STAGE — LA*, se dedicando a todos os aspectos da colaboração. No ano seguinte, 2022, o Coldplay também participou da música solo de Jin, "The

Astronaut”[*] e Jin foi para Buenos Aires participar da turnê MUSIC OF THE SPHERES WORLD TOUR do Coldplay e cantar com eles essa música.[**]

Ao falar sobre a influência de Chris Martin, Jimin diz:

—— Ele já era uma lenda, mas ao fazer tudo isso por nós... A positividade dele era avassaladora. E já que ele tem muito mais bagagem na indústria da música, aprendemos bastante. Coisas como a atitude que os artistas podem ter ao falar com os fãs. Ele é um ótimo cantor, claro, mas a forma como ele se comporta no palco e como ele se sente em relação aos outros membros da banda dele é incrível.

Em uma conversa entre o BTS e Chris Martin para um conteúdo do YouTube, RM diz que às vezes se pergunta, *Uma música assim pode mudar o mundo?* O BTS estava se questionando sobre como o trabalho que estavam fazendo poderia afetar as pessoas no mundo, e o encontro deles com Chris Martin foi uma das coisas que os ajudou a compreender melhor suas possibilidades. Sobre o motivo de terem falado sobre essas questões na época, RM diz:

—— Essa música... Queria acreditar que a música que estava naquele arquivo faria sentido por muito tempo, mas o mundo muda tão rápido que fiquei pensando, *E se ela sumir depois de um ano ou dois?* Então tentei deixá-la o mais universal e duradoura possível. Minha música pode ser significativa para alguém, ou não... Mas achei que seria melhor se ela fosse mais, só um pouquinho mais duradoura.

Se o trabalho com Chris Martin foi uma oportunidade para que os meninos pensassem em suas atitudes enquanto artistas, o evento na ONU foi uma chance de analisar as suas vivências enquanto jovens no mundo atual com as questões contemporâneas da sociedade. Na apresentação, eles falaram sobre a necessidade de não se tornarem a geração perdida, uma que deixa passar oportunidades de crescimento e progresso, e sim tornar-se a geração bem-vinda, que acredita na esperança; tudo isso enquanto citavam questões ambientais e pediam ao público que se vacinassem contra a Covid-19.

Jung Kook diz o seguinte sobre a visita a ONU, três anos após a primeira:

—— Sendo sincero, foi muita pressão (risadas). Uma experiência incrível, e não é como se você subisse no púlpito só porque você quer. Eu pensava, *Minhas ideias são bem comuns, é certo mesmo que eu aceite essa oportunidade que estão me oferecendo?*

Contudo, as palavras de Jung Kook mostram como existem coisas que só o BTS poderia fazer. Jin explica sua abordagem para a apresentação:

—— Não tentamos fazer nada elaborado. Só queríamos que as pessoas ficassem mais interessadas nos assuntos que estávamos falando. Eram assuntos difíceis de serem abordados, então talvez pudéssemos ajudar nisso.

O fato de eles serem o grupo idol mais famoso do mundo — em posição de colaborar com o Coldplay e serem convidados para discursar na ONU significava que o grupo poderia servir de entrada para basicamente qualquer coisa. A apresentação na ONU foi um exemplo de como o BTS poderia usar sua influência para um bem maior. Sobre isso, SUGA diz:

—— É muita pressão falar para a juventude. Como poderíamos fazer isso? Nós também vivíamos de forma diferente da maior parte dos jovens. Eu não tinha refletido a fundo sobre mudança climática ou sobre o meio ambiente, nada além de pensamentos vagos, tipo, *Ah, uma hora a tecnologia vai dar um jeito nisso.* Mas aprendi que essas são questões muito sérias. Então eu não poderia ajudar as pessoas a se familiarizarem com elas... se as pessoas ficarem um pouco mais interessadas nesses assuntos através de palavras nossas, então a nossa própria fama não faz com que isso seja nossa responsabilidade?

Sobre o que sentiu enquanto preparava a apresentação, Jimin diz:

—— Eu me senti um pouco estranho. Talvez porque fizesse tanto tempo desde o começo da pandemia, mas algumas coisas eu pensava *Ah, que seja* e tinha que ignorar. E isso fez com que eu prestasse menos atenção no que se passava no mundo... Mas ao me preparar para o discurso, fiquei chocado ao ver pessoas mais novas do que eu extremamente interessadas nas questões ambientais. E isso me fez pensar, *Sério?*, e comecei a pesquisar na internet, e acabei bastante surpreso. Fiquei envergonhado. Olha essas outras pessoas jovens que estão trabalhando pesado para que nossas vidas sejam melhores, como eu pude ficar fazendo vista grossa? Tudo o que temos agora foi conquistado por alguém. Eu fiquei mesmo em choque, e agradeço por isso.

A apresentação de "Permission to Dance" em que o BTS mostra a Assembleia Geral da ONU e outras partes do prédio• foi uma oportunidade de o grupo mostrar seu crescimento. O fato de a apresentação acontecer no prédio da ONU já era raro, mas o processo de gravação também não foi fácil. Como eles precisaram filmar durante a noite, quando os halls da Assembleia Geral estavam vazios, o grupo teve que começar a trabalhar assim que desembarcaram do avião. As gravações foram de uma da manhã até o sol nascer. No segundo dia, eles fizeram a maior parte das gravações externas, precisando se atentar a muitas regras visando a prevenção de doenças. Sobre as dificuldades da gravação, Jimin diz:

— Não era o ambiente mais adequado para gravações, sendo honesto. O microfone ficava falhando no meio da música, e estávamos seguindo regras ferrenhas contra a Covid-19, então não podíamos nem tomar água lá dentro. Por isso ficamos muito preocupados com o resultado, mas no dia seguinte, quando gravamos do lado de fora com os dançarinos, foi bem divertido. Os dançarinos estavam animados e eu também me animei, foi ótimo. Mesmo sendo a nossa música (risadas).

A apresentação na ONU foi a primeira performance do grupo no ocidente desde o começo da pandemia, e isso já era motivo suficiente para que os membros aproveitassem a experiência. Eles já estavam treinados para focar em se divertir na hora da performance em vez de nas dificuldades apresentadas pelo ambiente. Segundo j-hope:

— Estava bem na cara o que gostaríamos de mostrar com aquela performance, e acreditávamos que, se seguíssemos a programação e fizéssemos uma boa gravação, faríamos algo bem legal. Então trabalhamos bastante em cada uma de nossas partes para passar o melhor que poderíamos na gravação. Acho que conseguimos bons resultados porque sabíamos da importância dessa apresentação.

Como fica evidente pela atitude de j-hope, o BTS tinha se transformado em artistas que refletem muito sobre o que querem transmitir com seu trabalho e sabem o que precisam fazer para alcançar o melhor resultado possível. Ao chegar ao ponto de que qualquer atitude do grupo afetava a indústria da música global, o grupo sabia que precisava agir à altura de tal influência. No canal do YouTube, a ONU compartilhou a performance de "Permission to Dance" com a seguinte legenda:

> *A sensação do K-pop BTS apresenta seu hit "Permission to Dance" em um vídeo produzido na ONU. O vídeo acompanha a fala da banda no SDG Moment e tem o intuito de chamar a atenção para a importância de Manter a Promessa das Metas de Desenvolvimento Sustentável e inspirar ações.*

No vídeo, os membros cantam e dançam no hall da Assembleia Geral e no parque exterior do prédio, concretizando a parte mais surreal dessa legenda ao usar sua influência para chamar a atenção para questões importantes, um uso louvável de seu status de "sensação". E bem quando eles haviam alcançado um novo ápice, o mundo enfim voltava a se abrir.

Artista do ano

No dia 21 de novembro de 2021, no AMAs no Microsoft Theater em Los Angeles, o BTS recebeu os prêmios nas categorias de Duo/Grupo Pop Favorito, Música Pop Favorita e, a maior honra, o Artista do Ano. SUGA lembra de como se sentiu naquela noite:

— Nosso debut nos Estados Unidos foi naquele palco, e agora estávamos recebendo o prêmio de artistas do ano...? Pensei, *Eles erraram?* ou *O mundo está de brincadeira comigo?*

Mas acima disso, SUGA estava:

—— Fascinado em ver uma plateia ao vivo de novo. Ficamos sabendo depois que muitas pessoas vieram só para nos ver. E o mesmo aconteceu quatro anos antes também, mas mesmo assim parecia diferente. Pensei, *Alguma coisa mudou mesmo nesse meio tempo ou faz tanto tempo assim que não vejo um público...*

O grupo enfim conseguiu se apresentar para uma plateia ao vivo pela primeira vez desde o começo da pandemia. E isso aconteceu no mesmo palco em que fizeram seu debut nos Estados Unidos quatro anos antes, mas agora com mais gritos. Eles eram mesmo as estrelas do AMA daquele ano.

O BTS recebeu essa honra não só por ter apresentado "My Universe" com o Coldplay e "Butter".* O AMAs convidou New Edition e New Kids on the Block para se apresentar, e, com o prêmio de Artista do Ano indo para o BTS, a cerimônia daquele ano acabou se transformando em um tributo às boy bands. Foi uma espécie de passagem de bastão das lendas americanas para o BTS.

Isso solidificou o lugar deles na história da música não só da Coreia mas também dos Estados Unidos, e os fãs que se juntaram para testemunhar essa coroação tinham apoiado a banda em sua ascensão, motivo pelo qual o BTS estava no palco naquele dia. RM fala o seguinte sobre o clima nos Estados Unidos:

—— Sentia que éramos *outsiders* até aquele momento, mas agora eu sinto, não que tenhamos nos tornado mainstream, mas somos mais bem-vindos.

Quando o BTS ganhou seu primeiro prêmio importante em uma premiação coreana em 2016, eles quase alucinaram de alegria. Mas agora, ainda que eles estivessem felizes em receber aquela honra, eles tinham amadurecido ao ponto de questionar com mais profundidade o que tais elogios significavam para eles. Segundo Jin:

—— Estávamos felizes em receber o Artista do Ano no AMAs assim como estivemos em todo grande prêmio na Coreia. Mas dessa vez, havia uma pequena expectativa de vitória (risadas). Porque eu pensei, *O que devemos fazer se ganharmos?* Se os prêmios anteriores nos deram uma alegria incontrolável, agora ficávamos felizes, mas também conseguíamos controlar melhor nossas emoções.

A série LOVE YOURSELF tinha sido o começo de uma reação em cadeia que os levara até a estratosfera, e, no processo, eles tinham aprendido a manter a compostura. Mesmo enquanto recebiam o grande prêmio no AMAs, eles pensavam nos próximos passos. V fala sobre o significado do prêmio:

—— Tivemos que entender o fardo e a maravilha desse prêmio para a gente. Sempre saímos correndo sem parar, nos tornamos um grupo premiado e seria fácil esquecer o valor desses prêmios. Tínhamos que tomar cuidado com isso. Era preciso entender como ele era valioso, onde estávamos. Ainda mais durante a pandemia, quando nossa popularidade pareceu tão abstrata.

No discurso de recebimento do prêmio, Jung Kook chamou aquele momento de "início de um novo capítulo". O grupo precisava pensar no que esse novo capítulo significaria. Jung Kook continua a falar sobre isso:

—— Quem pensaria que ganharíamos o prêmio de Artistas do Ano em uma premiação americana? Foi impressionante. Fiquei arrepiado. Falei que era o início de um novo capítulo, e naquele ponto, realmente senti que seria. Eu não conseguia ver muito bem o que aconteceria depois, mas senti, *Algo mais vai acontecer depois disso.*

Os shows *BTS PERMISSION TO DANCE ON STAGE — LA*, que aconteceram apenas alguns dias depois da premiação, pareciam o início do novo capítulo, quando eles se reuniram com o público pela primeira vez em dois anos. Os shows permitiram que eles mostrassem ao ARMY o quanto amadureceram durante a pandemia e foi o anúncio uma nova era. Se o grupo ainda tinha algo a provar, era o que eles podiam fazer no palco. RM descreve a direção dos shows:

—— Como não pudemos nos apresentar por dois anos, queríamos que aquele show fosse tipo um presente. Para mostrar a todos o que não pudemos mostrar antes, coisas que achávamos que eles iam gostar, só que tudo era muito, muito, muito, muito mais intenso.

Para esse show, as músicas solo foram eliminadas e o setlist foi composto apenas por músicas do grupo, sem que nenhum membro pudesse fazer uma pausa no set. Segundo SUGA:

—— O setlist nos fez pensar, *Vamos mesmo conseguir fazer isso?* ou *Se fizermos isso, vamos morrer!* (risadas). Mas era nosso primeiro show em dois anos... Nos livramos dos cenários elaborados e dos efeitos e fizemos um show que se concentrava em nós sete do começo ao fim. Foi uma aposta. Porque nos ensaios ainda estávamos falando, "Ei, podemos mesmo fazer isso?" ou "Só vamos saber quando estivermos no palco".

Enquanto o setlist era tão ambicioso como SUGA disse, ainda em termos físicos, essa ambição era necessária. Segundo SUGA:

—— O objetivo do setlist era: "Vamos fazer uma música só com os nossos hits!"

— Falei que era o início de um novo capítulo, e naquele ponto, realmente senti que seria.

Eu não conseguia ver muito bem o que aconteceria depois, mas senti, *Algo mais vai acontecer depois disso.*

— Jung Kook

Na verdade, *BTS PERMISSION TO DANCE ON STAGE — LA* trazia tudo de grandioso e bem-sucedido do grupo. O show começou com "ON" e pegou fogo com "Burning Up (FIRE)", "Dope" e "DNA" antes de entrar nos hits recentes "Boy With Luv", "Dynamite" e "Butter". Isso permitiu uma sucessão de apresentações poderosas começando com "I NEED U" até "IDOL" intermeadas por músicas do álbum *BE*. No final, com "Permission to Dance" como o último bis, a história do BTS toda se desenrolava perante o público. Jin explica melhor:

— Foi mesmo uma história do grupo. A maioria dos shows foca no álbum mais recente, mas, dessa vez, todos os nossos hits explodiram juntos (risadas). Muitas pessoas devem ter se tornado fãs por causa de "Dynamite", "Butter" ou "Permission to Dance". Mas para nós, existem músicas como "Dope", "Burning Up (FIRE)", "IDOL" ou "FAKE LOVE". Então fizemos um setlist só com músicas principais. Foi muito divertido para o público e um bom jeito de mostrar nosso trabalho aos novos fãs.

Existiam preocupações sobre o quão factível seria um setlist desses. Mas Jung Kook explica por que eles não tiveram escolha a não ser seguir essa abordagem:

— Queríamos fazer o melhor show possível para as pessoas no tempo e espaço disponíveis, e, principalmente, queríamos que nós sete estivéssemos no palco o tempo todo. Ficamos preocupados. Mesmo que nós sete estivéssemos no palco juntos, não tínhamos como prever quanto a plateia ia gostar.

Jung Kook não precisava ter se preocupado: a resposta do público foi explosiva. Os ingressos para o SoFi Stadium se esgotaram depressa, e desde que eles entraram no palco, os gritos não pararam até o fim. A aposta de colocar os sete no palco deu certo, já que conseguiram entregar um show implacavelmente enérgico que só progredia. SUGA fala sobre sua confiança no espetáculo:

—— Sabe como na segunda parte do show vamos basicamente direto de "Airplane pt.2" até "IDOL"? Cheguei a pensar que se não conseguíssemos nos sair bem nessa parte, não havia motivo para as pessoas assistirem ao show. A primeira parte foi mais de dança, e a segunda era uma diversão com a plateia. E nela eu me sentia mais confiante. Acho que todos os nossos pontos fortes apareceram ali. Não só uma sucessão de movimentos, mas apenas correr pelo palco e mostrar quem somos. Acaba sendo uma performance bem livre, e de coisas inesperadas (risadas). Acho que são essas partes que fazem o show ser tão especial.

O número de abertura, "ON", era a faixa principal de *MAP OF THE SOUL : 7*. O BTS enfim conseguiu fazer a apresentação épica em um estádio. Parecia que as coisas estavam voltando ao normal, e eles se entregaram ao momento. Jimin lembra de como se sentiu quando o show começou:

—— Na abertura, em "ON", quando os telões de LED se acendem e nós entramos no palco, conseguimos ver a reação do público mesmo atrás das telas. Mas na primeira noite estávamos animados demais até mesmo para notar. Tudo o que conseguimos fazer foi nos aquecer e pensar nas coreografias. Quando o show começou, fomos pegos de surpresa. Porque durante toda pandemia, nos acostumamos a ver apenas câmeras na nossa frente. Só na segunda noite conseguimos ver as pessoas através das frestas do telão. Elas cantavam, dançavam, seguravam ARMY

Bombs... Foi aí que eu pensei, *É isso, estamos fazendo esse show para vermos esse público*. E depois, *Voltamos*.

Fazer um show completo com os sete no palco do começo ao fim era um feito incrível, ainda mais levando em conta que era o primeiro show ao vivo do grupo em dois anos. Mas V sabia que às vezes a alegria faz com que as dificuldades físicas sejam ultrapassadas:

—— Minha perna não estava legal antes dos shows. Então eu fiquei bastante preocupado. *E se piorar?*, *E se eu me machucar de novo?* Mas quando o show começou, e eu vi os fãs, eu só... Eu estava tão feliz. Sério, eu estava tão feliz que mesmo se estivesse doendo, eu pulava no ar. Só conseguia ver a felicidade que existia na minha frente, e não senti dor nenhuma, nem uma emoção diferente. Daí eu voltei para o hotel e fiz fisioterapia (risadas).

Ainda abalado pelo primeiro show com público em dois anos, V continua:

—— Tem uma parte em "IDOL" na qual corremos muito, e eu corri mesmo nessa parte, muito animado. Eu era pura felicidade. As apresentações virtuais levam em conta as expressões e gestos que você emite para a câmera, mas esse show era para deixar tudo isso de lado e só ser feliz. Não precisei calcular meus movimentos, pude só ser natural. A pandemia foi muito difícil, mas me fez perceber como apresentações ao vivo são especiais. Sempre é importante lembrar que álbuns e shows são experiências preciosas. Na verdade, se eu pudesse fazer esses shows de novo em meus sonhos, eu faria.

Ao contrário de V, j-hope tentou controlar as emoções enquanto se apresentava. Ele diz que, por mais que estivesse sentindo falta de se apresentar, seu foco era fazer um show que a plateia gostaria.

— Eu também queria ir "Ah, que seja! Vamos nos divertir!" (risadas). Mas não podia. Era uma apresentação muito especial para um público muito especial, e minha prioridade era fazer o show mais perfeito possível. Era isso que eu sempre pensava. Quis ser mais profissional do que nunca. Então pensei, *Não vamos ficar animados demais, vamos nos segurar um pouco no primeiro show.*

Ele continua:

— Sinceramente, se eu não fizesse isso, realmente teria perdido o controle.

Isso é o BTS. Se entregar à felicidade de ter sobrevivido à pandemia e ao primeiro show a ponto de transcender os limites físicos, mas ao mesmo tempo segurando as lágrimas para entregar o melhor espetáculo possível aos fãs. Essa combinação de energia e profissionalismo possibilitava que o grupo chegasse a outro nível.

O que j-hope tem a dizer sobre a experiência na ONU descreve ambos os caminhos que eles percorreram e sua atitude pioneira em relação ao futuro:

— Em suma, o fato de termos recebido esse convite era uma grande honra. Mas ainda assim me senti um pouco envergonhado em aceitar. Porque eu sou uma pessoa bem normal. Só um cidadão de Gwangju, criado de uma forma normal, então demorei um pouco para aceitar tudo isso. Mas meu mantra pessoal é sempre ser grato pelo que recebi, então esteja eu fazendo música com o BTS ou indo para a ONU, tento enfrentar minhas responsabilidades da melhor maneira que posso. No fim das contas, tenho a sensação de que tenho uma missão com o meu trabalho.

Grammy

Os shows continuaram em 2022. *BTS PERMISSION TO DANCE ON STAGE — SEOUL*• aconteceram nos dias 10, 12 e 13 de março, e *BTS PERMISSION TO DANCE ON STAGE — LAS VEGAS*•• nos dias 8, 9, 15 e 16 de abril no Allegiant Stadium. O grupo pôde enfim encontrar os fãs coreanos[4], os shows foram o arauto do fim da pandemia no país. Programas de TV voltaram a receber plateia no estúdio e artistas retomaram as turnês. Uma nova era começava para o BTS e outros artistas de K-pop.

A 64ª premiação do Grammy aconteceu em 3 de abril de 2022, no MGM Grand Garden Arena em Las Vegas, e foi diferente das outras cerimônias. Originalmente programada para o dia 31 de janeiro, o encontro foi atrasado em dois meses com a promessa de apresentações ao vivo após dois anos. No ano anterior, no 63º Annual Grammy Awards, o BTS contribuiu com um vídeo da performance de "Dynamite",••• e eles apresentariam "Butter" ao vivo em 2022. Pelo segundo ano consecutivo, o BTS foi indicado na categoria Melhor Grupo/Duo Pop.

Mas assim como fizeram no AMAs de 2021, quando venceram na categoria Artista do Ano, j-hope tentou não pensar muito no prêmio:

—— Foi um prêmio inesperado, e olhando para trás, acabo pensando, *Uau, isso foi importante*... Mas sendo sincero, tento não me preocupar muito com prêmios hoje em dia. Talvez eu acredite que, enquanto eu continuar trabalhando bastante e sendo grato pelo que recebo, boas recompensas surgirão de diversas manei-

•

••

•••

4 Jin havia machucado o dedo indicador esquerdo e estava se recuperando de uma cirurgia, mas ainda assim ele participou da apresentação tanto quanto podia.

ras. E o motivo pelo qual conquistamos prêmios é o amor que recebemos, e isso só é possível por causa de nossos fãs... Acho que prêmios são importantes por nos mostrarem quanto nossos fãs nos amam.

Ao transcender a compulsão de se provar para o mundo, o BTS começou a procurar metas que se adequassem a seus próprios valores, e não para impressionar terceiros. O álbum solo de j-hope *Jack In The Box* talvez tenha sido parte desse processo. Para o BTS, prêmios sempre seriam uma grande honra, mas eles tentavam não validar seu trabalho através dos prêmios. RM diz o seguinte sobre prêmios e elogios:

—— Não é como se o Grammy fosse um amigo nosso ou algo assim... (risadas). É só que todo mundo fica falando, "Grammy, Grammy", mas é incrível termos sido nomeados. E quem se importa se não ganharmos? Acho que quando você ganha pode colocar o prêmio na estante e dizer, "Sou um artista vencedor do Grammy", por alguns segundos (risadas).

Na verdade, o BTS tinha esperança de ganhar o Grammy de 2021. Eles foram indicados na categoria Melhor Performance de Duo/Grupo Pop e a Big Hit Entertainment encomendou um bolo no formato do gramofone. Isso era normal para qualquer gravadora que tivesse um artista indicado, mas por causa da pandemia, os membros esperaram a notícia na Coreia, e não no local do prêmio, e o burburinho entre os funcionários da empresa os deixou nervosos sobre o resultado. Os rapazes até acordaram às duas da manhã para assistir à premiação. Sobre o clima do dia, V diz:

—— Na nossa cabeça, *Tudo bem se não ganharmos,* mas no dia do evento mesmo, as pessoas da empresa ficaram aumentando nossas esperanças! (risadas). Eles estavam animados e trouxeram um bolo, e pensamos, *Vamos mesmo ganhar...?* Todo mundo estava naquele cômodo e... (risadas).

Em contraste a isso, na premiação de 2022 seria diferente, já que o BTS apareceu pessoalmente em Las Vegas sem um grande entourage, e a equipe foi reduzida por conta das medidas preventivas da pandemia. Pelo menos, o BTS conseguiu se preparar para a apresentação de forma mais calma que o normal. E após terem recebido o prêmio de Artista do Ano no AMAs e apresentado os shows *BTS PERMISSION TO DANCE ON STAGE — LA* e *SEOUL*, as prioridades do grupo eram diferentes. Receber prêmios era uma ocasião alegre, mas não era algo ao qual eles aspiravam. Jung Kook explica o que eles esperavam obter na cerimônia:

—— Seria legal ganhar o prêmio, óbvio, mas não acho que era o nosso foco. Já era uma experiência preciosa se apresentar naquele palco, e estávamos gratos aos nossos fãs por ela. Mais do que receber o prêmio, eu pensava que queria causar algum impacto com a performance. Estávamos nervosos sobre o prêmio, óbvio. Mas sinceramente, foi agradável ter feito a apresentação lá.

O problema foi que o palco se mostrou um pesadelo logístico. Era quase uma marca registrada do grupo que cada apresentação exigisse um esforço absurdo, e o Grammy não foi diferente. j-hope e Jung Kook pegaram Covid-19 antes da cerimônia e fizeram quarentena na Coreia e nos Estados Unidos, quando os dois saíram, só tinham um dia para ensaiar com os outros.

E a coreografia de "Butter" era a mais difícil que eles já tinham feito em uma premiação. Como foi revelado, a parte central da coreografia* é quando os membros se juntam no centro do palco e tiram os paletós ao mesmo tempo, para entrelaçá-los uns nos outros. Existiam outros aspectos difíceis na apresentação, mas eles conseguiriam superar sem problemas. Mas esse truque em especial saía errado toda vez, e continuou a dar errado até o ensaio final.

Os paletós não eram o único problema. A performance de "Butter" era um elaborado número da Broadway em que o BTS se passava por espiões ou assaltantes em uma galeria de arte. No começo, Jin está sentado em um console de segurança olhando os membros[5], que acabavam indo para o palco.

Jung Kook entra no palco suspenso a partir do teto, enquanto V troca algumas palavras na plateia com Olivia Rodrigo, que estava sentada ao seu lado, antes de jogar um cartão no palco, Jung Kook pega o cartão e o insere em um leitor digital, depois disso, todos os membros sobem ao palco, a não ser Jin. A coreografia envolve evitar lasers de segurança e mais truques com cartão, até que os sete se encontram com os dançarinos e terminam a apresentação.

Eles não só se distanciaram da coreografia original de "Butter" como também tiveram que fazer truques de mágica e um pouco de atuação. O fato de haver tantos elementos que poderiam dar errado tornou a preparação foi muito difícil. V, que tinha um papel central na performance ao juntar o skit e o começo da música, disse que não falou nada no ouvido de Olivia Rodrigo, apenas fingiu. Na *Weverse Magazine* ele fala de como estava nervoso:[•]

> *Achei que ia perder o timing de jogar o cartão se falasse alguma coisa de verdade. Ficava contando na minha cabeça 'Um, dois, três, quatro', esperando a hora de jogar o cartão. Eu estava com fo-*

•

5 Jin havia machucado o dedo indicador esquerdo e estava se recuperando de uma cirurgia, mas ainda assim ele participou da apresentação tanto quanto podia.

nes nos dois ouvidos, então não ia conseguir ouvir o que a Olivia Rodrigo falasse também. Para ser sincero, eu tremia. Estávamos tão preocupados de não conseguir fazer o truque do paletó que só falamos disso na noite anterior ao prêmio. Só ensaiamos uma vez com todos os membros juntos, e essa era a maior preocupação.

Ver o BTS realizar aquela coreografia foi como assistir uma série do tipo *Missão: Impossível* com coreografia de alto nível. Quando V joga o cartão e Jung Kook o pega sem esforço, os gritos começam, e eles só se intensificam conforme os membros sobem ao palco. Depois vem a parte da coreografia em que os membros desviam de lasers e fazem truques com os cartões. A tensão cresce até o clímax, quando os membros tiram os paletós.

Sabemos o que acontece depois: os paletós se conectam magicamente. Foi um momento típico do BTS. Desde o debut até agora, o palco do Grammy, eles tinham passado por momentos bons e ruins, mas quando eles estavam se apresentando, sempre entregavam o melhor. Se Deus realmente existisse, estava nítido que o BTS era abençoado no palco; ou melhor, com determinação e esforço, eles voaram o mais alto possível e tocaram o divino.

A *Billboard* chamou a apresentação de a melhor da noite, e a *Rolling Stones* a ranqueou como a 13ª melhor da história do Grammy. A aprovação desses dois gigantes do jornalismo musical americano não era o que mais importava, mas foi um bom registro do que o BTS conseguiu alcançar no palco. SUGA fala sobre a noite que antecedeu a apresentação e o mercado musical:

—— Já que os Estados Unidos é o maior mercado musical do mundo, estávamos com um pouco de medo a princípio. Mas olhando agora, me pergunto, *Por que estávamos tão intimidados?* Sem dizer que agora nossa meta não é ganhar prêmios mas sermos como outros artistas lendários e trabalhar como BTS pelo maior tempo possível. Não existem muitos artistas com uma longa era de ouro. Mas isso não significa que eles parem de produzir música de uma hora para outra ou que os grupos desapareçam. Estamos pensando muito sobre como ficar no palco o maior tempo possível e da maneira mais feliz.

INTRO : We're Now Going to Progress to Some Steps

Um dos momentos mais memoráveis da pandemia para o BTS aconteceu no *In the SOOP BTS ver.*,[6] um programa de TV onde os membros saem de Seul para passarem alguns dias em contato com a natureza. O grupo gravou esse programa duas vezes, em 2020 e 2021. O fato de estarem gravando significava que era um trabalho, mas algo nessa viagem fez com que ela se diferenciasse de outros compromissos na agenda do grupo. SUGA fala sobre a gravação do *In the SOOP*:

—— De certa maneira, foi uma viagem juntos. Porque estávamos nos preparando para discutir "Dynamite" e muitas outras coisas. Tenho memórias tão boas dessa viagem. Cozinhamos juntos, conversamos, falamos bobeira. Como sabíamos o quanto era raro termos tempo juntos, não queríamos desperdiçar nenhum momento. Então tentamos ouvir atentamente o que

6 Como mostrado na emissora JTBC e no Weverse, uma temporada começou dia 19 de agosto de 2020 com oito episódios e a segunda em 15 de outubro de 2021 com quatro. Ambas estão disponíveis no Weverse.

cada um estava dizendo. As gravações do *In the SOOP* pedem que você acorde e pense no que vai fazer no restante do dia. E é aí que você pensa, *Nunca tive tanto tempo livre antes, o que eu faço?*, e inventa alguma coisa para passar o dia. Percebi que era maravilhoso passar meus dias assim.

Houve um período em que o grupo vivia ansioso em um dormitório aguardando o debut, e um em que eles tremiam antes de uma apresentação como o AMAs, e um em que eles pensaram que tudo que estavam conquistando iria ruir. E então, a pandemia. Mas mesmo com tudo isso, o BTS sobreviveu e encontrou seu caminho, e SUGA se tornou alguém que gosta de passar os dias fazendo coisas rotineiras com os outros membros.

Jimin se anima ao falar sobre o *In the SOOP* e seus sentimentos em relação a SUGA e os outros membros:

—— Normalmente, SUGA é bem calado e reservado, mas o *In the SOOP* trouxe muita coisa dele à tona, assim como dos outros membros... Não sei, eu me sentia tão grato por sermos quem somos. Me sentia grato por todos eles. Falamos sobre lutas pessoais, algumas pela primeira vez, e realmente ouvimos as histórias uns dos outros.

O comentário final de Jimin sobre o *In the SOOP* é essencialmente o significado que os membros do BTS encontraram uns nos outros.

—— Passamos um tempo juntos como irmãos de verdade.

No dia 2 de abril de 2021, algo grandioso aconteceu no mercado coreano de música: uma empresa chamada HYBE comprou a Ithaca Holsings, uma empresa americana de comunicação. A Ithaca Holdings foi fundada por Scooter Braun, que gerenciou Ariana Grande e Justin Bieber, e que possuía como subsidiária a Scooter Braun Project e a Big

Machine Label Group. A HYBE gastou aproximadamente um trilhão de wons na compra[7]. E como qualquer pessoa razoavelmente interessada em K-pop pode dizer, a HYBE era o novo nome da Big Hit Entertainment desde 31 de março de 2021.

Os membros do BTS vieram de diferentes cidades fora da capital, debutaram como um grupo idol em uma empresa pequena e alcançaram um nível de grandeza que ninguém poderia ter imaginado. Eles se apresentaram no palco do Grammy e lançaram uma antologia com 48 músicas chamada *Proof*, comemorando os quase dez anos desde o debut. E enquanto eles cresceram, a Big Hit Entertainment também ficou cada vez maior. Ela adquiriu diversas outras empresas, criou uma plataforma on-line chamada Weverse em que os fãs poderiam se encontrar, e fundiu a V Live a essa plataforma.

Enquanto o BTS, antes *outsiders*, se transformava em uma exceção para todas as regras do mercado, a HYBE também se transformou em algo único na indústria de entretenimento coreana. O BTS e a HYBE não estavam mais às margens, mas também não eram mainstream. Eles eram um mundo próprio.

Mas para além das conquistas materiais vinha o verdadeiro presente, o melhor que os membros tinham conquistado com o grupo: uns aos outros. j-hope fala sobre o verdadeiro significado do BTS:

—— Somos basicamente uma família, se você pensar nisso. Nos últimos dez anos, convivi mais com eles do que com a minha própria família... Se algum deles está doente ou feliz ou triste, eu logo sinto a mesma coisa. E foi assim, de repente. Quando eles estiverem sofrendo, quero estar perto deles, e quando eles

7 Cerca de 4 bilhões de reais na conversão de maio de 2023 [N. da T.]

estiverem alegres, quero gargalhar junto deles, e quando eles estiverem preocupados, quero ouvir... Acho que é isso que somos uns para os outros.

j-hope fez um quadro com a capa da revista TIME do BTS[8] e pediu que todos do grupo assinassem antes de ele mesmo assinar, emoldurar e colocar em sua sala de estar. Esses sete estranhos tinham vindo de vários lugares do país e se tornaram uma família. No mercado musical coreano mais comercial, em grandes quantias de capital, recursos humanos, marketing e tecnologia eram investidos, o BTS (ironicamente) encontrou uma família. A primeira frase da primeira música do primeiro álbum do grupo, "INTRO : 2 COOL 4 SKOOL"• (Feat. DJ Friz) foi premonitória:

We're now going to progress to some steps[9]

Esse avanço foi marcado não por estatísticas impressionantes, prêmios ou outros reconhecimentos externos, mas pelo crescimento de uma comunidade criada ao redor de cada um de seus fãs, um caminho repleto de alegria e tristeza, com um futuro em aberto. j-hope, que viera de Gwangju para Seul na noite de Natal de 2010 com o sonho de se tornar um artista profissional, fala sobre sua esperança para o futuro do BTS:

—— Até agora, nosso grupo, como dizer... Ainda nos esforçamos muito. Não desistimos, e pensamos nos fãs que nos apoiam, *Vamos tentar, o que quer que seja*. E isso também é assustador.

8 O BTS foi o primeiro artista coreano a aparecer na capa da revista *Time*, em 22 de outubro de 2018. A *Time* elogiou o grupo como líderes da nova geração e os entrevistou em um artigo intitulado "Como o BTS está dominando o mundo".

9 Agora vamos avançar alguns passos. [N. da E.]

Porque não é possível evitar pensar que tudo pode desabar um dia. Mas nos orgulhamos muito uns dos outros. Sempre damos o nosso melhor, e continuamos a tentar dar mais ainda. Acho que é algo a se respeitar. E todos eles têm as próprias ideias, e são tão bondosos (risadas). Como eu fui conhecer pessoas assim...! Podem existir momentos em que não nos conectamos muito, mas sempre vencemos isso com uma boa comunicação, e eu tenho muita sorte de tê-los na minha vida. Sempre quero expressar minha gratidão aos outros, e sempre seguimos em frente pensando, *Se o ARMY puder sorrir e aproveitar, essa é a nossa maior felicidade.*

Proof

ANTHOLOGY ALBUM
2022. 6. 10

TRACK

CD 1

01 Born Singer
02 No More Dream
03 N.O
04 Boy In Luv
05 Danger
06 I NEED U
07 RUN
08 Burning Up (FIRE)
09 Blood Sweat & Tears
10 Spring Day
11 DNA
12 FAKE LOVE
13 IDOL
14 Boy With Luv (Feat. Halsey)
15 ON
16 Dynamite
17 Life Goes On
18 Butter
19 Yet To Come (The Most Beautiful Moment)

CD 2

01 Run BTS
02 Intro : Persona
03 Stay
04 Moon
05 Jamais Vu
06 Trivia 轉 : Seesaw
07 BTS Cypher PT.3 : KILLER (Feat. Supreme Boi)
08 Outro : Ego
09 Her
10 Filter
11 Friends
12 Singularity
13 00:00 (Zero O'Clock)
14 Euphoria
15 Dimple

VIDEO

Proof
LOGO TRAILER

"Yet To Come (The Most Beautiful Moment)"
MV TRAILER

"Yet To Come (The Most Beautiful Moment)"
MV

CD 3 (CD ONLY)

01 Jump (Demo Ver.)
02 Young Love
03 Boy In Luv (Demo Ver.)
04 Quotation Mark
05 I NEED U (Demo Ver.)
06 Boyz with Fun (Demo Ver.)
07 Tony Montana (With Jimin)
08 Young Forever (RM Demo Ver.)
09 Spring Day (V Demo Ver.)
10 DNA (j-hope Demo Ver.)
11 Epiphany (Jin Demo Ver.)
12 Seesaw (Demo Ver.)
13 Still With You (Acapella)
14 For Youth

Principais conquistas, abrangendo lançamento de álbuns, shows, prêmios e outras atividades

2013

- LANÇAMENTO DO ÁLBUM *2 COOL 4 SKOOL* — 12 DE JUNHO DE 2013
- DEBUT — 13 DE JUNHO DE 2013
- NOMEAÇÃO OFICIAL DO FANDOM COMO ARMY — 9 DE JULHO DE 2013
- LANÇAMENTO DO MINIÁLBUM *O!RUL8,2?* — 11 DE SETEMBRO DE 2013
- PRÊMIO DE ARTISTA REVELAÇÃO NO MELON MUSIC AWARDS (MMA) 2013

2014

- PRÊMIO DE ARTISTA REVELAÇÃO NO GOLDEN DISC AWARDS 2014
- PRÊMIO DE ARTISTA REVELAÇÃO NO SEOUL MUSIC AWARDS
- LANÇAMENTO DO MINIÁLBUM *SKOOL LUV AFFAIR* — 12 DE FEVEREIRO DE 2014
- CERIMÔNIA DE LANÇAMENTO DO FÃ CLUBE OFICIAL ARMY — 29 DE MARÇO DE 2014
- LANÇAMENTO DO ÁLBUM *DARK&WILD* — 20 DE AGOSTO DE 2014
- PRIMEIRO SHOW OFICIAL: BTS 2014 LIVE TRILOGY: EPISODE II. THE RED BULLET

2015

- SHOW 2015 BTS LIVE TRILOGY: EPISODE I - "BTS BEGINS"
- LANÇAMENTO DO MINIÁLBUM *THE MOST BEAUTIFUL MOMENT IN LIFE PT.1* — 29 DE ABRIL DE 2015
- ARTISTAS COREANOS ESCOLHIDOS PARA DISPUTAR O PRÊMIO MELHOR ARTISTA GLOBAL NO MTV EUROPE MUSIC AWARDS (EMA) DE 2015
- SHOW 2015 BTS LIVE THE MOST BEAUTIFUL MOMENT IN LIFE ON STAGE
- LANÇAMENTO DO ÁLBUM *THE MOST BEAUTIFUL MOMENT IN LIFE PT.2* — 30 DE NOVEMBRO DE 2015

2016

- LANÇAMENTO DO ÁLBUM ESPECIAL *THE MOST BEAUTIFUL MOMENT IN LIFE: YOUNG FOREVER* — 2 DE MAIO DE 2016
- SHOW 2016 BTS LIVE THE MOST BEAUTIFUL MOMENT IN LIFE ON STAGE: EPILOGUE
- LANÇAMENTO DO ÁLBUM *WINGS* — 10 DE OUTUBRO DE 2016
- PRÊMIO DE ÁLBUM DO ANO NO MMA
- PRÊMIO DE ARTISTA DO ANO NO MAMA AWARDS

2017

- LANÇAMENTO DO ÁLBUM ESPECIAL *YOU NEVER WALK ALONE* — 13 DE FEVEREIRO DE 2017
- TOUR 2017 BTS LIVE TRILOGY EPISODE III: THE WINGS
- PRÊMIO TOP SOCIAL ARTIST NO BILLBOARD MUSIC AWARDS (BBMAS)
- LANÇAMENTO DO MINIÁLBUM *LOVE YOURSELF 承 'HER'* — 18 DE SETEMBRO DE 2017
- PRIMEIRO ARTISTA COREANO A REALIZAR UMA APRESENTAÇÃO EXCLUSIVA NO AMERICAN MUSIC AWARDS (AMAS)
- PRÊMIO DE ARTISTA DO ANO NO MAMA 2017
- PRÊMIO DE MELHOR MÚSICA DO ANO NO MMA 2017
- TOUR 2017 BTS LIVE TRILOGY EPISODE III: "THE WINGS TOUR" THE FINAL

2018

- LANÇAMENTO DO ÁLBUM *LOVE YOURSELF 轉 'TEAR'* — 18 DE MAIO DE 2018
- PRÊMIO TOP SOCIAL ARTIST E PRIMEIRA APRESENTAÇÃO NO BBMAS 2018
- REPACKAGING DO ÁLBUM *LOVE YOURSELF 結 'ANSWER'* — 24 DE AGOSTO DE 2018
- TOUR MUNDIAL "LOVE YOURSELF"
- PRIMEIRO ARTISTA COREANO A DISCURSAR NA ASSEMBLEIA GERAL DAS NAÇÕES UNIDAS
- PRÊMIO FAVORITE SOCIAL ARTIST NO AMAS 2018
- PRIMEIRO ARTISTA COREANO A APARECER NA CAPA DA REVISTA NORTE--AMERICANA *TIME*
- ORDEM DO MÉRITO CULTURAL DE HWAGWAN NO KOREAN POPULAR CULTURE AND ARTS AWARDS 2018

2019

- PRIMEIRO ARTISTA COREANO A COMPARECER AO GRAMMY AWARDS (61ª EDIÇÃO)
- LANÇAMENTO DO PROJETO GLOBAL ARMYPEDIA
- LANÇAMENTO DO MINIÁLBUM *MAP OF THE SOUL : PERSONA* — 12 DE ABRIL DE 2019
- PRÊMIO TOP DUPLA OU GRUPO E TOP SOCIAL ARTIST NO BBMAS 2019
- TOUR MUNDIAL "LOVE YOURSELF : SPEAK YOUSELF"
- TOUR MUNDIAL "LOVE YOURSELF : SPEAK YOURSELF" THE FINAL
- PRÊMIOS DUPLA OU GRUPO (POP/ROCK), TURNÊ DO ANO E FAVORITE SOCIAL ARTIST NO AMAS 2019

2020

- LANÇAMENTO DO PROJETO ARTÍSTICO CONTEMPORÂNEO GLOBAL *CONNECT, BTS*
- APRESENTAÇÃO CONJUNTA COM LIL NAS X NA 62ª EDIÇÃO DO GRAMMY AWARDS
- LANÇAMENTO DO ÁLBUM *MAP OF THE SOUL : 7* — 21 DE FEVEREIRO DE 2020
- PARTICIPAÇÃO NA CERIMÔNIA "DEAR CLASS OF 2020" FEITA PELO YOUTUBE
- LANÇAMENTO DO SINGLE "DYNAMITE" — 21 DE AGOSTO DE 2020
- PRIMEIRO ARTISTA COREANO A CONQUISTAR O PRIMEIRO LUGAR NO BILLBOARD HOT 100, COM "DYNAMITE"
- DISCURSO NA 75ª ASSEMBLEIA GERAL DAS NAÇÕES UNIDAS
- GRAVAÇÃO DO *BTS MAP OF THE SOUL ON:E*
- REMIX "SAVAGE LOVE (LAXED – SIREN BEAT)" ATINGE O PRIMEIRO LUGAR NO TOP 100 DA BILLBOARD NOS ESTADOS UNIDOS
- PRÊMIO TOP SOCIAL ARTIST NO BBMAS 2020
- LANÇAMENTO DO ÁLBUM *BE* — 20 DE NOVEMBRO DE 2020
- PRÊMIO MELHOR DUPLA OU GRUPO (POP/ROCK) E FAVORITE SOCIAL ARTIST NO AMAS 2020
- "LIFE GOES ON" ATINGE O PRIMEIRO LUGAR NA BILLBOARD HOT 100 DOS ESTADOS UNIDOS (PRIMEIRA MÚSICA COREANA A CONQUISTAR ESSA COLOCAÇÃO NOS 62 ANOS DE HISTÓRIA DO CHART)

2021

- PRIMEIRO ARTISTA POP COREANO A SER NOMEADO AO PRÊMIO MELHOR PERFORMANCE DE DUPLA/GRUPO DE POP NO GRAMMY (63ª EDIÇÃO) E APRESENTAÇÃO EXCLUSIVA
- PRIMEIRO ARTISTA ASIÁTICO A APARECER NA CAPA DA *ROLLING STONE*
- LANÇAMENTO DO SINGLE DIGITAL "BUTTER" — 21 DE MAIO DE 2021
- O MV DE "BUTTER" QUEBRA O RECORDE DE MAIS VISUALIZAÇÕES EM 24 HORAS NO YOUTUBE
- PRÊMIO TOP SELLING SONG, TOP SONG SALES ARTIST, TOP DUO/GROUP E TOP SOCIAL ARTIST NO BBMAS 2021
- "BUTTER" QUEBRA CINCO RECORDES DO GUINESS WORLD
- "BUTTER" CONQUISTA O TERCEIRO LUGAR NO OFFICIAL SINGLES CHART TOP 100 DO REINO UNIDO
- "BUTTER" CONQUISTA O PRIMEIRO LUGAR NA BILLBOARD HOT 100
- LANÇAMENTO DO SINGLE ÁLBUM *BUTTER* — 9 DE JULHO DE 2021
- "PERMISSION TO DANCE" CONQUISTA O PRIMEIRO LUGAR NO BILLBOARD HOT 100
- NOMEAÇÃO DE ENVIADO ESPECIAL PARA GERAÇÕES E CULTURA FUTURAS E DISCURSO NA 76ª ASSEMBLEIA DAS NAÇÕES UNIDAS
- "MY UNIVERSE", FEITA EM COLABORAÇÃO COM A BANDA COLDPLAY, CONQUISTA O PRIMEIRO LUGAR NO BILLBOARD HOT 100
- SHOW *BTS PEMISSION TO DANCE ON STAGE*
- PRÊMIOS ARTISTA DO ANO, MÚSICA POP FAVORITA E MELHOR DUPLA/GRUPO NO AMAS 2021

2022

- NOMEAÇÃO PARA O PRÊMIO MELHOR PERFOMANCE DE DUPLA/GRUPO DE POP PERFORMANCE NO GRAMMY (64ª EDIÇÃO) E APRESENTAÇÃO EXCLUSIVA
- PRÊMIOS TOP SELLING SONG, TOP SONG SALES ARTIST E TOP DUO/GROUP NO BBMAS 2022
- VISITA OFICIAL À CASA BRANCA A CONVITE DO PRESIDENTE BIDEN EM CELEBRAÇÃO DO MÊS DA HERANÇA DOS ÁSIO-AMERICANOS, HAVAIANOS NATIVOS E POVOS DAS ILHAS DO PACÍFICO (AANHPI)
- LANÇAMENTO DA ANTOLOGIA *PROOF* — 10 DE JUNHO DE 2022
- APRESENTAÇÃO NO BUSAN WORLD EXPO 2030 COMO EMBAIXADORES OFICIAIS
  SHOW *BTS "YET TO COME" IN BUSAN*
- PRÊMIOS DUPLA/GRUPO FAVORITO E ARTISTA DE K-POP FAVORITO NO AMAS 2022

2023

- INDICAÇÃO AOS PRÊMIOS MELHOR PERFORMANCE DE DUPLA/GRUPO, MELHOR VIDEOCLIPE E ÁLBUM DO ANO NO GRAMMY (65ª EDIÇÃO)

REVISÃO
Marina Góes
Luciana Aché

ADAPTAÇÃO DE CAPA, PROJETO GRÁFICO E DIAGRAMAÇÃO
Ilustrarte Design | Abreu's System

CIP-BRASIL. CATALOGAÇÃO NA PUBLICAÇÃO
SINDICATO NACIONAL DOS EDITORES DE LIVROS, RJ

K24b

Kang, Myeongseok
Beyond the story : uma história dos 10 anos de BTS / Myeongseok Kang, BTS ; tradução Luara França. – 4. ed. – Rio de Janeiro : Galera Record, 2025.

Tradução de: Beyond the story: 10-year record of BTS
ISBN 978-65-5981-317-9

1. BTS (Conjunto musical). 2. Música popular – Coreia (Sul) – Biografia. I. França, Luara. II. Título.

23-84469 CDD: 927.8163
CDU: 929:78(519.5)

Gabriela Faray Ferreira Lopes – Bibliotecária – CRB-7/6643

Texto revisado segundo o Acordo Ortográfico da Língua Portuguesa de 1990.

Direitos exclusivos de publicação em língua portuguesa somente para o Brasil adquiridos pela
EDITORA GALERA RECORD LTDA.
Rua Argentina, 120 – Rio de Janeiro, RJ – 20921-380 – Tel.: (21) 2585-2000,
que se reserva a propriedade literária desta tradução.

Impresso no Brasil

ISBN 978-65-5981-317-9

Seja um leitor preferencial Record.
Cadastre-se e receba informações sobre nossos lançamentos e nossas promoções.

Atendimento e venda direta ao leitor:
sac@record.com.br

Impresso na gráfica Leograf.